21世纪经济管理新形态教材
国际经济与贸易系列

International Trade Theory and Policy

国际贸易理论与政策

（第2版）

付洪良◎主编

清华大学出版社
北京

内容简介

本书主要由国际贸易理论和国际贸易政策两部分内容组成。国际贸易理论部分,从国际分工、世界市场的形成开始,介绍了传统国际贸易理论和当代国际贸易理论,并附有国际贸易理论的最新研究成果。国际贸易政策部分,从贸易保护理论着手,除了与大多教材包含相同的知识体系外,重点更新了相关内容,如在区域经济一体化章节增加了RCEP(区域全面经济伙伴关系协定)和CPTPP(全面与进步跨太平洋关系协定)等内容。同时,本书提供了大量与我国国际贸易政策与实践相关的热门案例和阅读材料,并配有形式多样的练习题与思考题,以便读者理解和巩固所学知识,力求学以致用。

本书既可作为高等院校经济学类专业和工商管理类专业本科生教材,也可作为国际商务等财经类专业硕士的参考书。

本书封面贴有清华大学出版社防伪标签,无标签者不得销售。
版权所有,侵权必究。举报:010-62782989,beiqinquan@tup.tsinghua.edu.cn。

图书在版编目(CIP)数据

国际贸易理论与政策/付洪良主编. -- 2版. --
北京:清华大学出版社,2024.7. -- (21世纪经济管理新形态教材). -- ISBN 978-7-302-66688-2
Ⅰ. F74
中国国家版本馆CIP数据核字第2024A41G92号

责任编辑:张 伟
封面设计:李伯骥
版式设计:方加青
责任校对:王荣静
责任印制:杨 艳

出版发行:清华大学出版社
网　　址:https://www.tup.com.cn, https://www.wqxuetang.com
地　　址:北京清华大学学研大厦A座　　邮　编:100084
社 总 机:010-83470000　　邮　购:010-62786544
投稿与读者服务:010-62776969,c-service@tup.tsinghua.edu.cn
质量反馈:010-62772015,zhiliang@tup.tsinghua.edu.cn
课件下载:https://www.tup.com.cn,010-83470332

印 装 者:三河市人民印务有限公司
经　　销:全国新华书店
开　　本:185mm×260mm　　印　张:17.25　　字　数:396千字
版　　次:2019年12月第1版　2024年7月第2版　印　次:2024年7月第1次印刷
定　　价:58.00元

产品编号:105381-01

前言

国际贸易（international trade）历史悠久，可以追溯至 4 000 多年前地中海沿岸的腓尼基时期。2 000 多年前形成的"丝绸之路"跨越了亚欧大陆千山万水的阻隔，搭建起连接中国与中亚、西亚和欧洲商品交换、人员交流的桥梁。15 世纪末的"地理大发现"不仅重新串联起亚欧贸易，而且发现了国际贸易新的交通网络，成为全球贸易（global trade）真正的开端。

第一次"工业革命"创造了巨大生产力，确定了以英国为中心的国际贸易格局，英国成为古典国际贸易理论的诞生地。第二次世界大战之后，美国取代英国，成为世界经济与国际贸易的中心，并主导建立了一系列国际组织，以此维护其自身利益和维持正常的国际经济贸易秩序。随着改革开放，尤其是 2001 年加入 WTO（世界贸易组织）后，我国国际贸易出现了近 20 年的高速增长，逐渐形成"买世界、卖世界"的格局，一跃成为国际贸易增长的新生力量和世界最大贸易国，对外贸易（foreign trade）成为拉动中国经济迅速增长的"三驾马车"之一，也是世界经济增长的引擎。

党的二十大报告提出："推进高水平对外开放。依托我国超大规模市场优势，以国内大循环吸引全球资源要素，增强国内国际两个市场两种资源联动效应，提升贸易投资合作质量和水平。""推动货物贸易优化升级，创新服务贸易发展机制，发展数字贸易，加快建设贸易强国。"

在建设贸易强国的进程中，国际经济贸易领域出现了一些新的变化和趋势：①随着以中国为代表的发展中国家和地区在国际经济贸易中地位的提高，旧的国际经济贸易制度受到质疑，世界贸易组织的一些职能被架空；②中国提出的"一带一路"倡议得到了大多数发展中国家积极响应，国际经贸合作成效逐渐显现；③以阿里巴巴和亚马逊（Amazon）为代表的跨境电子商务（cross-border electronic commerce，以下简称"跨境电商"）对传统国际贸易形式兼有竞争和互补关系，促进了国际贸易的发展；④自美国特朗普总统执政以来，"美国优先"的贸易政策诱发了贸易保护主义的抬头，全球化出现一定程度的逆转，但区域经济集团化明显。新时代这些变化和趋势将重塑国际贸易规则和国际贸易格局，对建设贸易强国既是机遇也是挑战。

鉴于此，编写能够反映当前国际经济贸易变化新特点、新动态的教材显得尤为重要和紧迫。

本书主要由国际贸易理论和国际贸易政策两部分内容组成，国际贸易理论部分既包括大多数教材所介绍的经典国际贸易理论，也涉及新新国际贸易理论，而国际贸易政策部分则加入不少国际贸易前沿和热点问题，从而形成比较完整的理论体系。与大多数教材相比，本教材最大的特点如下。

（1）第2版教材在保持第1版教材完整性、系统性、权威性和前沿性的基础上，根据习近平新时代中国特色社会主义思想和党的二十大精神进教材的要求，结合我国推进高水平对外开放，建设贸易强国的新态势、新政策的变化进行了修订，强化"理论体系完整，内容新颖前沿，突出问题导向，重视案例教学"的特色。同时，以党的二十大精神和习近平新时代中国特色社会主义思想作为课程思政元素，与专业知识有机融合，满足与时俱进的新时代教育要求。

（2）在汲取已有教材体系、内容和结构的基础上，更新了国际贸易理论和国际贸易政策有关的最新研究成果，增添了中国国际贸易有关的政策和实践作为案例或者阅读材料，同时，还突出了共建"一带一路"和跨境电商等内容。每章都安排有与其内容紧密关联的阅读材料，以扩充知识面或者全面掌握事物发展动向。

（3）根据国际经济与贸易、国际商务等专业培养方案中课程安排，部分内容往往重复出现在数门课程中，也由于教材篇幅的原因，为降低内容的重复性，本教材弱化了国际贸易投资、国际服务贸易、跨国公司等内容，突出国际贸易理论与政策的核心内容，强化运用理论分析中国现实问题的能力。

（4）为提升教与学的效果，满足自主学习和利用碎片化时间学习的需求，本教材除了提供课后的思考题和阅读材料外，还以扫二维码的形式增加了课后即测即练习题及其答案。

本书第1版由付洪良副教授负责编写框架和拟定提纲，并负责对全书进行统稿和最终定稿。编写工作的具体分工为：付洪良负责撰写前言和编写第八章、第九章、第十章；李志刚负责编写第一章、第二章、第三章、第四章；刘剑负责编写第五章、第六章、第七章；于敏捷负责编写第十一章、第十二章、第十三章、第十四章。第2版的修订由付洪良完成，为体现理论前沿、案例和阅读材料的时效性以及教材内容的完整性，教材在第1版的基础上有较大幅度的修订。

本书在编写过程中参阅了大量国内外专家、学者有关国际贸易的著作和文献资料，在此对这些值得尊敬的专家、学者表示深深的感谢。由于编者水平有限，书中不妥之处在所难免，恳请同行专家、学者和读者批评指正。

付洪良

2024年1月

目录

第一章 导论 ... 1
第一节 国际贸易的产生与发展 ... 1
第二节 国际贸易基本概念与分类 ... 7
第三节 国际贸易理论与政策的发展和演变 ... 15
即测即练 ... 20

第二章 国际分工与世界市场 ... 21
第一节 国际分工 ... 21
第二节 世界市场 ... 27
第三节 世界市场价格 ... 31
即测即练 ... 35

第三章 传统国际贸易理论 ... 36
第一节 绝对成本理论 ... 36
第二节 比较成本理论 ... 40
第三节 相互需求理论 ... 44
第四节 要素禀赋理论 ... 51
第五节 里昂惕夫之谜 ... 58
即测即练 ... 64

第四章 当代国际贸易理论 ... 65
第一节 产业内贸易理论 ... 65
第二节 技术差距论 ... 68
第三节 产品生命周期理论 ... 69
第四节 国家竞争优势理论 ... 73
第五节 规模经济理论 ... 76

即测即练 ┈┈┈ 80

第五章　国际贸易与经济增长　84

第一节　国际贸易与经济增长的关系 ┈┈┈┈┈┈┈┈┈┈┈┈┈┈┈┈ 84
第二节　国际贸易对经济增长的影响 ┈┈┈┈┈┈┈┈┈┈┈┈┈┈┈┈ 88
第三节　经济增长对国际贸易的影响 ┈┈┈┈┈┈┈┈┈┈┈┈┈┈┈┈ 91
即测即练 ┈┈┈ 102

第六章　保护贸易理论　103

第一节　重商主义 ┈┈┈┈┈┈┈┈┈┈┈┈┈┈┈┈┈┈┈┈┈┈┈┈┈┈┈┈┈┈┈┈ 103
第二节　幼稚工业保护理论 ┈┈┈┈┈┈┈┈┈┈┈┈┈┈┈┈┈┈┈┈┈┈┈┈ 105
第三节　贸易条件恶化论 ┈┈┈┈┈┈┈┈┈┈┈┈┈┈┈┈┈┈┈┈┈┈┈┈┈┈ 109
第四节　战略性贸易政策理论 ┈┈┈┈┈┈┈┈┈┈┈┈┈┈┈┈┈┈┈┈┈┈ 111
即测即练 ┈┈┈ 117

第七章　国际贸易政策的历史实践　118

第一节　对外贸易政策概述 ┈┈┈┈┈┈┈┈┈┈┈┈┈┈┈┈┈┈┈┈┈┈┈┈ 118
第二节　发达国家贸易政策 ┈┈┈┈┈┈┈┈┈┈┈┈┈┈┈┈┈┈┈┈┈┈┈┈ 120
第三节　发展中国家的贸易政策 ┈┈┈┈┈┈┈┈┈┈┈┈┈┈┈┈┈┈┈┈ 127
即测即练 ┈┈┈ 134

第八章　关税措施　135

第一节　关税的概念和种类 ┈┈┈┈┈┈┈┈┈┈┈┈┈┈┈┈┈┈┈┈┈┈┈┈ 135
第二节　关税水平与保护程度 ┈┈┈┈┈┈┈┈┈┈┈┈┈┈┈┈┈┈┈┈┈┈ 141
第三节　关税的经济效应 ┈┈┈┈┈┈┈┈┈┈┈┈┈┈┈┈┈┈┈┈┈┈┈┈┈┈ 145
即测即练 ┈┈┈ 150

第九章　非关税措施　151

第一节　非关税措施概述 ┈┈┈┈┈┈┈┈┈┈┈┈┈┈┈┈┈┈┈┈┈┈┈┈┈┈ 151
第二节　直接限制进口的非关税壁垒措施 ┈┈┈┈┈┈┈┈┈┈┈┈ 153
第三节　间接限制进口的非关税壁垒措施 ┈┈┈┈┈┈┈┈┈┈┈┈ 160
即测即练 ┈┈┈ 168

第十章　出口鼓励和出口管制措施　169

第一节　出口鼓励措施 ┈┈┈┈┈┈┈┈┈┈┈┈┈┈┈┈┈┈┈┈┈┈┈┈┈┈┈┈ 169
第二节　出口补贴的经济效应 ┈┈┈┈┈┈┈┈┈┈┈┈┈┈┈┈┈┈┈┈┈┈ 179
第三节　出口管制措施 ┈┈┈┈┈┈┈┈┈┈┈┈┈┈┈┈┈┈┈┈┈┈┈┈┈┈┈┈ 181

即测即练 ·· 187

第十一章　区域经济一体化 ·· 188

第一节　区域经济一体化概述 ·· 188
第二节　区域经济一体化理论与效应 ·· 200
第三节　区域经济一体化对国际贸易的影响 ································ 203
即测即练 ·· 206

第十二章　世界贸易组织 ·· 207

第一节　世界贸易组织概述 ·· 207
第二节　世界贸易组织机构框架 ·· 210
第三节　中国与世界贸易组织 ··· 218
即测即练 ·· 225

第十三章　"一带一路"与国际贸易 ·· 226

第一节　"一带一路"概述 ·· 226
第二节　丝绸之路 ·· 233
第三节　"一带一路"与中国 ··· 237
即测即练 ·· 246

第十四章　跨境电商与国际贸易 ··· 247

第一节　跨境电商概述 ·· 247
第二节　中国跨境电商发展历程、现状和趋势 ····························· 253
第三节　主要跨境电商平台 ·· 257
即测即练 ·· 264

参考文献 ·· 265

第一章 导 论

学习目标
1. 了解国际贸易的产生条件和发展历程；
2. 熟悉当代国际贸易的基本特征；
3. 掌握国际贸易的相关概念与术语；
4. 灵活运用国际贸易的相关统计指标。

重要概念

国际贸易　对外贸易　贸易顺差　贸易逆差　对外贸易依存度　贸易地理方向
贸易商品结构　过境贸易　转口贸易　贸易条件　有形贸易　无形贸易

第一节　国际贸易的产生与发展

国际贸易是一个历史范畴，它是在一定的历史条件下产生和发展起来的。国际贸易的产生必须具备两个前提条件：一是具有可供交换的剩余产品；二是存在国家或政治（社会）实体。从根本上说，社会生产力的发展和社会分工的扩大是国际贸易产生与发展的基础。

一、国际贸易的产生

在原始社会初期，人类处于自然分工的状态，社会生产力水平十分低下。原始公社内部的人们依靠共同的劳动来获取十分有限的生存资料，并且按照平均主义的方式在公社成员之间实行分配。当时没有剩余产品用以交换，也就没有阶级和国家，因而也不可能有对外贸易。

随着社会生产力的不断发展、三次社会大分工的出现，人类社会发生了很大的变化。第一次人类社会的大分工是畜牧业和农业之间的分工，它促进了社会生产力的发展，使产品有了剩余。在氏族公社的部落之间开始有了剩余产品的交换，但这只是偶然的以物易物的简单交换活动。第二次人类社会的大分工是手工业从农业中分离出来，由此出现了以交换为直接目的的生产，即商品生产。它不仅进一步推动了社会生产力的发展，而且使商品交换成为一种经常性的活动。商品交换的日益频繁以及交换的地域范围不断扩大，最终导致了货币的产生。商品之间直接的物物交换渐渐演变为以货币为媒介的商品流通，这直接导致了第三次社会大分工的产生，即出现了商业和专门从事贸易的商人。生产力不断发展，剩余产品出现，逐渐形成了财产私有制，并在原始社会末期出现了阶级和国家，于是商品经济得到进一步发展，商品交换最终超出国家的界线，形成了对外贸易的萌芽。

由此可见，在社会生产力和社会分工发展的基础上，商品生产和商品交换的不断扩大，以及国家的形成，是国际贸易产生的必要条件。

二、国际贸易的发展

（一）前资本主义社会时期的国际贸易

1. 奴隶社会的国际贸易

奴隶社会的基本特征是奴隶主占有生产资料和奴隶本身，同时存在维护奴隶主阶级专政的完整的国家机器，国家之间的商品交换也就随之产生。在奴隶社会，生产力水平比原始社会前进了一大步，社会文化也有了很大的发展，国际贸易初露端倪。早在4 000多年前，由于水上交通便利，地中海沿岸的各奴隶社会国家之间就已经开展了对外贸易，出现了腓尼基、迦太基、亚历山大、希腊、罗马等贸易中心和贸易地区，其中希腊的雅典还是贩卖奴隶的中心。

但在奴隶社会，自给自足的自然经济占统治地位，商品生产在整个社会生产中只占很小比重，进入流通领域的商品数量非常少。加之，由于生产技术和交通工具还是相当落后，各国对外贸易的范围受到很大限制。对外贸易的商品主要是王室和奴隶主阶级所追求的奢侈品，如宝石、香料、各种织物和装饰品等。奴隶社会的对外贸易虽然影响有限，但对手工业发展的促进作用较大，在一定程度上推动了社会生产力的进步。

2. 封建社会的国际贸易

封建社会是以封建主占有土地，但不直接占有生产者（农民）为基础的社会。封建社会取代奴隶社会之后，社会生产力和商品经济均有所发展，国际贸易范围又进一步扩大。

封建社会早期，因封建地租采取劳役地租和实物地租的形式，进入流通领域的商品数量不多。封建社会中期，商品生产进一步发展，地租的形式从实物转变为货币，使得商品经济的范围逐步扩大，对外贸易也随之增长。封建社会晚期，在城市手工业进一步发展的同时，资本主义因素已经开始孕育和成长，商品经济和对外贸易都比奴隶社会有了明显的发展。

封建社会时期开始出现国际贸易中心。早期的国际贸易中心位于地中海东岸，公元11世纪以后，国际贸易的范围逐渐扩大到地中海、北海、波罗的海和黑海沿岸。城市手工业的发展是推动当时国际贸易发展的一个重要因素，而国际贸易的发展又促进了社会经济的进步。当时国际贸易的主要商品为奢侈品，如东方的丝绸、珠宝、香料，西方的呢绒和酒。同时，由于船舶制造技术的进步，国际贸易的范围不断扩大，国际贸易逐渐由近海扩展到远洋。

中国封建社会持续时间较长。早在公元前2世纪的西汉，中国就开辟了从长安经中亚通往西亚和欧洲的陆路商道——"丝绸之路",把中国的丝绸、茶叶、瓷器等商品通过"丝绸之路"输往西方各国,换回良马、种子、药材和饰品等。到了唐朝,除了陆路贸易外,中国还开辟了通往波斯、朝鲜和日本等国的海上贸易。到了明朝,郑和七次率船队下西洋,进一步扩大了海上贸易。

奴隶社会和封建社会由于社会生产力水平低下、社会分工不发达,自然经济仍占据统治地位。因此,对外贸易发展缓慢,国际商品交换只是个别的、局部的现象,还不存在真正的世界市场,更不存在实际意义的国际贸易。

(二)资本主义社会时期的国际贸易

国际贸易虽然源远流长,但其真正具有世界性质还是在资本主义生产方式确立之后。在资本主义生产方式下,国际贸易的规模急剧扩大,国际贸易活动遍及全球,国际贸易的商品种类日益增多,国际贸易也越来越成为影响世界经济发展的一个重要因素。在资本主义发展的各个不同历史时期,国际贸易的发展又各具特点。

1. 资本主义原始积累时期的国际贸易

16—18世纪中叶是西欧各国资本主义原始积累时期。地理大发现和殖民掠夺成为这一时期国际贸易快速发展的推动力。1492年,意大利航海家哥伦布由西班牙出发横渡大西洋发现了美洲大陆;1498年,葡萄牙人达·伽马(Vasco da Gama)从欧洲绕道好望角发现了到达印度的新航线。这一系列的地理新发现使欧洲国家对外贸易的地理范围直接扩大到大西洋彼岸的美洲和亚洲的印度、中国及南洋群岛,导致欧洲商人大量涌入这些地区。在对外贸易中,通过海盗行径与对殖民地人民残酷和血腥的掠夺,西欧各国积累了大量的货币资本,商业资本得到了迅速的发展和壮大,从而大大促进了资本主义生产方式的确立与成长。在这一时期,欧洲几个主要贸易国家为争夺海上贸易霸权,进行过多次商业战争,随着几个主要贸易国家的兴衰,国际贸易中心多次转移。起初,由于葡萄牙和西班牙最先建立起庞大的殖民帝国,其势力范围扩大到亚、非、拉三大洲,伊比利亚半岛诸城成为国际贸易中心;此后,荷兰兴起,成为世界头号海上强国,对外贸易的规模和海外殖民地的数量远远超过葡萄牙和西班牙,安特卫普和阿姆斯特丹也因此成为国际贸易中心;到17世纪,英国取得了国际贸易霸权,伦敦就成了国际贸易中心。

概括而言,这一时期的国际贸易是西欧各国同广大殖民地国家之间进行的一种掠夺性的贸易,广大殖民地国家是被迫卷入国际贸易的。贸易的范围和规模较之封建社会有了空前扩大,贸易的商品结构开始转变,工业原料和城市居民消费品的比重上升,贸易对各国经济发展作用明显,贸易的普遍性、世界性增强。

2. 资本主义自由竞争时期的国际贸易

18世纪后期至19世纪中叶是资本主义自由竞争时期,主要资本主义国家先后完成了工业革命,这为国际贸易的发展提供了强大的物质技术基础;同时,国际贸易的大发展又进一步推动了工业革命,加速了主要资本主义国家的工业化进程。在这一时期,欧洲国家先后发生了产业革命和资产阶级革命,资本主义机器大工业得以建立并广泛发展。机器大工业使社会生产力水平大大提高,大量成本低廉的商品被生产出来,这不仅仅满足了本国消费需要，也使具有竞争优势的剩余产品输往他国市场成为一种迫切的需要。另外，大机器生产需要大量的、源源不断的原材料供应，而各国国内原材料供应有限，这就需要打破本国地理范围的限制，在国外寻找原材料市场。再加上交通运输和通信业的变革，国际贸易在这一时期发展迅速，在各方面都发生了显著变化。随着国际贸易量迅速增加，国际贸易商品结构也发生了很大变化，在 1720—1800 年的 80 年间，世界贸易（world trade）总量只增长了 1 倍，但进入 19 世纪后，前 70 年的世界贸易量就增长了 10 多倍。同时，18 世纪末以前的大宗商品，如香料、茶叶、丝绸、咖啡等，在这一阶段所占份额开始下降，各种工业制成品比重开始上升。国际贸易方式也由现场看货交易转变为样品展览会和商品交易所（commodity exchange），人们根据样品来签订合同。随着贸易规模的扩大，享有特权的外贸公司逐步让位于在法律上负有限责任的股份公司，对外贸易的经营组织日趋专业化，开始出现了为国际贸易服务的运输、保险和借贷金融等专业化企业。这一时期，英国在工业革命中的成就最大，19 世纪初的英国有"世界工厂"之称。1820 年，英国的工业产量占世界工业总产量的一半以上。1850 年以后，英国一半以上的工业制成品被销往国外市场，而工业原料大部分从国外进口。因此，英国仍旧是当时的国际贸易中心。

3. 垄断资本主义时期的国际贸易

19 世纪末 20 世纪初，资本主义由自由竞争阶段向垄断阶段过渡。19 世纪末发生了以电力和内燃机为代表的第二次科技革命，新技术的应用推动了一些新兴行业的发展，如汽车、飞机、轮船等制造业相继出现，电报和电话通信迅速发展。第二次科技革命不仅推动了工业的发展，而且使世界的交通运输业发生了革命性的变化。交通、通信工具的发展，运输费用的下降，使越来越多的国家（地区）卷入国际贸易。这一阶段，国际贸易快速发展，截至第二次世界大战前，国际贸易额（volume of international trade）增长了 3 倍。同时，主要资本主义国家的垄断组织逐步形成，通过商品输出尤其是资本输出，西方主要资本主义国家瓜分了世界绝大部分市场。此阶段的国际贸易出现了一些新的变化。首先，参与国际贸易的国家越来越多，贸易格局和商品结构发生了重大变化。随着世界工业生产的迅速发展，工业制成品特别是重工业产品及有色金属、石油等矿产原料在国际贸易中的比重大大提高。这一时期，美国和德国迅速兴起，英国作为"世界工厂"的地位逐步丧失。其次，垄断开始对国际贸易产生重要影响。垄断组织不仅控制了国内市场，而且在世界市场上也占据了垄断地位。一些主要的资本主义国家的垄断组织开始输出资本，垄断资本不仅控制了生产领域，而且控制了流通领域。垄断组织通过资本输出，扩大商品出口，占有原料产地，同时排挤竞争对手，确立自己在世界市场的统治地位，以便攫取高额的垄断利润。据统计，在第一次世界大战前，英国、法国、德国三国仅资本输出一项，每年就可以获得 80 亿法郎的超额利润。

4. 第二次世界大战以来的国际贸易

第三次科技革命给战后经济带来了生机，使国际贸易的发展进入一个新时期。第三次科技革命引发了一系列新兴工业的相继诞生，以及跨国公司的大量出现，极大地促进了生产国际化的发展，使国际分工更加深入、国际市场范围日益扩大，为国际贸易的发展提供了极为有利的条件。同时,随着一批社会主义国家的出现,许多发展中国家摆脱殖民统治,走上了民族独立的道路,这些国家积极参与国际分工、国际贸易,也使国际贸易在第二次世界大战后获得了进一步的发展。此间的国际贸易发展大致可划分为三个阶段,即1948—1973年的迅速发展阶段、1974—1986年的相对停滞阶段及1987年之后的加速发展阶段。

第二次世界大战后,受经济重建、经贸自由化、国际货币体系稳定等多种因素的积极影响,全球经济贸易以前所未有的速度发展,西方经济学家把1948—1973年这个繁荣时期称为"世界经济的黄金时代",贸易已经成为经济增长的发动机。此后,由于受国际货币体系动荡、各国实施新贸易保护主义及石油危机、经济衰退等不利因素的影响,国际货物贸易发展速度减慢。20世纪80年代,全球经济进入新一轮高速增长时期,受经济一体化、国际化及贸易投资自由化等因素的影响,加之冷战结束,东西方的紧张关系得到缓和,国际货物贸易增长速度大大加快。

第二次世界大战后,国际贸易呈现出一系列典型特征,主要包括以下几个方面。

（1）国际贸易规模空前扩大。第二次世界大战后,国际贸易的发展速度相当快,超过了同期世界经济的发展速度。据统计,1900—1937年,世界进出口贸易总额由115亿美元上升至160亿美元,仅增加了45亿美元;1950—1989年,贸易总额由600亿美元猛增至31 000亿美元,增幅为50多倍,而到1998年,世界进出口贸易总额突破了6万亿美元,比1989年又递增了近1倍。2012年,世界进出口贸易总额达到22.5万亿美元,比1998年又递增了3倍之多,2022年世界进出口贸易总额已经达到50.52万亿美元。[①]

（2）国际贸易商品结构发生了重大变化。第二次世界大战后国际贸易商品结构的变化,不仅表现在工业制成品和初级产品两大类产品的贸易相对比重的升降上,而且两大类产品的内部结构也发生了改变。在工业制成品贸易中,劳动密集型的轻纺产品比重下降,而资本密集型产品所占比重上升,高新技术产品比重增长加快,化工产品、机械和运输设备等贸易比重也增长较快。同时,由于战后国际服务贸易的增长速度超过了同期国际商品贸易的增长速度,服务贸易在国际贸易中所占的比重大幅上升。

（3）国际贸易地理分布和贸易地位发生了变化。第二次世界大战后,国际贸易地理分布表现为越来越多的国家参与国际贸易,各种类型国家的对外贸易都有了不同程度的增长,而增长最快的仍是发达国家相互间的贸易,发展中国家与发达国家间的贸易量（quantum of trade）相对缩减。在国际贸易中,发达国家继续保持支配地位,日本和欧洲国家的贸易地位上升较快；发展中国家在国际贸易中的作用不断加强,其中,新兴工业化国家增长更快。

（4）跨国公司成为国际贸易的主力军。第二次世界大战后,跨国公司大量兴起和壮大,为国际贸易的迅速发展发挥了巨大的促进作用。据联合国贸易和发展会议（UNCTAD）《世界投资报告》提供的数据统计,1970年全球跨国公司仅有7 000家,

---

① 中华人民共和国国家统计局.国际统计年鉴——2017[EB/OL]. http://data.stats.gov.cn/files/lastest-pub/gjnj/2017/indexch.htm.

1993年发展到3.7万家，其国外子公司约17万家；1997年则发展到4.4万家，拥有分支机构28万多家；2011年跨国公司达8.5万家，有100多万家子公司。截至2015年，跨国公司控制了世界工业生产总值的40%~50%、国际贸易的50%~60%、对外直接投资的90%，且拥有全球90%的技术转让份额。跨国公司在国际经济活动中的主体地位日益显著。

（5）贸易集团化趋势增强。随着国际竞争的日益激烈，世界主要贸易国为保持其在全球市场上的竞争力，不断寻求与其他国家联合，通过优惠贸易安排（preferential trade arrangement）、自由贸易区（free trade area，FTA）、关税同盟（customs union）、共同市场（common market）等方式，组建区域贸易集团，实现区域内的贸易自由化，如欧洲联盟（European Union，EU，简称"欧盟"）、东南亚联盟、北美自由贸易区（North American free trade area，NAFTA）、石油输出国组织、海湾阿拉伯国家合作委员会等。目前，世界各种经贸区域集团已超过100个，经济贸易集团内部各成员国的贸易发展迅速，已成为第二次世界大战后世界贸易发展的一个重要特征。

（6）贸易保护主义逐渐兴起。第二次世界大战后，国际贸易政策和体制发生了很大变化。20世纪50—60年代的贸易自由化，逐渐向20世纪70年代以来的贸易保护主义转化，国际贸易体制从自由贸易逐步走向管理贸易（managed trade）。一些发达国家采用各种非关税措施，其保护手段更加隐蔽、更具有针对性，有的发达国家还通过"ISO9000""ISO14000"等管理体系加强实行保护的效果。

（7）国际贸易方式多样化发展。第二次世界大战后，除了传统的国际贸易方式，如包销、代理、寄售、招标、拍卖、展卖等方式外，又出现了一些新的贸易方式，如补偿贸易、加工装配贸易、租赁贸易等。这些新的国际贸易方式的发展，不仅扩大了国际贸易的范围，而且增加了国际贸易的深度，使经济发达国家和经济落后的发展中国家，都能借助不同的贸易方式加入国际分工体系和国际贸易合作的阵营中来。

（三）当前国际贸易发展趋势

1. 国际贸易格局分化，区域失衡问题日益突出

一方面，发达经济体贸易逆差明显扩大，由2015年至2019年每月近400亿美元的规模大幅增长至2022年的每月1 200亿美元。美国、欧盟和英国的贸易逆差规模自2020年起不断扩大，并均于2022年达到历史峰值。在欧盟成员国中，受进口商品价格上涨的影响，法国、西班牙等国的贸易逆差变化明显，意大利于2021年末由贸易顺差国转为逆差国，德国也在2022年5月出现了30年来的首次贸易逆差。货币贬值提高了进口成本，截至2023年1月，日本和韩国的贸易逆差已分别持续18个月和13个月。另一方面，发展中经济体的贸易顺差大幅增长，2022年平均每月顺差规模超1 000亿美元，较2015年至2019年的月度均值增长近4倍。[①] 比如，印度尼西亚、马来西亚和越南的贸易顺差呈

---

① 李颖婷. 当前国际贸易新特点与发展趋势［EB/OL］.（2023-05-10）. http：//bj.mof.gov.cn/ztdd/czysjg/jyjl/202305/t20230510_3883497.htm.

明显增长态势，沙特阿拉伯、阿拉伯联合酋长国和科威特等能源出口国受益于国际大宗商品价格的上涨，贸易顺差规模不断扩大。

2. 区域内的贸易联系加强，亚太产业链在全球制造业中的地位提升

当前，全球产业链大致可划分为欧洲、美洲和亚太三大区域产业链，其中超半数的进出口额为区域内贸易。欧洲产业链的区域内贸易结构相对平衡，各类产品的区域内出口和进口比例均处于较高水平。美洲产业链的区域内贸易集中于劳动密集型、资源型和中低端技术产品，2021年相关产品的区域内出口比重超70%，但其区域内贸易难以满足市场需求，超六成的进口需求依赖区域外贸易。亚太产业链的区域内贸易联系紧密，2021年，亚太产业链高技术产品的区域内进口和出口比重分别高达76.7%和67.3%，承担了大量的制造与加工，并且对区域外国家出口的比重较高，意味着亚太产业链在全球制造业中扮演着更为重要的角色。① 此外，《区域全面经济伙伴关系协定》（Regional Comprehensive Economic Partnership，RCEP）等区域贸易协定的生效有望提升发展中经济体对外开放水平。

3. 全球数字贸易快速兴起

数字技术创新推动了数字贸易的发展，网络零售、在线教育、远程医疗等数字贸易持续增长，形成互联网辅助货物交易、服务贸易数字化等新模式，催生跨境电商等贸易新业态。新冠感染疫情严重影响了传统贸易，无接触交易、在线营销等数字贸易优势显现，截至2022年全球超半数的服务贸易已经实现数字化转型，互联网零售在货物贸易中的比重超过12%。数字贸易有助于推动国际、产业间的信息共享与要素流动，加快农业、制造业和服务业的产业融合，大幅提高国际贸易效率、降低贸易成本、丰富贸易业态。

第二节　国际贸易基本概念与分类

一、国际贸易的基本概念

据海关总署统计，2022年我国（不包港、澳、台）货物贸易进出口总值42.07万亿元人民币，比2021年增长7.7%。其中，出口总额为23.97万亿人民币，比去年同期增长10.5%；进口总额为18.1万亿人民币，比去年同期增长4.3%。我国大陆（内地）前十位的贸易伙伴依次是东盟、欧盟、美国、韩国、日本、中国台湾、中国香港、澳大利亚、俄罗斯和巴西。

我国对东盟、欧盟、美国分别进出口6.52万亿元、5.65万亿元和5.05万亿元，分

---

① 李颖婷. 当前国际贸易新特点与发展趋势［EB/OL］.（2023-05-10）. http：//bj.mof.gov.cn/ztdd/czysjg/jyjl/202305/t20230510_3883497.htm.

别增长 15%、5.6% 和 3.7%；对共建 "一带一路" 国家进出口增长 19.4%，占我国外贸总值的 32.9%，提升 3.2 个百分点；对《区域全面经济伙伴关系协定》（RCEP）其他成员进出口增长 7.5%。

一般贸易进出口 26.81 万亿元，增长 11.5%，占进出口总值的 63.7%，提升 2.2 个百分点。其中，出口 15.25 万亿元，增长 15.4%；进口 11.56 万亿元，增长 6.7%。加工贸易进出口 8.45 万亿元，占进出口总值的 20.1%。

机电产品进出口 20.66 万亿元，增长 2.5%，占进出口总值的 49.1%。其中，太阳能电池、锂电池和汽车出口分别增长 67.8%、86.7% 和 82.2%。劳动密集型产品出口 4.28 万亿元，增长 8.9%，占出口总值的 17.9%。其中，箱包、鞋和玩具出口分别增长 32.6%、24.4% 和 9.1%。此外，原油、天然气和煤炭等能源产品合计进口 3.19 万亿元，增长 40.9%，占进口总值的 17.6%；农产品进口 1.57 万亿元，增长 10.8%，占进口总值的 8.7%。①

（一）国际贸易额与对外贸易额

国际贸易又称世界贸易或全球贸易，它是指世界上不同国家（地区）间的货物（商品）和服务的交换活动。因此，国际贸易额是指一定时期内（通常为 1 年）用某种货币统计的世界贸易总额，也称国际贸易值。由于一国（地区）的出口是另一国（地区）的进口，因此国际贸易额仅指世界各国（地区）的出口总额或者进口总额，并不是各国（地区）出口总额和进口总额之和。世界各国（地区）一般用 FOB（离岸价格）计算出口额，而用 CIF（到岸价格）计算进口额，由于 CIF 中包含运费和保险费，所以世界进口总额总是大于出口总额。值得注意的是，通常所说的国际贸易额是单指世界出口总额而言的。

对外贸易则是指一个国家（地区）与另一个国家（地区）之间的货物（商品）和服务的交换活动。因此，对于一个国家（地区）而言，对外贸易额（value of foreign trade）是指一定时期内（通常为 1 年），一国（或地区）的进口额与出口额之和。一些海岛国家如英国、日本，也常用海外贸易来表示对外贸易。

（二）贸易差额

一个国家（地区）在一定时期内（通常为 1 年）出口额与进口额的差值称为贸易差额（balance of trade）。当出口额与进口额相等时，称为贸易平衡；若出口额大于进口额，称为贸易顺差或贸易盈余（surplus of trade），也称出超（favorable balance of trade）；若出口额小于进口额，称为贸易逆差或贸易赤字（deficit of trade），也称入超（unfavorable balance of trade）。

贸易差额是衡量一国（地区）对外贸易状况的重要标志。一般而言，贸易顺差表明

---

① 海关总署：2022 年我国外贸实现新突破 进出口总值 42.07 万亿元 [EB/OL]．(2023-01-13)．https：//m.gmw.cn/baijia/2023-01/13/36301173.html．

该国(地区)在对外贸易收支上处于有利地位,贸易逆差则表明该国(地区)在对外贸易收支上处于不利地位。不过,长期顺差不一定是好事,逆差也并非绝对是坏事,从长期趋势来看,一国(地区)的进出口贸易应当基本保持平衡。

(三) 净出口与净进口

一国(地区)往往在同种商品上既有出口又有进口,在一定时期内(通常为1年),将同种商品的出口数量与进口数量相比较,若出口数量大于进口数量,称为净出口(net export);相反,若进口数量大于出口数量,则称为净进口(net import)。这两个指标反映的是一国(地区)在某种商品贸易上处于出口国(地区)的地位还是进口国(地区)的地位。

(四) 贸易值(额)与贸易量

贸易值或贸易额(volume of trade)是以货币金额表示的贸易规模。从一个国家(地区)的角度来看,对外贸易值是衡量其对外贸易规模的重要指标,各国(地区)一般都用本国(地区)货币表示,为了便于比较,许多国家(地区)同时又通过美元计算。

仅仅用贸易额来衡量贸易规模是不够的,因为贸易额受价格变化因素的影响,尤其是在价格变化幅度较大的年份。为了剔除价格变化因素,需要掌握贸易规模实际变化的情况,贸易量是另一个重要指标,它是指用进出口商品的计量单位来表示进出口商品的规模。由于国际贸易商品的计量单位各异,无法用统一的计量单位来表示,为了准确反映国际贸易的实际规模,贸易量通常是按照一定时期的不变价格为标准来计算的各个时期的贸易值,其计算方法是以某年的价格为基准,用贸易值除以价格指数,得到了以不变价格计算的贸易值来近似替代贸易量。

(五) 贸易条件

贸易条件(terms of trade),又称进出口商品比价,是指一国(地区)出口商品与进口商品的交换比率,通常用一国(地区)在一定时期内出口商品价格指数与进口商品价格指数进行对比计算。其公式为

$$贸易条件指数 = \frac{出口价格指数}{进口价格指数} \times 100$$

若该指数上升,表明一国(地区)贸易条件改善,即既定数量出口商品可以换取更多数量进口商品;若该指数下降,表明一国(地区)贸易条件恶化,即既定数量出口商品可以换取进口商品的数量减少。贸易条件是衡量一国(地区)对外贸易地位和利益的重要指标。

(六) 对外贸易依存度

对外贸易依存度(ratio of dependence on foreign trade)又称对外贸易依存系数,是指一国在一定时期内(通常为一年)进出口总额在其国内生产总值(GDP)或国民生产总

值（GNP）中所占的比重。其公式为

$$对外贸易依存度 = \frac{出口总额 + 进口总额}{GDP（或 GNP）} \times 100\%$$

对外贸易依存度越高，表明一国对国际贸易的依赖程度越深。对外贸易依存度也表明对外贸易在一国国民经济发展中的地位与作用。伴随着经济全球化，对外贸易在各国经济中的比重都在增加。

为了准确表示一国经济对外贸的依赖程度，对外贸易依存度可以分为出口依存度和进口依存度。出口依存度是一国在一定时期内出口贸易额占GDP（或GNP）的比重，反映了该国对外贸的依赖程度；进口依存度是一国在一定时期内进口贸易额占GDP（或GNP）的比重，反映了该国市场对外的开放程度。影响一国对外贸易依存度的因素有国内市场的发展程度、加工贸易的层次、汇率水平等。

（七）贸易地理方向

贸易地理方向（direction of trade）又称贸易地区分布（trade by region）。从一个国家（地区）的角度看，对外贸易的地区分布是指该国（地区）的对外贸易值的国别地区分布情况，即该国（地区）出口商品是流向哪些国家或地区的市场，进口商品是从哪些国家或地区流入的，通常用各个国家或地区在该国（地区）进口总额、出口总额或进出口总额所占的比重来表示。由于对外贸易的地区分布清楚地表明了一国（地区）与其他国家和地区经济交往的广度和深度，因而可以为该国（地区）制定对外贸易政策、保证重点市场、开拓新市场提供重要的决策依据。

从整个世界的角度看，国际贸易地区分布是指国际贸易值的国别地区分布情况，通常是计算各国或地区的出口贸易额在世界总出口贸易额中所占的比重，用来表示各国、各地区在国际贸易中所处的地位。目前，从国别看，中国是世界最大的贸易国，美国第二，德国第三；从区域看，论贸易额大小，依次为欧洲、北美洲、亚洲、拉丁美洲、非洲、大洋洲。

（八）贸易商品结构

贸易商品结构（composition of trade）有广义和狭义之分。广义的贸易商品结构指货物和服务在贸易中各自所占的比重。狭义的贸易商品结构仅指各类货物在贸易中所占的比重。在国际贸易中，通常将进出口商品分为两大类：一类为初级产品，即没有经过或很少经过加工的农、林、牧、渔、矿产品；另一类为工业制成品，即经过加工完成的产品和技术密集型产品。在实践中，各国（地区）对各类商品加工程度的深浅还有更细的划分。在产品的成本中，劳动力含量高的称为劳动密集型产品，资本含量高的称为资本密集型产品，技术含量高的称为技术密集型产品。

从一个国家（地区）的角度看，其对外贸易的商品结构是指一定时期内进出口贸易中各类货物的构成情况，分为进口贸易商品结构和出口贸易商品结构，用一定时期内各大类货物进口贸易额或出口贸易额在该国（地区）整个货物进口贸易额或出口贸易额中所占的比重来表示。通过对一国（地区）对外贸易商品结构分析，可以反映该国（地区）的产业结构、经济发展水平及其在国际分工中的地位。

从整个世界的角度看，国际贸易商品结构是指一定时期内各类货物在国际贸易中的构成情况，用一定时期内各大类货物出口贸易额在整个国际贸易额中所占的比重来表示。通过对国际贸易商品结构分析，可以在一定程度上反映世界经济的发展水平。

二、国际贸易的分类

国际贸易范围广，内容复杂，种类繁多，依据不同的标准，可以进行不同的分类，认识和掌握这些分类以及相关的概念，有助于深入研究国际贸易。

（一）按商品移动方向划分

按商品移动方向，国际贸易可以分为出口贸易（export trade）、进口贸易（import trade）、复出口（re-export）、复进口（re-import）和过境贸易（transit trade）。

（1）出口贸易，是指将商品从本国销往他国市场的贸易活动。

（2）进口贸易，是指其他国家或地区的商品输入本国的贸易活动。

（3）复出口，是指其他国家或地区的商品进口后未经加工制造又出口，其往往与转口贸易有关，进口退货也属于此列。

（4）复进口，是指本国商品出口后未经加工制造后又输入国内。复进口多为偶然、意外原因，如出口退货、盲目进口等。

（5）过境贸易，是指外国商品途经本国，但最终销售地为第三国的贸易，也称通过贸易。过境贸易又有直接过境贸易和间接过境贸易两种：外国商品因需要转运而经过本国，但不在本国海关仓库存放就直接运往他国，属于直接过境贸易；若外国商品运到本国国境后，先存放于海关仓库，但未经加工又运往他国销售，则属于间接过境贸易。

（二）按有无第三方参与划分

按有无第三方参与，国际贸易可以分为直接贸易（direct trade）、间接贸易（indirect trade）和转口贸易（entrepot trade）。

（1）直接贸易，是指贸易商品从生产国直接运销到消费国，中间没有第三国参与的贸易活动。

（2）间接贸易，是指通过第三国或者其他中间环节，把商品从生产国运销到消费国的贸易活动。对于生产国和消费国来说，这种贸易属于间接贸易；对第三国来说，这种贸易就属于转口贸易。

（3）转口贸易，是指商品生产国与消费国之间的贸易需要通过第三国转卖而成。即使商品直接由生产国运往消费国，只要生产国和消费国未直接交易，而是通过第三方转卖，也属于转口贸易。转口贸易属于复出口，是过境贸易的一部分。大量从事转口贸易的多为地理位置优越、运输便利、信息灵通、仓储和港口服务条件良好、贸易限制少的国家或地区，如新加坡等。

（三）按贸易标的物的形态划分

按贸易标的物的形态，国际贸易可以分为有形贸易（visible trade）和无形贸易（invisible trade）。

（1）有形贸易也称物品贸易，是指看得见的实物商品的国际购销活动。传统意义上的国际贸易就是指有形贸易，海关（customs house）对进出口商品的监管和征税措施也是针对这类贸易的。目前，报刊上发布的某国对外贸易增长或者下降情况，如果没有其他特殊说明，通常就是指有形贸易。

（2）无形贸易，是指不具备物质外形的各类商品国际购销活动。无形贸易是在有形贸易的基础上形成的，并对有形贸易的发展产生巨大的影响。无形贸易主要包括以下方面。

①与商品进出口有关的一切从属费用的收支，如运输费、保险费、商品加工费、装卸费等。

②与商品进出口无关的其他收支，如国际旅游费用、外交人员费用、侨民汇款、使用专利特许权费用、国外投资汇回的股息和红利、公司或个人在国外服务的收入等。服务贸易是无形贸易的主要组成部分，随着生产力的发展，第三产业在整个经济中的比重不断提高，国际服务贸易总额也在迅速增加。世界贸易组织正式成立后，国际服务贸易才被纳入其管辖范围。

（四）按统计标准划分

按统计标准，国际贸易可以分为总贸易（general trade）和专门贸易（special trade）。

（1）总贸易，是指以国境为标准对进出口进行的贸易统计：凡离开国境的商品一律列为出口，即总出口；凡进入国境的商品一律列为进口，即总进口。总贸易额在数量上等于总出口额与总进口额之和，过境贸易列入总贸易之中。日本、加拿大、英国、澳大利亚等国采用这样的标准，中国也采用总贸易的概念来统计对外贸易。

（2）专门贸易，是指以关境（customs frontier）为标准对进出口进行的贸易统计：运出关境的本国商品以及进口后未经加工又运出关境的商品列为出口，即专门出口；进入关境以及从保税仓库提出进入关境的商品列为进口，即专门进口。专门贸易额在数量上等于专门出口额与专门进口额之和。美国、意大利、德国、瑞士等国采用此标准。

（五）按清偿工具划分

按清偿工具，国际贸易可以分为现汇贸易（spot exchange trade）和易货贸易（barter trade）。

（1）现汇贸易也称自由结汇贸易（free-liquidation trade），是指在国际商品交易中，以货币作为偿付工具的贸易方式。在现汇贸易中，被用作偿付的货币必须可以自由兑换，如美元、英镑、欧元、瑞士法郎、日元和人民币等,当前的国际贸易以现汇贸易为主。

(2)易货贸易也称换货贸易,是指货物经过计价后作为偿付工具的贸易方式。易货贸易经常作为一国(地区)与另一国(地区)间货物互换的贸易方式,比较适用于那些由于外汇不足、货币汇率波动剧烈,或其他各种原因无法以自由结汇方式进行相互交易的国家(地区)。

(六)按货物运输方式不同划分

按货物运输方式不同,国际贸易可以分为陆路贸易(trade by roadway)、海路贸易(trade by seaway)、空运贸易(trade by airway)和邮购贸易(trade by mail order)。

(1)陆路贸易,是指利用汽车、火车等陆路运输工具,通过铁路、公路等陆地运输线路进行的贸易活动。陆地相邻国家的贸易,通常采用陆路运送货物的方式,如中国与俄罗斯、美国与加拿大之间的一部分贸易就是通过陆路贸易实现的。陆路运输的特点是运输量较大、运输速度较快、运输成本较低,其中铁路运输具有较高的连贯性和准确性,公路运输则有高度的机动性和灵活性,但陆路运输会受到轨道和公路线路的限制。

(2)海路贸易,是指利用各种船舶通过海洋运输商品的贸易活动。海洋运输的特点是运费最低、运量大,通过能力强,适宜运输各种货物,但其运输时间较长、风险大,易受自然条件和季节的影响。

(3)空运贸易,是指采用飞机运送商品的贸易活动。航空运输的特点为运输速度最快,但运费最贵、载重量有限,易受恶劣天气的影响。采用空运贸易的大多为体积小、重量轻、价格贵、时间紧、需快速运输的商品,一般适用于贵重物品、药品、精密仪器和鲜活商品等。

(4)邮购贸易,是指采用邮政包裹的方式寄送货物的贸易活动。对数量不多而又急需使用的商品可采用邮购贸易,其速度比空运慢,但费用较之便宜,适合重量轻、体积小的商品。

(七)按国际贸易经营方式划分

国际贸易经营方式种类繁多,按国际贸易经营方式划分,比较常见的方式有以下几种。

(1)逐笔售定(sell by sale),是指就买卖某一商品的交易条件进行磋商,通过发盘和接受,达成交易,订立合同,然后履行合同的做法。这种经营方式的优点是效率高、成本低,缺点是逐笔分散交易,双方履行合同后就不再相互承担义务。因此,买方不愿多做售前宣传和售后服务工作,卖方也不愿帮对方开发市场。

(2)经销(distribution),是指进口商(即经销商)与国外出口商(即供货商)达成协议,承担在规定的期限和区域内购销指定商品的义务。经销有独家经销[包销(exclusive sale)]和一般经销两种方式。其中,包销在国际贸易中较为常见。包销,是指出口商通过与国外包销商签订包销协议,给予国外包销商在一定的时期和指定的区域内承包销售某种商品的独家专营的权利，其商品由包销商承购后自行推销。包销的优点是通过给予专营权，提高包销商的积极性，同时也避免了分散经营带来的商品自相竞争的问题，有利于巩固和扩大市场；另外，通过包销协议，确定一定时期的交易量，有利于出口商安排生产、组织货源、安排运输等。其缺点包括：①出口商不与客户直接交往，无法全面了解市场行情；②包销商可能凭借独家经营权操纵、垄断市场并压低出口价格；③包销商信誉不佳或经营不善会使销售计划落空。

（3）代理（agency），是指委托人授权其代理人在一定时期和一定的地区代表委托人向第三者招揽生意、签订合同，或办理与交易相关的其他事宜。代理也是国际贸易中比较常见的一种经营方式，根据代理商职权范围的大小，可以将代理分为独家代理（sole agency）和一般代理。独家代理是指代理商在约定的地区和时期内拥有独家经营权，即委托人不得将该商品直接或间接地销售给代理区的其他买主。一般代理则不享有这种独家代理权。

代理的优点在于：①代理商是根据出口方的意图销售，主动权在出口方手中，因此灵活主动；②代理商不需垫付资金，不承担盈亏，不承担风险，其积极性会更高；③有助于出口方逐步摸清市场情况、扩大销售。

代理方式的缺点在于：①代理商不承担盈亏，会影响其销售效果；②如果代理商资信不好、经营能力差，会出现代理商品推销不出去的现象。

（4）寄售（consignment），是指委托人将货物运输并交付给事先约定的国外代销商，代销商根据寄售协议代替委托人在当地市场进行销售，货物售出后，再由代销商向委托人结算货款的一种贸易做法。寄售的优点在于：①对委托人来说，有利于开辟新市场、推销新产品，扩大销路；②代销商不需要垫付资金，也不承担风险，有利于调动代销商的积极性。其缺点在于：①委托人承担的风险较高，费用较多，资金周转时间长，收汇较缓慢；②一旦代销商违背协议，有财货两空的风险。

（5）展卖（fairs and sales），是指利用展览会或博览会的形式出售商品，将展览和销售结合起来的贸易方式。对于出口商而言，展卖有利于宣传出口商品，扩大影响，招揽潜在买主，促进成交；有利于建立和发展客户关系，扩大销售范围；有利于开展市场调研，收集消费者的意见，改进产品质量，增强出口竞争力。

（6）招投标（invitation to tender），是指由招标人（买方）发出招标通知，说明准备采购的商品或工程项目情况，公布一定的要求和条件，邀请投标人（卖方）在规定的时间、地点按照一定的程序前来投标，并与条件最优越的投标人订约成交的行为。投标（submission of tender）是指投标人应招标人的邀请，在规定的投标时间内，按照投标的要求和条件，向招标人递盘的行为。

（7）拍卖（auction），是指专业拍卖行接受货主的委托，在规定的时间和地点，按照一定的规章，以公开叫价或密封出价的方法，把货物卖给出价最高者的一种贸易方式。

（8）商品交易所交易，是指在一定的时间和地点，在有组织的交易市场中，按一定的规则，通过特定人买卖特定商品的贸易行为，也称期货市场交易。

(9) 加工贸易（processing trade），是指利用本国的人力、物力或技术优势，从国外输入原材料、半成品、样品或图纸，在本国加工制造或装配成成品后再向国外输出的，以生产加工性质为主的一种贸易方式。加工贸易可分为来料加工、来样加工和来件装配三种形式。

(10) 补偿贸易（compensation trade），是指参与两国间贸易的双方，一方是以对方提供的贷款购买机器、设备或技术进行生产和加工活动，待一段时间后，该方用该项目下的产品、其他产品或者劳务费去偿还对方的贷款或设备技术款项的一种贸易方式。此种方式对解决买方资金暂时不足的问题和帮助卖方推销商品均有一定的作用。

(11) 租赁贸易（renting trade）的本质是出租，它是由租赁公司（出租方）以租赁方式将商品出租给国外的用户（承租方）使用，国外承租方不交付商品货款而交付商品租金的一种交易方式，因而也称租赁信贷。这种贸易方式的特点包括：出租的商品一般都是价格较高的设备或交通工具等；出租方享有该商品的所有权，并可按期收回稳定的资金；承租方付很少的费用就可得到设备或交通工具的使用权，从而避免积压大量的设备资金，还可及时更新和使用更新的设备和技术。此种方式在国际贸易活动中发展迅速，并逐渐发展至租购结合，即先租，到一定时期后，该商品的所有权转为承租方所有，变成了买卖关系。

第三节　国际贸易理论与政策的发展和演变

国际贸易理论在实践中产生和发展，最终应用于实践，是各国制定对外贸易政策的依据。国际贸易理论主要研究国家间国际贸易的起因、国际贸易的模式、贸易利益的分配等问题。国际贸易政策则随着世界政治、经济环境与本国在国际分工中的地位、国际竞争力的变化而不断变化，总体上是在自由贸易政策和保护贸易政策之间切换。

一、国际贸易理论的发展和演变

国家间为什么要进行国际贸易，一国为什么会进口自己也能够生产的商品？显然这是因为可以从贸易中获利。如果不能从中获利，谁也不会从事贸易活动。那么，哪些商品在国际贸易中被用来交易？各个国家都出口和进口何种商品？贸易所得有多大？又是如何在国家间进行分配？这些都是国际贸易理论试图研究和解释的问题。国际贸易理论的发展大致可以分为四个阶段：古典国际贸易理论、新古典国际贸易理论、新国际贸易理论和新新贸易理论。这一发展过程是伴随着现实经济的发展和经济学理论的发展而不断向前推进的。

（一）古典国际贸易理论

古典国际贸易理论主要是指由亚当·斯密（Adam Smith，1723—1790）和大卫·李嘉图（David Ricardo，1772—1823）提出的绝对优势（成本）理论和比较优势（成本）理论。其中，绝对优势理论是国际贸易理论产生的标志，比较优势理论（The Theory of Comparative Advantage）是国际贸易产生的核心。在斯密看来，人们天生的差别不大，但是由于后来选择了不同的专业，因而产生不同产品效率，形成了不同的绝对优势。这种由劳动分工产生和发展起来的绝对优势，是贸易促进经济发展的本源。斯密因此大胆主张：单方面地实行贸易自由化，而不管别国采取什么样的政策，也是值得一国采取的获益政策。李嘉图则认为，这种由既定劳动分工形成的绝对优势并不是产生贸易好处的必要条件，只要存在比较优势，没有绝对优势的国家，也可以从贸易中获益。其实，不管是绝对优势学说还是比较优势学说，都包含着一个核心的古典经济学思想：专业化分工和贸易交换是经济增长的源泉。

比较优势理论揭示了国际贸易产生的基本动因是各国劳动生产率的比较差异，从而拓宽了国际贸易的范围，为各国参加国际分工和国际贸易的必要性进行了理论上的论证。但是，这一理论也存在诸多缺陷。首先，"经济人假设"是经济学存在和发展的一个重要前提。然而，斯密的绝对优势理论和李嘉图的比较优势理论没有把"经济人假设"作为研究的前提，即没有把生产者利润最大化作为基本假设，而是把一国与另一国的成本比较作为研究国际贸易的出发点，从而得出的结论只能在特殊情形下成立，不具有一般性。其次，在古典国际贸易理论模型中，劳动是唯一的生产要素，劳动生产率的差异是国际贸易产生的唯一原因，显然这也是不符合现实经济状况的。

（二）新古典国际贸易理论

古典国际贸易理论在西方经济学界占支配地位长达一个世纪之久，到了20世纪30年代，才受到伊利·菲利普·赫克歇尔（Eli Filip Heckscher，1879—1952）和贝蒂尔·戈特哈德·俄林（Beltil Gotthard Ohlin，1899—1979）的挑战。俄林批判地继承了李嘉图的比较优势理论，他在1933年出版的《区域贸易和国际贸易》一书中系统地提出了自己的贸易学说，标志着要素禀赋说（也称赫-俄模式或H—O理论）的诞生。该学说是现代国际贸易理论的新开端，与李嘉图的比较优势理论并列为国际贸易理论的两大基本模式。"H—O理论"从供给的角度重新探讨了国际贸易产生的原因。但是，在1953年之后，这一理论的不足被逐渐发现，其中最著名的是里昂惕夫之谜。众多的学者从不同的角度对里昂惕夫之谜进行了大量的解释。但是，这些解释都没有完全否定"H—O理论"，而是成为对战后国际贸易理论的补充和发展。

（三）新国际贸易理论

新国际贸易理论是20世纪80年代初以来，以保罗·克鲁格曼（Paul Krugman）为代表的一批经济学家提出的一系列关于国际贸易的原因、国际分工的决定因素、贸易保护主义的效果，以及最优贸易政策的思想和观点。传统国际贸易理论没有进行单个企业的研究，主要研究产业间的贸易，在新古典国际贸易理论中，大多数研究都假定规模报酬不变，其一般均衡模型只是限定了企业所在产业部门的规模，企业的规模则是模糊的。而新国际贸易理论主要研究的是在规模报酬递增和不完全竞争条件下的产业内贸易（intra-industry trade）。最初新国际贸易理论旨在用实证的方法解释贸易格局，填补传统贸易理论的逻辑空白，后来发展成为以规模经济（economies of scale）和不完全竞争市场为两大支柱的经济理论体系。新国际贸易理论比传统贸易理论更符合国际贸易现实，并提出了一些重要的理论创新，从而丰富和完善了国际贸易理论的内容。

（四）新新贸易理论

新新贸易理论是近年来贸易理论研究的前沿，它有两个分支：一支以哈佛大学教授马克·梅里茨（Marc Melitz）为代表，将企业的异质性纳入新贸易理论，提出了异质企业贸易模型；另一支以保罗·安查斯（Pol Antras）教授为代表，将不完全契约纳入新贸易理论，提出了企业内生边界模型。传统国际贸易理论研究的贸易现象是不同产品之间的贸易，即产业间贸易（inter-industry trade）；新国际贸易理论研究的贸易现象则是同一产业内同类产品之间的双向贸易，即产业内贸易；而新新贸易理论研究的贸易现象是中间产品贸易，包括企业间外包贸易和以中间产品为载体的企业内贸易。由于全球贸易一体化和生产非一体化的快速发展，中间产品贸易已经成为一种新的经济现象，2002年世界银行统计数据显示，企业内贸易已经占了全球贸易的1/3。对于企业间外包贸易和企业内贸易，传统国际贸易理论已不能加以解释，而新新贸易理论解释了这种贸易新现象，其研究视角从传统的国家和产业层面转向了企业和产品层面。新新贸易理论的核心是异质企业理论和不完全契约理论，提出了比较优势的新源泉，即企业的异质性（生产规模、生产率、工资和要素密集度的差异）和契约体系的质量。该理论同新国际贸易理论一样侧重于应用产业组织理论，因此，新新贸易理论补充和发展了传统国际贸易理论和新国际贸易理论。

二、国际贸易政策的发展和演变

国际贸易政策就其实质而言，它既反映经济基础和当权阶级的利益和需要，同时又能维护和促进经济的发展。

在资本主义生产方式准备时期（16—18世纪后期），为了促进资本的原始积累，西欧各国实行了重商主义（mercantilism）下强制性的保护贸易政策，通过限制货币（贵金属）出口和扩大贸易顺差的办法来扩大货币的积累，其中英国实行得最为充分。这一政策在当时为资本主义生产方式的确立提供了巨额资本和财富，促进了资本主义生产方式的形成。

在资本主义自由竞争时期（18世纪后期—19世纪中后期），资本主义生产方式占了统治地位，这一时期国际贸易政策的基调是自由贸易。当时，英国的工业生产水平最高，迫切要求向外扩张，以极具竞争力的工业制成品来换取原料和粮食。因此，英国是带头实行自由贸易政策的国家。但由于各国经济发展水平的不同，一些经济发展起步较晚的国家，如美国和德国则采取保护贸易政策。

在垄断资本主义时期，国际贸易政策又发生了数次变化。在垄断资本主义早期（19世纪90年代至第二次世界大战期间），随着资本主义发展进入垄断时期，垄断代替了自由竞争，资本输出占据了统治地位。特别是1929—1933年，资本主义世界发生了经济大危机，使市场问题急剧恶化，出现了超保护贸易政策。第二次世界大战后，各国经济进入恢复和发展时期，随着生产国际化和资本国际化，各国都逐渐放宽了对进口的限制，出现了世界范围的贸易自由化。与此同时，广大发展中国家为了民族工业的发展则实行贸易保护主义。20世纪70年代中期以后，资本主义国家经济发展缓慢，在世界范围内又出现了新贸易保护主义浪潮。特别是进入20世纪80年代以来，鉴于各国不能实行严格意义上的自由贸易与保护贸易，尤其是国际服务贸易范畴中的自由贸易与保护更加艰难，各国普遍实行了管理贸易政策，即越来越多地靠政府对内制定一系列的贸易政策、法规来协调管理本国进出口贸易的有序发展；对外通过协商，签订各种对外经济贸易协定，以协调和发展缔约国之间的经济贸易关系，进一步加强国家对国际贸易的干预，维护自由、公平的贸易环境和竞争秩序。

自2008年国际金融危机爆发以来，各大经济体纷纷采取了积极的财政政策和宽松的货币政策，以刺激本国经济的复苏。整体来看，全球经济复苏步伐逐渐加快，中国、美国、日本等经济体对拉动全球经济复苏起到了重要作用。当前国际贸易政策受各种因素影响，特别是美国推行"美国优先"的"逆全球化"保护贸易政策，并对世界主要经济体发动贸易战，在其影响下，各国贸易政策都发生了较大改变。这种"逆全球化"贸易思维愈演愈烈，对全球经济造成了较大影响，减少了全球贸易，形成了投资壁垒，阻碍了人文交流，甚至造成了社会动荡，对国际贸易政策的负面影响不可估量。

思考题

1. 什么是国际贸易？它经历了哪些发展阶段？各阶段又有何特点？
2. 当代国际贸易发展具有哪些特点？
3. 国际贸易和对外贸易的区别是什么？
4. 国际贸易经营方式主要有哪些？
5. 什么是对外贸易依存度？如何看待一国（地区）的对外贸易依存度？

阅读材料

历史上的"世界工厂"

党的二十大报告指出"中国坚持对外开放的基本国策，坚定奉行互利共赢的开放战略，不断以中国新发展为世界提供新机遇，推动建设开放型世界经济，更好惠及各国人民。"根据世界银行报告：2013—2021年，中国经济对世界经济增长贡献率超G7（七国集团）总和，年度平均贡献率升至38.6%，成为世界经济增长的重要引擎。中国是世界第二大经济体、第一大工业国、第一大货物贸易国、第二大消费市场。美国奥纬咨询董事合伙人贝哲民说："未来很长一段时间，中国仍将是全球制造枢纽。"

在历史上，最少有过两个世界工厂，一个是工业革命时期的英国，一个是20世纪的美国，而20世纪50—70年代的日本也扮演过结构性的"世界工厂"角色。

一、英国

19世纪中叶，随着工业革命的完成和机器大工业的普遍建立，英国以其发达的纺织业、采煤业、炼铁业、机器制造业和海运业确立了它的"世界工厂"地位和世界贸易中心地位。1760—1870年的110年间，英国的工业产值增长了23倍，国民收入增长了10倍，而人口只增长了3.5倍，另外进出口额均增长了7倍多。在19世纪的前70年里，仅占世界人口2%左右的英国，一直把世界工业生产的1/3~1/2和世界贸易的1/5~1/4掌握在自己手中。英国"世界工厂"的地位表现为英国成为世界各国工业品的主要供应国，世界各国则在不同程度上成为英国的原料供应地。例如，英国棉纺织品的出口值占总产值的比重1819—1821年为66.6%，1829—1831年为67.4%，1844—1846年上升到71.4%，而英国所消费的棉花则完全依赖国外进口。这些棉花大部分来自美国南部，其余来自埃及、印度、巴西和西印度群岛等地。英国不仅是世界各国工业消费品的主要供应国，而且是生产资料的主要供应国。19世纪上半期，英国的煤、铁、机器的输出不断增加，这一时期先后发生在美国和欧洲大陆各国的工业革命，都是在不同程度上依靠从英国输入的技术装备才得以进行的。

二、美国

美国和德国都是后起的资本主义强国。到第一次世界大战以前，英国在传统的基础工业方面的优势已经丧失，新兴工业方面则明显处于劣势，"世界工厂"的霸主地位已丧失。与此同时，自南北战争后至第一次世界大战，空前大规模的铁路建设带动了美国的工业和交通运输业进入飞跃发展阶段。1860年美国制成品在世界上位列第四，19世纪80年代初升为第一位。1894年，美国制造业总产值等于英国的两倍，等于欧洲各国总和的一半。此后，美国工业长期保持了世界第一的地位。到1913年，美国工业生产产量相当于英、德、日、法四国的总和，占全世界的1/3以上。1914年的工业生产总值为240亿美元，较南北战争爆发前1859年不足20亿美元增长了12倍以上。

三、日本

第二次世界大战后，日本经济的增长令其他国家望尘莫及。在第二次世界大战后的第一个25年中，日本的国民生产总值先后超过了英国、法国和联邦德国，成为仅次于美国的资本主义世界第二经济强国。第二次世界大战后，日本逐步缩小同美国的经济差距。日本经济的成长与制造业的成长密切相关。1965—1971年日本主要制成品产量增长占全球产量增长的比重为：钢铁占54%，造船占54%，汽车占46%，电子机械中的民用产品占90%。1953年美国轿车生产量为612万辆，占全球的75%，日本为1万辆；1980年日美轿车产量分别为704万辆和638万辆；1990年则分别为995万辆和605万辆，日本占全球轿车产量的比重接近30%。

日本成为全球制造业中心的过程同时也是日本成长为重要的技术创新大国的过程。20世纪80年代初期，日本的总体科技水平已经领先于西欧，接近美国。1983年，据日本《通商白皮书》统计，在159项关键技术中，日本同时领先于美国、西欧的有39项，与美国、西欧接近的有38项，落后的为16项。20世纪五六十年代，日本在钢铁、石化、汽车制造方面引进、发明、应用了大量的新技术，劳动生产率迅速提高，到80年代已经全面地超过欧洲、赶上美国，并在钢铁、汽车等重点产业形成了远高于美国的竞争优势。20世纪80年代中期，日本在新兴的半导体产业技术方面超过了美国，赢得了占全球半数以上的市场份额，确立了继美国之后全球制造中心的地位。

需要说明的是，日本作为全球制造业中心的地位重点表现为在重点行业、重点技术领域取得领先于美国的竞争优势，而不是取而代之。

资料来源：彭继民."世界工厂"——英、美、日三国的分析与启示［J］.科学决策，2003（5）：2-8.

问题：成为"世界工厂"要具有哪些条件？如何看待"世界工厂"变迁的实质？

即测即练

第二章　国际分工与世界市场

学习目标
1. 了解国际分工的形成、发展过程，以及对国际贸易的影响；
2. 熟悉国际分工与国际贸易的关系，以及制约国际分工的因素；
3. 掌握世界市场的形成机制与发展历程。

重要概念

国际分工　垂直型国际分工　水平型国际分工　混合型国际分工　世界市场
世界市场价格　国际价值　世界封闭市场价格　世界自由市场价格

第一节　国际分工

一、国际分工的概念

国际分工（international division of labor），是指世界各国之间的劳动分工。它是社会生产力发展到一定阶段后，国民经济内部分工冲破国家界线的结果，国际分工是国际贸易和世界市场的基础，国际商品交换是国际分工的表现形式。

劳动分工可以追溯到原始社会家庭或氏族内部的自然分工。随着社会生产力的发展，社会出现了三次分工：①畜牧业和农业的分离；②手工业从农业中分离出来；③商人阶层的出现。但是，在资本主义之前的各社会形态中，自给自足的自然经济一直占据主导地位，商品生产和商品交换不发达，加上交通运输条件的限制，使社会分工被局限于一定区域内，各国之间的经济联系并不十分紧密，因此，还没有形成真正意义上的国际分工。资本主义阶段，随着产业革命后大机器工业的建立，交通运输条件的改善，社会分工才超越国家界限向整个世界扩展，形成了与社会生产力发展水平相适应的国际分工。

二、国际分工的类型

按照参加国际分工的内容差异，可以将国际分工分为三种类型。

（一）垂直型国际分工

垂直型国际分工，即经济发展水平不同的国家之间的纵向分工，主要是发达国家与发展中国家之间的农业与制造业、初级产品与工业制成品、劳动密集型产品与资本、技术密集型产品之间的分工。19世纪建立的传统国际分工就属于这种类型。垂直型国际分工可以分为两种：一种是不同产业之间的垂直分工，主要是指部分国家（如发展中国家）供给初级原材料，而另一部分国家（如发达国家）供给制成品的分工形态；另一种是同一产业内的垂直分工，主要指同一产业内因技术密集程度高低不同而形成的国际分工，这主要是由相同产业内部的技术差距所导致的。当今国际市场上仍然存在着发展中国家从发达国家进口工业制成品，同时向其出口原材料的垂直型国际分工。

（二）水平型国际分工

水平型国际分工，即经济发展水平基本相同的国家之间的横向分工，主要指发达国家之间在工业部门上的分工。第二次世界大战后，由于科学技术的进步，工业迅速发展，发达国家之间在新兴工业部门内部的现代化生产中横向经济联系和协作生产加强，推动了水平型国际分工的形成和发展。水平型国际分工可以分为产业内水平分工和产业间水平分工。前者是指同一产业内不同厂商生产的产品虽然在技术层面上相同或相似，但在外观设计、内在质量、规格、品种、价格等方面不同，从而产生的国际分工和交换，它反映了垄断竞争的市场结构和多样化的消费者偏好；后者则是指不同产业所生产的制成品之间的国际分工和贸易。由于发达国家间工业发展有先有后，技术水平和发展状况存在差别，因而侧重的工业部门有所不同，进而各国以其重点工业部门的产品换取非重点工业部门的产品。当代发达国家的相互贸易主要建立在水平型国际分工的基础上。

（三）混合型国际分工

混合型国际分工，即垂直型与水平型相结合的国际分工。目前，世界上绝大多数国家既参与垂直型的分工，也参与水平型的分工。例如，德国是混合型国际分工的代表，它对发展中国家是垂直型的，而对其他发达国家是水平型的。造成这种混合型分工形式既有历史上的原因，也有新的生产组织方式的影响，尤其是第二次世界大战后跨国公司的迅猛发展，使国际分工越来越复杂，世界各国的相互依赖与联系进一步加深。

三、国际分工的发展阶段

国际分工的产生和发展是一个漫长的过程，主要经历了以下阶段。

（一）萌芽阶段

从15世纪末16世纪初的"地理大发现"到18世纪60年代的第一次产业革命之前，是国际分工的萌芽阶段。"地理大发现"是在当时西欧资本主义生产方式产生和商品货币关系的推动下出现的，它不仅促进了欧洲国家的个体手工业向工场手工业过渡，为国际分工提供了地理条件，从而催生了面向国外市场的专业化生产，而且在一定程度上推动了世界市场的形成与发展。同时，西欧国家推行殖民政策，在拉丁美洲、亚洲和非洲等新发现地区，运用暴力和超经济的强制手段进行掠夺，通过开矿山、建立种植园，强迫当地居民为其种植烟草、咖啡、甘蔗等，为世界市场提供各种矿产品和农作物原料，出现了宗主国和殖民地之间最初的分工形式，国际分工进入萌芽阶段。

（二）发展阶段

从18世纪60年代的第一次产业革命到19世纪后期第二次产业革命之前，是国际分工的发展阶段。以蒸汽机为标志的第一次科技革命是国际分工逐渐形成和发展的原动力，西方国家从工场手工业过渡到大机器工业，使得生产能力和生产规模急剧扩大，需要寻找新的销售市场和更多的原料来源，从而推动社会分工向国际分工大规模的转变。

这一时期的国际分工基本上是以英国为中心的宗主国和殖民地之间的分工。由于英国最早完成产业革命，其生产力和经济迅速发展，竞争力大大提高，因此在国际分工中处于中心地位。在这种垂直型国际分工体系下，殖民地、附属国则成为宗主国的工业品销售市场和食品、原料的来源地。

（三）形成阶段

从19世纪后期第二次产业革命到20世纪中期第二次世界大战期间，是国际分工的形成阶段。产生于19世纪70年代的第二次科技革命以电力和铁路运输为代表，同时相继产生了发电机、电动机、内燃机等各种新的生产手段。各种新兴的工业部门，如电力、石油、汽车等产业也随之出现，社会生产力得以大大提高。运输和通信技术的迅猛发展，把各国的国内市场汇合成一个世界性市场，使国际分工的扩大成为可能，并形成了新的分工体系。

这一阶段国际分工的特征表现为：一方面，宗主国与殖民地之间垂直型分工继续向深度和广度发展，分工的中心由原来的英国变为一组国家，工业生产集中在占世界人口少数的欧洲、北美和日本，食品和原料的生产集中在占世界人口较多的亚、非、拉美国家；另一方面，在工业国之间开始形成水平型国际分工，即工业部门之间的分工，如英国侧重于钢铁生产，德国侧重于发展化学工业，芬兰主要发展木材加工产业。随着国际分工体系形成，各个国家之间在经济上的依赖关系也不断加强。

（四）深化阶段

第二次世界大战以来，随着第三次科技革命的发生，国际分工开始进入深化阶段。发生于20世纪中叶的第三次科技革命，以原子能、计算机、航天工业为主要标志，促进了生产力的迅猛发展。产品的日益多样化、差异化，使各国在经济上更加依赖国际分工和世界市场，从而使国际分工进入一个崭新的阶段，尤其是具有一定技术水平的国家之间部门内部的分工得到了空前发展。另外，第二次世界大战后世界政治经济形势的重大变化，也对国际分工体系产生较深的影响。第二次世界大战后帝国主义殖民体系瓦解，相继取得政治独立的国家纷纷走向了发展民族经济的道路，它们在国际分工中地位的改变，一定程度上打破了传统的国际分工格局。区域性经济集团的建立和关税与贸易总协定（General Agreement on Tariffs and Trade，GATT，以下简称"关贸总协定"）主持下的多边贸易谈判，也有助于国际分工的发展。

随着生产专业化和生产国际化的不断加强，各国之间的相互依赖关系日益加深，国际分工进入深化发展的新时期，世界工业分工成为第二次世界大战后国际分工的基本趋向和基本特征，具体表现如下。

（1）经济结构相似、技术水平接近的工业国之间的水平型分工在国际分工格局中占据主导地位，改变了之前的工业国与农业国之间的垂直型分工模式。当前，工业国之间存在着广泛的资本、技术、知识密集型产品的国际分工，如大型客机、计算机等，都是通过若干个国家之间的国际分工和技术合作来完成的。例如，"空中客车"飞机就是由西欧多个国家合作研究、开发和生产的。而且工业国之间，尤其是经济集团成员国之间的分工随着区域经济集团化进程的加快而逐步加强。

（2）国际分工的形式有了很大改变。第二次世界大战后，在第三次科技革命的影响和推动下，水平型国际分工占据主导地位，并从产业间分工发展到产业内分工，从以产品为界限的分工逐步演变成以生产要素为界限的分工。在这种多层次的产业分工格局中，分工不仅表现为传统意义上的劳动密集型产业和资本、技术密集型产业之间的垂直型分工，还表现为同一产业、同一产品价值链上不同环节之间的分工，如"耐克"运动鞋的研发、设计集中在美国，而生产则分布在中国、东南亚等国家和地区。这种层次丰富的分工使得世界各国的生产活动不再是孤立地进行，而是成为世界生产体系的有机组成部分。

（3）参与国际分工国家的类型和经济制度有显著变化。当代国际分工体系包括发达国家之间的分工、发达国家与发展中国家之间的分工以及发展中国家之间的分工。发达国家之间的分工以工业分工为主；发达国家与发展中国家之间的分工中，工业分工得到发展，工业与农业的分工逐渐削弱；发展中国家之间也逐渐开展了广泛的分工与合作。

四、影响国际分工发展的因素

国际分工发展受到多种因素的影响，主要因素有以下几种。

（一）自然条件

自然条件包括气候、土地、水流、自然资源、地理位置和国土面积等。自然条件是一切经济活动的基础，也是国际分工产生和发展的基础，它们对各国产业结构的影响是显而易见的。例如：只有地处热带的国家，才能生产热带作物；矿产资源丰富的国家才能生产和出口大量的矿产品。

需要注意的是，自然条件只提供国际分工的可能性，而不提供现实性。例如，矿产资源丰富的国家，只有当生产力发展到一定的水平，国际市场对该矿产品产生大量需求，这些矿产品才能被开采、交换，在此之前，矿产资源只能沉睡于地下，不能得到开发利用。另外，随着社会生产力的发展，自然因素的影响在逐渐下降，建立在自然条件下的国际分工的作用也随之减弱。

（二）生产力

生产力的发展是一切分工形成和发展的前提条件，其决定性作用突出体现在科学技术的重要性上。迄今为止出现的科学技术革命，都使新的产业部门出现并深刻地改变了许多生产领域，不断地改善生产技术、工艺水平和生产过程，使社会分工和国际分工随之发生变革。生产力的迅速发展，使各个国家的生产都难以继续局限于国家的限制，从资源的供应到产品的销售，都开始在世界范围内寻找最佳的组合和最优的配置。在生产力发展和科技革命的推动下，各国民族工业逐渐被侵蚀与整合，从而使许多国家的生产都逐渐具有世界性，自觉或不自觉地加入国际分工中。

各国生产力水平决定其在国际分工中的地位。历史上，英国最早完成产业革命，生产力得到巨大发展，成为"世界工厂"，在国际分工中居于主导地位。继英国之后，其他一些欧美资本主义国家产业革命相继完成，生产力迅速发展，它们便和英国一起成为国际分工的中心国家与支配力量。第二次世界大战以后，原来的殖民地半殖民地国家在政治上取得独立，努力发展经济，生产力得到较快的发展，出现了一批新兴的工业化国家，它们过去在国际分工中的不利地位逐步得到改善。随着生产力的发展，各种经济类型的国家都加入国际分工的行列，国际分工已把世界各国紧密地结合在一起，形成了世界性的分工。

（三）人口、劳动力规模和市场

人口分布的不均衡，会使分工和贸易成为一种需要。人口稀少、国土广阔的国家往往注重发展农业、牧业、矿业等产业；而人口多、资源贫乏的国家则往往大力发展劳动密集型产业。于是，国家间就有交换产品、进行国际分工与国际贸易的必要。因此，人口的多寡直接影响劳动力的供给，进而影响了产业的发展，最终影响了国际分工。

随着劳动力规模越来越大、分工越来越细，任何一个国家都不可能包揽所有的生产，必须参与国际分工。在自给自足的自然经济条件下，由于商品经济不发达，市场狭小，参与国际分工的动力不足；在市场经济条件下，商品经济日益发展，市场规模不断扩大，分工向纵深发展，一国参与国际分工的愿望更加强烈。

（四）国际资本流动

资本国际化促进了国际分工的迅速发展，国际资本流动的趋势也揭示了国际分工的发展方向。自19世纪末以来，资本输出就成为世界经济中重要的经济现象。第二次世界大战后，跨国公司的迅猛发展，发展中国家和经济转型国家对外资的积极利用，都大大加速了资本的国际化进程，使国际分工向深度和广度方向发展，出现了世界性的分工。第一，跨国公司通过对外直接投资，把子公司所在国家和地区纳入国际分工体系，发挥了这些国家和地区的比较优势。第二，跨国公司通过承包方式构筑了世界性的生产和营销体系。例如,1994年美国波音公司组装第一架波音飞机时,其最大承包商是日本公司,其他部件由意大利、澳大利亚、韩国和加拿大等国的公司提供。这种承包方式在汽车、家用电器、机器设备、纺织品、鞋类和服装等行业中被广泛运用。

(五) 上层建筑

上层建筑是指建立在经济基础上的政治法律制度和社会意识形态。各国政府经常借用上层建筑的力量推行各种对外贸易政策和措施,以改善本国在国际分工体系中的地位。历史上,一些经济发达的国家,曾多次发动商业战争,强迫他国接受不平等的条约,组成国际性的分工体系;第二次世界大战后,许多国家加入地区性的经济一体化组织,在经济政策和国际分工上协调,以促进经济共同稳定发展。

为加强自身在国际分工中的地位,各国普遍采取的方法是推行"奖出限入"的外贸政策,利用各种关税壁垒政策和非关税壁垒 (non-tariff barriers, NTBs) 政策挡住外来产品,并利用各种出口补贴政策把本国的产品打入国际市场。因此,这些政策对国际分工的发展产生相当大的影响。

五、国际分工对国际贸易的影响

国际分工是国际贸易的基础,其对国际贸易的影响主要表现在以下几方面。

(一) 国际分工影响国际贸易的发展速度

国际分工和国际贸易是同向发展变化的,在国际分工发展较快时,国际贸易一般发展也较快;反之亦然。在资本主义自由竞争时期,由于以英国为中心的国际分工的形成和发展,国际贸易较之以前有快速增长,其增长速度甚至超过了世界市场增长速度。第二次世界大战以后,随着国际分工的深化发展,国际贸易的增长速度也超过了世界经济的增长速度。相反,1914—1938年,国际分工发展几乎处于停滞状态,国际贸易的年均增长率只有0.7%。

(二) 国际分工影响国际贸易的地区分布

国际分工发展的过程表明,在国际分工中处于中心地位的国家,在国际贸易中也占据主要地位。从18世纪到19世纪末,英国一直处于国际分工的中心地位,其在资本主义世界的对外贸易中也一直处于领先地位。随着其他资本主义国家在国际分工中地位的提升,英国对外贸易的地位逐步下降。19世纪末以后,一系列发达资本主义国家成为国际分工的中心国家,它们在国际贸易中共同居于支配地位。

(三) 国际分工影响对外贸易的地区分布

一国的对外贸易地区分布与其同其他国家之间的分工程度呈同方向变化。19世纪国际分工的主要形式是宗主国与殖民地等欠发达国家之间的垂直分工,因而当时的国际贸易主要在宗主国和殖民地这两类国家之间进行。第二次世界大战以后，国际分工由垂直型向水平型过渡，发达国家的对外贸易地区分布随之改变，发达国家之间同发展中国家的贸易关系退居其次，居于主导地位的是发达国家之间的贸易关系。

（四）国际分工影响国际贸易商品结构

随着国际分工的发展，国际贸易商品结构不断变化。尤其是在第二次世界大战后，国际分工的深化发展使国际贸易商品结构发生了显著变化：水平型国际分工的发展使国际贸易中工业制成品所占的比重超过了初级产品所占的比重；发达国家与发展中国家分工形式的变化使发展中国家出口的工业制成品不断增加；各产业部门内部分工的加强和跨国公司的发展使中间产品的贸易比重不断增加，服务贸易也发展迅速。

（五）国际分工影响国际贸易的利益分配

国际分工可使参与分工的国家之间相互取长补短，有利于世界资源的合理配置，从而节约社会劳动、提高世界生产力水平。但在国际分工形成过程中，代表先进生产力的资本主义国家与殖民地、半殖民地和欠发达国家之间的分工关系却是不平等的，这种分工往往通过超经济的强制手段形成，是一种控制与被控制、掠夺与被掠夺的关系。对于欠发达的殖民地、半殖民地国家而言，不仅几乎无法获得分工所带来的贸易利益，而且它们的利益往往受到损害。第二次世界大战以后，随着政治上的独立和民族工业的发展，发展中国家在国际分工中的地位有所改善，贸易利益也有所增加，但发展中国家在国际分工中被动、从属的局面并未从根本上发生改变，因此发展中国家从国际贸易中获得的利益远不及发达国家，并且往往是以资源过度开发、环境污染和低工资报酬为代价的。

第二节 世界市场

一、世界市场的含义及类型

（一）世界市场的含义

世界市场是世界各国进行商品、服务和生产要素交换活动的总和，由世界范围内通过国际分工联系起来的各个国家内部及各国之间的市场综合组成。从范围上看，世界市场比一国市场的范围大；从内涵上看，世界市场是与交换过程有关的全部条件和交换的结果，包括商品、技术转让、货币、运输、保险等业务，其中商品是主体，其他业务是为商品交换服务的。

（二）世界市场的类型

世界市场可以从不同的角度进行划分，主要有以下几种类型。

(1) 按照交易商品形态,世界市场可分为有形商品市场和无形商品市场。有形商品市场是指交易过程中看得见、摸得着的物质商品市场,如生产资料市场和生活资料市场。无形商品市场是指交易过程中不具有物质形态商品市场,如金融市场、保险市场、技术市场、旅游市场等。

(2) 按照交易商品构成,世界市场可分为工业制成品市场和初级产品市场。在这两大类市场下又可以细分成若干小类市场,如:工业制成品市场可以分为汽车市场、家电市场、服装市场等;初级产品市场可以分为粮食市场、棉花市场、石油市场等。

(3) 按照交易形式,世界市场可分为有固定组织形式的世界市场和没有固定组织形式的世界市场。有固定组织形式的世界市场是指在固定场所,按照事先约定的原则、规章和程序进行商品交易的市场,如商品交易所、国际拍卖行、国际博览会和展览会等。没有固定组织形式的世界市场是指买卖双方经面谈和函电就主要的交易条件达成协议或签订合同的交易形式,这是世界市场上最基本和最通行的国际商品交易方式。

(4) 按照不同类型的国家,世界市场可分为发达资本主义国家市场、发展中国家市场和社会主义国家市场。

(5) 按照区域性经济集团,世界市场可分为欧洲联盟市场、东南亚联盟市场、北美自由贸易区市场、西非经济共同体市场和南方共同市场等。

二、世界市场产生与发展的原因

马克思认为,机器大工业的发展是推动世界市场形成的动力源泉。机器的应用提高了社会生产力,生产力的发展必然导致生产方式的转变,资本主义的生产方式具有扩张性,以实现资本价值增值为目的,在商品经济的推动下,必将冲破国家和地域的限制,促成世界范围的普遍交往,最终实现世界经济的联通。

(一) 商品经济发展是世界市场形成的基础

随着生产力的发展,社会分工愈加细化,人们产生了更多的需求,需求产生的同时也就带来了商品的交换,当区域间的需求逐渐演变为世界性的需求,世界范围的交换也就开始产生,伴随着这一过程,商品经济得到了空前的发展。世界各国受商品经济的影响,纷纷敞开国门开展对外贸易,融入世界市场,人类社会之间的联系变得越发紧密。商品经济作为资本主义的经济形式,其本质与资本的本质不谋而合,都是为了逐利而不断扩张。在商品经济的推动下,世界各国变得越发紧密,世界市场逐渐形成。

(二) 机器大工业将世界各国的市场联合成为一个整体

机器大工业的发展,加速了传统生产方式的变革,使社会分工更加细致有序,并形成了以工厂制度为主导的生产组织形式,专业化程度日益提高,使大量价格低廉、工艺复杂的剩余商品被生产出来,生产能力的提高推动了国际贸易的发展,世界范围的往来交互开始愈加频繁。大工业打破了世界各国孤立、隔绝的状态，在商品经济的推动下，资本主义的生产方式传播到全世界，商品的生产和消费逐渐具有世界属性。世界各国彼此之间的依附性越来越强，世界经济一体化的态势开始显现，成熟世界市场体系形成的趋势越发明显。

（三）交往普遍化推动地域性市场向世界性市场转变

新航路的开辟拓宽了人类社会的交往范围，促成了商人在更广阔的空间开展贸易，市场范围也因此不断向外延伸，可见，交往的发展加深了人类社会之间的联系，世界市场正是在此基础上建立起来的。各区域间交往逐渐演变为国际交往，世界各国间的经济连带关系由此变得越发深入，随着世界各国交往的普遍化，世界市场体系逐渐形成。

（四）资本逐利的本性创造世界市场

资本的本性就是不断地追逐剩余价值，实现自身的价值增殖，从而无限度地扩张。资本家积累的大量资本又被用于改良机器以及扩大生产规模，分工程度由此进一步被细化，一轮又一轮的生产周而复始地循环，商品交换的范围越来越广，资本开始突破国家和地域的限制，在世界范围无止境地扩张和增殖，以实现对剩余价值的攫取。在资本逻辑的推动下，世界各国的市场联系越来越密切，成熟的世界市场体系逐渐确立。

三、第二次世界大战后世界市场的特点

第二次世界大战后，第三次产业革命使国际分工和国际化生产更加深化，出现了各种世界性贸易协调机构和区域性经济集团，跨国公司空前发展，从而使世界市场出现了一些新的特点。

（一）世界市场的规模空前扩大

第二次世界大战后，世界市场规模的迅速扩大主要表现在两个方面：参加世界市场的国家增加，进入世界市场商品的数量及种类增加。

第二次世界大战前的世界市场基本上是发达资本主义国家的天下，其他国家即使参加世界市场的活动，也是处于边缘或附属的地位。第二次世界大战后，一些殖民地、半殖民地国家纷纷独立，成为世界市场和地区市场的新生力量，与发达国家展开竞争。也正是有了不同类型的国家的参与和竞争，才有了第二次世界大战后世界市场的扩张和空前繁荣。

第二次世界大战后的世界市场商品结构，不仅保持了第二次世界大战前传统发达国家的工业制成品与发展中国家初级产品交换的构成，而且出现了后来居上的工业制成品之间的交换，这既发生在发达国家之间，也发生在发展中国家之间。尤其是在第二次世界大战后科学技术革命的强力推动下，产品的跨国交流和协作越来越多地出现在相同部门产品的不同零部件和不同工艺流程上，这更促使进入世界市场的商品数量和种类快速增加。

（二）世界市场上的垄断趋势更强

第二次世界大战后，随着世界经济的快速增长，出现了一些大型公司和超大型公司。这些公司有着雄厚的资金、技术实力，垄断着若干行业和部门产品的世界市场。例如，照相机行业，佳能、奥林巴斯、索尼等公司垄断和控制了全球数码相机市场绝大部分；汽车行业，美国、德国、日本、法国等国家的十几家大型汽车公司也占有该市场的绝大部分。这些大型垄断公司除了通过自身资本积累成长之外，更重要的是通过公司间的联合、合并等资本积聚的方式来完成对世界市场的垄断，从而获取高额垄断利润。如美国，仅1996年就发生了几次巨型公司合并：波音公司与麦道公司合并；富国银行与美联银行合并；贝尔大西洋公司与耐能公司合并等。此外，各国政府通过与他国组建区域经济集团来控制市场，通过制定奖出限入和对外援助等对外贸易政策来争夺市场。

第二次世界大战后，世界市场由卖方市场转向买方市场，垄断力量不断加强，大公司之间为了占有更多的市场份额而进行着各种激烈的竞争，这也使世界市场上的竞争更为激烈。各国在设置关税壁垒的同时，竞相采取各种各样的非关税壁垒措施限制进口、扩大出口。在竞争手段上，各国在进行激烈价格竞争的同时，更注重非价格竞争，想方设法提高产品质量和性能，增加花色品种，改进包装装潢和售前、售后服务。与第二次世界大战前相比，战后世界市场的竞争方式和手段已从以关税壁垒为主转向以非关税壁垒为主，由价格竞争向价格竞争和非价格竞争并行发展。

（三）世界市场的国际协调与管理逐步发展

国际经济协调的本质是各国经济利益的协调。各国政府通过一定方式寻求各国经济利益的共同点，以相互依赖关系和经济传递机制为纽带，实现各国整体利益的最大化和各国内外经济平衡基础上的世界经济均衡，促进世界经济和各国经济的增长。

国际经济协调主要划分为两个时期。第一时期是第二次世界大战后初期至20世纪70年代初期，建立了布雷顿森林体系和一系列国际经济组织，这些机构从维护西方国家的利益出发，协调资本主义体系的利益关系，对世界经济、国际贸易、国际金融的发展和减小经济危机的振动幅度产生了一定的积极作用。1973年以后，随着固定汇率制度的解体，国际经济协调的第一时期遂告结束。第二时期是从1975年起至今。在这一时期，国际经济协调机制出现了许多新的特征。首先是多元化，由主要发达国家共同操作和掌握，从而改变了美国主宰天下的局面；其次是协调机制已初步成熟，机构协调与政府协调并存，双管齐下，走向更高的水平；最后是国际协调的方式较为灵活，可根据国际经济运行的需要及时调整战略和具体目标。1975年后以西方七国多层次经常性会议为组织形式，全球性经济机构的国际经济协调机制开始出现，并逐步形成一个体系。

（四）世界市场中"内部市场"有扩大的趋势

所谓内部市场，就是指世界市场中的部分区域被相对封闭起来，商品在内部交易时可以享受多种特殊优惠待遇。这种内部市场在一定程度上排斥来自外部市场的商品。目前，世界市场中的内部市场主要有两类。

（1）区域性经济集团市场，如欧盟市场、东盟市场、北美自由贸易区市场等。这类内部市场，无论是从发展的广度还是从发展的深度看，都在逐步扩大，其内部市场的贸易量占世界市场贸易总量的比重也在逐步增加。

（2）在跨国公司内部开展贸易所形成的市场，如跨国公司母公司与国外子公司之间的贸易以及同一母公司下各子公司之间跨越国界的贸易。这种贸易之所以被称为世界市场的内部市场部分，是因为它虽然导致了商品跨越国界的运动，但是交易行为主体实际上是同一个所有者，它既具有国际贸易的特征，又具有公司内部商品调拨的特征。这种内部市场的形成，不仅可以防止跨国公司技术优势的流失，而且可以通过内部市场转移价格获取高额利润和取得竞争优势。

第三节 世界市场价格

一、世界市场价格的含义及构成

世界市场价格，又称国际市场价格，是指在一定条件下商品在世界市场上交易时体现的市场价格。世界市场价格是国际商品价值在货币上的体现，或者说是以货币形式表现的商品的国际价值。

在世界市场上买卖双方所进行的价格磋商，一般都是参照当时的世界市场价格。例如，某种大宗商品的国际贸易集散地价格，谷物的买卖一般都参照美国芝加哥谷物交易所的价格，棉花的买卖一般都参照纽约棉花交易所的价格，有色金属的买卖一般都参照英国伦敦金属交易所的价格。世界市场价格中还有一些是在特定条件下形成的，如拍卖价格、投标价格等。

商品的世界市场价格，与商品的国内市场价格一样，也是由生产成本、流通费用、税金和利润构成的。与商品的国内市场价格不同的是，在世界市场上，由于国际贸易需要长距离的运输，需要多次装卸及储存，其间需要办理各种申请出口或进口许可证、报关及纳税等手续，所以在商品的世界市场价格中，流通费用、商业利润和税金所占的比重往往较大。

二、世界市场价格形成的基础及影响因素

（一）国际价值是决定世界市场价格的基础

1. 国际价值的形成

国际价值是指在世界经济的现有条件下，按照世界各国劳动者的平均劳动强度和熟

练程度生产某种商品所需要的国际社会必要劳动时间。它体现了商品在国际交换中的不同国家商品生产者之间的社会关系，其计量单位是"世界劳动的平均单位"。

国际价值是伴随着世界市场的产生和发展，在国别价值的基础上形成的。商品的国际价值与国别价值在质上具有同一性，都是一般劳动的凝结，但由于各国生产条件不同，它们在量上是不同的。商品的国别价值量是由该国生产该商品的社会必要劳动时间决定的，在同一国内，在同等的劳动熟练程度和劳动强度下，用相同的劳动时间所生产的各种商品都具有相等的价值。而商品的国际价值量则是由生产该商品的国际社会必要劳动时间决定的，在世界市场上，国家不同，劳动的熟练程度和强度均有所不同，国际社会必要劳动时间就是世界经济的一般条件（平均的劳动熟练程度和劳动强度）下生产某种商品时所需要的社会必要劳动时间。

商品的价格是价值的货币表现形式，但国别价值与国际价值在表现形式上也是不同的，商品的国别价值是以本国货币表示，而商品的国际价值是以世界货币来表示的。

2. 影响国际价值变化的因素

（1）劳动生产率。商品的国际价值量是由生产该种商品的国际社会必要劳动时间决定的，而国际社会必要劳动时间是随着世界各国生产该种商品的劳动生产率变化而发生变化的。劳动生产率越高，单位时间内生产的商品量越多，单位商品所需要的国际社会必要劳动时间就越短，因而单位商品的国际价值量就越小；相反，劳动生产率越低，单位时间内生产的商品量越少，单位商品所需要的国际社会必要劳动时间就越长，因而单位商品的国际价值量就越大。由于劳动生产率又受到生产者劳动熟练程度、生产资料、生产组织状况、科技水平和应用程度、原材料优劣以及各种自然条件的影响，因此，商品的国际价值量也间接地受到这些因素的影响。

（2）劳动强度。劳动强度是指劳动的紧张程度和繁重程度，即单位时间内劳动力的消耗程度。劳动强度越大，单位时间内消耗的劳动越多，凝结在商品中的国际价值量就越大；相反，劳动强度越小，单位时间内消耗的劳动越少，凝结在商品中的国际价值量就越小。

（3）贸易参加国的贸易量。商品只有进入国际市场才具有国际价值，因而国际价值与各贸易参加国的贸易量之间有着密切的关系。如果进入世界市场的某种商品大部分由具备中等生产条件的国家生产，而少部分由较劣（或较佳）生产条件的国家生产，则该商品的国际价值主要根据中等生产条件国家所生产的商品价值来确定；如果进入世界市场的某种商品大部分由具备较劣（或较佳）生产条件的国家生产，而少部分由中等市场条件的国家生产，则该商品的国际价值主要根据生产条件较劣（或较佳）国家所生产的商品价值来确定。也就是说，某种商品出口量越大的国家，其国别价值对该商品的国际价值所起的影响作用就越大，即商品的国际价值在很大程度上受到世界市场上主要商品供应国的生产条件的影响。

需要注意的是，除了生产环节，商品的研究与设计、物流、批发、零售等商品服务环节都提升了商品的价值，也会影响商品的国际价值。

（二）影响世界市场价格的主要因素

世界市场价格是商品国际价值的货币表现形式，它的变动归根到底是受价值规律支配的，商品的世界市场价格是以国际价值为基础，并围绕国际价值上下波动的。但除了国际价值这一决定因素之外，还有一些因素对世界市场价格产生影响，主要包括以下几种。

1. 供求关系

在通常情况下，当某种商品供不应求时，其世界市场价格高于国际价值；当供过于求时，其世界市场价格低于国际价值。世界市场价格在供求关系的推动下围绕国际价值上下波动，正是世界市场上价值规律的实现形式。任何影响供求关系的因素都会对商品的世界市场价格产生影响，世界市场的供求机制发挥作用的程度是与世界市场上竞争程度相关的，而世界市场上的垄断因素则会使供求机制发生偏离。

2. 货币价值

世界市场价格是商品国际价值的货币表现。因此，世界市场价格的变动不仅取决于国际价值，还依赖于货币价值，主要是世界通用货币的价值。世界通用货币的升值或贬值，会使世界市场价格呈反方向变动，如当美元升值时，假定其他条件不变，商品的世界市场价格将下降；相反，当美元贬值时，商品的世界市场价格将上升。

3. 经济周期

经济增长往往呈现周期性的特征，经济周期一般要经过萧条、危机、复苏和高涨四个阶段，这种周期也会通过世界市场上供求关系的变动影响到商品的世界市场价格。一般而言，在经济周期的危机阶段，需求乏力，商品积压，生产下降，大部分商品的世界市场价格下降。而危机过后的复苏阶段，情况正好相反，世界市场价格普遍上升。

4. 垄断

垄断对世界市场价格的影响取决于国际垄断组织垄断力量的大小，市场垄断程度越高，垄断操纵市场价格的力量就越强。垄断分为买方垄断和卖方垄断，买方垄断的垄断组织可以凭借买主的垄断地位，以低于国际价值的价格购买商品；卖方垄断的垄断组织可以凭借卖方的垄断地位，以高于国际价值的价格出售商品，以获取高额利润。

5. 政府的政策

第二次世界大战以后，受凯恩斯主义的影响，各国政府对经济的干预或调节作用普遍加强了。许多国家出于本国利益的考虑，采取了诸如支持价格、出口补贴、进出口管制、税收、倾销等政策措施，这些政策措施的实施，对世界市场价格的影响也是很大的。

三、世界市场价格的种类

商品的世界市场价格按照形成的条件和变化特征可以分为两大类：一类是世界"自

由市场"价格，另一类是世界"封闭市场"价格。

（一）世界"自由市场"价格

世界"自由市场"价格是指商品在国际市场上不受垄断或国家力量干扰的条件下，由独立经营的买者和卖者之间进行交易的价格。这一价格完全是在世界市场上由供求机制的作用形成的，任何一个买主或卖主都不能决定或操纵商品的市场价格，因而能够较为客观地反映该商品的国际供求关系。在当代世界行情下，由于垄断因素的普遍存在，自由市场价格的范围极其有限，主要集中于某些农矿等初级产品领域。

（二）世界"封闭市场"价格

与世界"自由市场"价格不同，世界"封闭市场"价格是指商品通过封闭性的流通渠道到达消费者手里，在商品传递的过程中受到垄断等因素的干扰。世界"封闭市场"价格主要有以下几种。

1. 调拨价格

调拨价格是指跨国公司根据其全球性战略，以利润最大化为目标，对其内部交易所规定的价格。假设一家 A 国企业来 B 国投资设厂后，以 10 美元的价格从其母公司进口原材料，在 B 国又追加投资 2 美元，则其成本应为 12 美元。但是在 B 国的子公司仅以 11.5 美元的价格把产品返销给母公司，从账面上看，A 国这家跨国公司在 B 国投资的子公司是亏损的，而母公司很可能以 14 美元的价格把产品转手销售给其他消费者，这样利润就被截留在 B 国之外了，造成在 B 国所属企业的亏损。

2. 垄断价格

垄断价格是指国际垄断组织凭借其对市场的垄断力量，以攫取最大利润为目标在对外贸易中所采取的价格。

3. 区域性经济集团内部价格

区域性经济集团内部价格是指区域性经济集团依据各成员方结合的紧密程度实行不同的对内优惠、对外设置壁垒的保护贸易政策，在某些商品贸易中形成的集团内部价格。

4. 国家垄断或管理价格

国家垄断或管理价格是指各国为了维持本国的经济利益，除采用财政、货币政策等手段干预国内市场价格以外，还采用了各种国内政策和对外贸易政策手段来影响世界市场价格。

1. 什么是国际分工？国际分工有哪些类型？
2. 国际分工的形成基础是什么？经历了哪些发展阶段？
3. 影响国际分工的因素主要有哪些？
4. 世界市场价格的形成基础是什么？影响世界市场价格的主要因素有哪些？

阅读材料

石油输出国组织及其对世界石油价格的影响

石油输出国组织（Organization of the Petroleum Exporting Countries，OPEC），简称"欧佩克"，是亚、非、拉主要石油生产国为协调成员国石油政策、反对西方石油垄断资本的剥削和控制而建立的国际组织。1960年9月，伊朗、伊拉克、科威特、沙特阿拉伯和委内瑞拉的代表在巴格达开会，决定联合起来共同对付西方石油公司，维护石油收入，同年9月14日，五国宣告成立石油输出国组织。截至2024年1月，OPEC有成员国12个①，即阿尔及利亚、刚果共和国、赤道几内亚、加蓬、伊朗、伊拉克、科威特、利比亚、尼日利亚、沙特阿拉伯、阿拉伯联合酋长国、委内瑞拉，总部设在奥地利维也纳。OPEC的宗旨是：协调和统一成员国石油政策，维持国际石油市场价格稳定，确保石油生产国获得稳定收入。其最高权力机构为成员国大会，由成员国代表团组成，负责制定总政策，执行机构为理事会，日常工作由秘书处负责处理。另设专门机构经济委员会，以协助维持石油价格的稳定。

OPEC成员国占全球产油量的40%和出口量的一半，它们共控制全球约2/3的石油储备，约占世界石油蕴藏78%以上的石油储量。OPEC成员国时刻对全球形势和世界石油市场走向加以分析预测，明确经济增长速率和石油供求状况等多项基本因素，然后据此磋商在其石油政策中进行何种调整。例如，在以往数次大会中，OPEC成员国曾分别确定提高或是降低该组织的总体石油产量，以便维持石油价格的稳定，为消费国提供稳定的短期、中期乃至长期的石油供应。

欧佩克的决定相当影响国际油价。例如，1973年的石油危机，OPEC拒绝运送石油至在赎罪日战争（十月战争）支持以色列对抗埃及和叙利亚的西方国家，这使油价上升4倍，并从1973年10月17日至1974年3月18日，持续5个月之久。

资料来源：石油输出国组织［EB/OL］.（2024-05-13）.https://baike.baidu.com/item/石油输出国组织/504903? fr=aladdin.

问题：世界市场主要有哪些类型？影响当前世界石油市场价格的主要因素有哪些？如何坚守国家能源安全？

即测即练

---

① 卡塔尔于2019年1月退出石油输出国组织。厄瓜多尔于2020年1月退出石油输出国组织。安哥拉于2024年1月退出石油输出国组织。

第三章 传统国际贸易理论

学习目标

1. 了解传统国际贸易理论的发展过程;
2. 掌握绝对成本理论、比较成本理论、相互需求理论、要素禀赋理论的基本内容;
3. 灵活运用劳动生产率的差异解释国际贸易相关现象;
4. 掌握里昂惕夫之谜的内容以及对其进行解释的各种理论。

重要概念

绝对成本理论　比较成本理论　相互需求理论　提供曲线　要素禀赋理论
要素密集度　要素丰裕度　里昂惕夫之谜　要素价格均等化　要素密集度逆转

国际贸易理论起源于市场经济中商品交换和生产分工的思想,它的产生和发展可以追溯到出现分工交换思想的古罗马和古希腊时期。国际贸易理论随着资本主义生产方式的出现而不断发展,是现代经济理论的一个重要组成部分。国际贸易理论的研究主要围绕以下三个问题展开:第一,国际贸易产生的原因以及决定国际贸易流向的因素;第二,在国际贸易中,商品的交换比例或者相对价格是如何确定的;第三,国际贸易双方国家从中所获得利益的分配。国际贸易理论可以从多个角度进行分类,本书以第二次世界大战前后为分界线,将国际贸易理论分为传统国际贸易理论和当代国际贸易理论两大类。本章介绍的是传统国际贸易理论,包括绝对成本理论、比较成本理论、相互需求理论(Theory of Reciprocal Demand)和要素禀赋理论(Theory of Factor Endowment)。

第一节 绝对成本理论

国际贸易理论体系的建立,是以比较成本理论为标志的。斯密首先提出了绝对成本理论(也称绝对优势理论),李嘉图在此基础上提出了比较成本理论(也称比较优势理论)。

一、历史背景

17世纪的西欧,资本主义生产关系得到了迅速发展。到18世纪中叶,英国的原始积累趋于完成。随着产业革命的开展,新兴的资产阶级需要从海外获得更多的廉价原材料并拓展产品销售市场,迫切要求扩大对外贸易,而重商主义的一系列保护贸易政策严重地阻碍了对外贸易的扩大,制约了资本主义机器大工业的发展。这种迫切要求反映在经济思想上，就是重商主义的衰落，古典政治经济学的兴起。

斯密是英国著名的经济学家，资产阶级古典经济学派的主要奠基人之一，国际分工及国际贸易理论的创始者，自由贸易的倡导者。斯密花了将近10年的时间，于1776年发表了一部奠定古典政治经济学理论体系的著作《国民财富的性质和原因的研究》（An Inquiry into the Nature and Causes of the Wealth of Nations）［以下简称《国富论》（the Wealth of Nations）］。在这部著作中，斯密站在新兴产业资产阶级的立场上，从批评重商主义的财富观入手，揭示了重商主义国际贸易理论的虚妄性和贸易政策的经济利己主义本质，主张自由贸易的国际分工并提出了"绝对优势论"（absolute advantage），又称绝对成本理论，为国际贸易理论的发展掀开了新的一页。

二、绝对成本理论的主要内容

（一）绝对成本理论的基本假定

像其他所有的经济分析一样，为了在不影响结论的前提下使分析更加严谨，在研究国际贸易时，斯密将许多不存在直接关系和不重要的变量假设为不变，并将不直接影响分析的其他条件尽可能地简化。

（1）"2×2×1模型"，即两个国家，生产两种商品，使用一种生产要素。

（2）两国在不同产品上的生产技术不同，存在着劳动生产率上的绝对差异。

（3）劳动力在一国内是完全同质的，两国的劳动力资源总量相同且都得到了充分利用，劳动力市场始终处于充分就业状态。劳动力在国内可以自由流动，但在两国之间则不能自由流动。

（4）不存在技术变化，每种产品的国内生产成本都是固定的，劳动的规模报酬不变。

（5）国家间实行自由贸易政策，各国的产品和要素市场是完全竞争市场，这表明各国的商品价格等于长期平均成本，无超额利润。

（6）没有运输费用和其他交易费用。

（7）贸易按物物交换方式进行，两国之间的贸易是平衡的。

（二）绝对成本理论的主要观点

1. 分工可以提高劳动生产率

斯密认为，人类有一种天然的倾向，就是交换。交换的倾向形成分工，分工使社会劳动生产率极大地提高，因而能够增加社会财富。他在《国富论》中以制针为例来说明工场手工业中分工协作大大提高了劳动生产率。制针共有18道工序，在没有分工的情况下，一个粗工每天最多只能制造20根针，有时甚至连一根针也制造不出来，而在分工之后，平均每人每天能制造出4 800根针，分工使劳动生产率提高了数百倍。因此，他主张分工，认为在生产要素投入不变的条件下，分工可以提高劳动生产率。其原因有三个：第一，分工能够提高劳动者的熟练程度；第二，分工免除了从一道工序转到另一道工序所损耗的时间；第三，分工促进了专业化机械设备的发明和使用。

2. 国内分工的原则也适用于国家之间

斯密推论得出，分工既然可以极大地提高劳动生产率，那么每个人专门从事一种物品的生产，然后彼此交换，这样对每个人都是有利的。他以家庭之间的分工为例："如果一件东西购买所花费用比在家里生产所花费用小，就应该去购买，而不要在家里生产，这是每个精明的家长都知道的格言。裁缝不想自己制作鞋子，而向鞋匠购买；鞋匠不想自己做衣服，而向裁缝定做。"①

在斯密看来，适用于一国内部不同个人或家庭之间的分工原则，也适用于各国之间。因此，他主张国际分工。他认为，每个国家都有其适宜生产某些特定产品的绝对有利的生产条件，如果每个国家都按照其绝对有利的生产条件（即生产成本绝对低）去进行专业化生产，然后彼此进行交换，则对所有交换国家都是有利的。他举例说，苏格兰气候寒冷，不适合种植葡萄，因而葡萄酒就应当从国外进口。如果苏格兰人建造温室来种植葡萄，并酿造出与国外进口一样好的葡萄酒，但却要付出比从国外进口高30倍的代价，他认为，如果真的这么做，那显然是愚蠢的行为。

3. 国际分工的基础是有利的自然禀赋或后天的有利条件

斯密认为，有利的自然禀赋（natural endowment）或后天的有利条件因国家不同而不同，这就为国际分工提供了前提，由于有利的自然禀赋或后天的有利条件可以使一个国家生产某种产品的成本绝对低于别国，因而在该产品的生产和交换上处于绝对有利的地位。各国按照各自的有利条件进行分工和交换，将会使各国的资源、劳动力和资本得到最有效的利用，从而大大提高劳动生产率和增加物质财富，并使各国从贸易中获益。这就是绝对优势理论的基本精神。斯密所说的按各国绝对有利的生产条件进行国际分工，实质上是按绝对成本的高低进行分工，所以我们也把它称作"绝对成本理论"。

三、绝对成本理论的举例说明

绝对成本的差异反映的是各国生产技术上的绝对差别，这种差别既可以用绝对生产成本来衡量，也可以用绝对劳动生产率来衡量。因此，一个国家在生产某种商品上具有绝对优势就是说该国生产该商品的生产成本绝对低或者劳动生产率绝对高。下面用两个国家生产两种产品并进行国际贸易来说明绝对成本理论，这里以英国和法国生产生铁和小麦为例。

（1）英国和法国进行国际分工前，各自在不同产品上具有绝对优势。英国和法国在没有进行国际分工的时期，两国各自生产生铁和小麦两种产品，两国每吨产品投入的劳动量（以天为单位），如表3-1所示。

---

① 斯密. 国民财富的性质和原因的研究：上卷 [M]. 郭大力，王亚南，译. 北京：商务印书馆，1972.

表 3-1　英国和法国分工前每吨产品投入的劳动量　　　　　　　　　　天

国家	每吨生铁耗费劳动量	每吨小麦耗费劳动量
英国	50	100
法国	100	50

在分工之前，英国生产每吨生铁需要耗费 50 个劳动日，比法国少 50 个劳动日；生产每吨小麦需要耗费 100 个劳动日，比法国多 50 个劳动日。很明显，英国在生铁生产上劳动的投入量比法国少，具有绝对成本优势，在国际分工中应当生产生铁而放弃生产小麦；相反，法国在生产小麦上劳动的投入量比英国少，具有绝对成本优势，在国际分工中应当生产小麦而放弃生产生铁。

（2）英国和法国进行国际分工后，产品总产量增加。英、法两国根据绝对成本理论进行国际分工，在相同劳动投入的情况下，两国所生产的产品总产量增加了。

在分工后，英、法两个国家在劳动总量投入不变的情况下（仍然是 300 天），生产两种产品的总量却增加了。在分工之前，两国一共生产 2 吨生铁和 2 吨小麦，分工后变为 3 吨生铁和 3 吨小麦，各增加了 1 吨，这就是分工所带来的利益。

（3）英、法两国进行产品交换，对双方都有利。在分工生产的前提下，英、法两国进行产品的等价交换，即英国用 1 吨生铁交换法国的 1 吨小麦。这种交换是公平的，因为分工后的 1 吨生铁和 1 吨小麦所耗费的都是 50 天的劳动，每吨产品所凝结的一般的、无差别的劳动是相同的，它们的价值量相等。这种交换对两国都有利。在分工前，英国国内 1 吨生铁只能交换 0.5 吨小麦，法国国内 1 吨小麦只能交换 0.5 吨生铁。英、法两国进行国际贸易，交换产品后，英国获得 2 吨生铁和 1 吨小麦，比分工前多得 1 吨生铁；法国获得 2 吨小麦和 1 吨生铁，比分工前多得 1 吨小麦。可见，在进行国际分工和国际贸易后，英、法两国的产品总产量都提高了（表 3-2）。

表 3-2　英国和法国分工后产品总产量的变化

国家	生铁产量	小麦产量
英国	$\dfrac{50（天）+100（天）}{50（天/吨）}=3$（吨）	0
法国	0	$\dfrac{50（天）+100（天）}{50（天/吨）}=3$（吨）

四、绝对成本理论的评析

（一）开创了对国际贸易进行经济分析的先河

斯密把国际贸易理论纳入市场经济的理论体系，第一次从生产领域阐述了国际贸易的基本原因；首次论证了国际贸易不是"零和博弈"，而是一种"双赢博弈"；揭示了国际分工和专业化生产能使资源得到更有效的利用，从而提高劳动生产率的规律。

(二) 推动了历史进步

斯密提出的以绝对优势理论为基础的自由贸易理论，在资本主义上升时期成为英国新兴产业资产阶级反对贵族地主和重商主义者、发展资本主义的有力理论工具，在历史上起过进步作用。

(三) 具有重大现实意义

斯密在其《国富论》中运用分工理论对自由贸易的合理性进行了论证，指出只要两个国家各自出口生产成本绝对低或者具有绝对优势的产品，进口生产成本绝对高或者具有绝对劣势的产品，就可以使两个国家都有利可图或者说获得贸易利益。这一理论虽然已有200多年的历史，仍具有重大的现实意义。"双赢博弈"理念至今仍然是各国扩大开放、积极参与国际分工贸易的指导思想。

(四) 局限性

绝对成本理论没有揭示国际贸易产生的一般原因，不能解释国际贸易的全部，而只说明了国际贸易中的一种特殊情形，即具有绝对成本优势的国家参加国际分工和国际贸易能够获益，而对一个国家在所有贸易产品的生产上都不具有绝对成本优势时的贸易基础则没有论述。因此，它只能解释经济发展水平相近国家之间的贸易，无法解释绝对先进国家和绝对落后国家之间的贸易，具有极大的局限性，还不是一种具有普遍指导意义的贸易理论。

第二节 比较成本理论

根据绝对成本理论，如果一个国家在两种产品的生产上均处于绝对优势地位，另一个国家均处于绝对劣势地位，则这两个国家之间不会进行国际贸易。因此，国际贸易可能只会发生在发达国家之间，发达国家与发展中国家之间就不会发生任何贸易。这显然与国际贸易的现实不符。英国古典经济学家李嘉图在1817年发表的《政治经济学及赋税原理》(*On the Principles of Political Economy and Taxation*) 一书中，提出了比较优势理论，也叫比较成本理论。比较优势理论的提出是西方传统国际贸易理论体系建立的标志，这一理论的问世，对推动国际贸易的发展起到了积极的作用，并为国际贸易理论的建立奠定了科学的基础，因而具有划时代的意义。

一、历史背景

比较成本理论是英国资产阶级在争取自由贸易的斗争中产生并发展起来的。1815年，英国政府为维护地主贵族阶级的利益颁布了限制谷物进口的《谷物法》，该法令规定，必须在国内谷物价格上涨到限额以上时才准许进口，这个价格限额还要不断提高。该法令引起英国粮价上涨、地租猛增，地主贵族阶级显著获利，工业资产阶级的利益却严重受损。这是因为，一方面，国内居民对工业品的消费因购粮开支增加而相应减少；另一方面，工业品成本因粮价上涨而提高，削弱了工业品的竞争力。《谷物法》的实施还招致外国以高关税（customs duties，tariff）来阻止英国工业品对其出口。于是，英国工业资产阶级同地主贵族阶级围绕《谷物法》的存废展开了激烈的斗争。

李嘉图是英国著名的经济学家，资产阶级古典政治经济学的集大成者。其代表作《政治经济学及赋税原理》对商品的价值理论和财富分配问题进行了深入研究，对地租以及国际贸易问题也进行了卓有成效的探讨。在《谷物法》的存废论争中，李嘉图站在工业资产阶级一边，并发表了《论谷物低价对资本利润的影响》一文，主张实行谷物自由贸易，提出了比较成本理论，为工业资产阶级提供了有力的理论武器。李嘉图认为，英国不仅要从国外进口粮食，而且要大量进口，因为英国在纺织品生产上所占的优势比在粮食生产上所占的优势更大，所以英国应放弃粮食生产，专门发展纺织品生产。

二、比较成本理论的主要内容

（一）比较成本理论的基本假设

李嘉图的比较成本理论以一系列简单的假设为前提，具体如下。
（1）"2×2×1模型"，即两个国家，生产两种商品，使用一种生产要素。
（2）两国不同产品的生产技术不同，存在着劳动生产率的相对差异。
（3）劳动力在一国内是完全同质的，两国的劳动力资源总量相同且都得到了充分利用，劳动力市场始终处于充分就业状态。劳动力在国内可自由流动，但在两国之间则不能自由流动。
（4）不存在技术变化，每种产品的国内生产成本都是固定的，劳动的规模报酬不变。
（5）国家间实行自由贸易政策，各国的产品和要素市场是完全竞争市场，这表明各国的商品价格等于长期平均成本。
（6）没有运输费用和其他交易费用。
（7）贸易按物物交换方式进行，两国之间的贸易是平衡的。

从以上的假设条件中可以看出，除了强调两国之间生产技术存在相对差别而不是绝对差别之外，比较成本理论模型的假设与绝对成本理论模型基本一样。

（二）比较成本理论的主要观点

李嘉图全面继承了斯密的经济思想，并在诸多问题上有了更深一步的发展和提高。在国际贸易理论问题上，李嘉图赞同斯密关于国际分工可以极大地提高生产力水平的观点，并对斯密关于一个国家应当以自己具有"绝对优势"的产品进入国际分工体系的论点做了修正和完善，认为各国不一定要专门生产劳动成本绝对低的产品，而只要专门生产劳动成本相对低的产品，便可进行对外贸易，并能从中获益和实现社会劳动的节约。李嘉图认为，决定国际分工和国际贸易的一般基础是比较成本（或称相对成本），而不是绝对成本，即一国与另一国相比，在两种产品的生产上都占绝对优势（成本都低于另一国）或均处绝对劣势（成本都高于另一国），分工和贸易仍然可以进行，结果对两国都有利。

李嘉图在《政治经济学及赋税原理》一书的"论对外贸易"一章中举了一个通俗的例子："如果两个人都能制鞋和帽，其中一个人在两种职业上都比另一个人强一些，不过制帽时只强1/5或20%，而制鞋时则强1/3或33%，那么这个较强的人专门制鞋，而那个较差的人专门制帽，岂不是对双方都有利吗？"①

李嘉图也采用了斯密由个人推及国家的方法，认为国家之间也应按"两优取其重，两劣择其轻"的比较优势原则进行国际分工，并将使各方获益。

三、比较成本理论的举例说明

比较成本的差异反映了各国生产技术上的相对差别。为了说明这一理论，李嘉图以英国和葡萄牙生产毛呢和葡萄酒为例。

（1）英国和葡萄牙进行国际分工之前，在毛呢和葡萄酒这两种产品的市场上各自具有相对优势。英国和葡萄牙生产每吨产品分别投入的劳动量如表3-3所示。

表3-3 英国和葡萄牙生产每吨产品分别投入的劳动量　　　　　　　　　天

国家	每吨葡萄酒耗费劳动量	每吨毛呢耗费劳动量
葡萄牙	70	90
英国	110	100

葡萄牙生产每吨葡萄酒需要耗费劳动时间为70天，生产每吨毛呢需要耗费劳动时间为90天，而英国则分别需要110天和100天。

按照斯密的绝对成本理论，在上述情况下，英国和葡萄牙之间是不会发生国际贸易的，因为英国两种产品所耗费的劳动时间都绝对高于葡萄牙。但是，李嘉图通过分析认为，两国仍能进行对双方都有利的国际分工和国际贸易。葡萄牙在两种产品的生产上虽

---

① 李嘉图. 政治经济学及赋税原理 [M]. 北京：商务印书馆，1976.

然都比英国有绝对成本优势，但优势的程度不同。对于葡萄牙而言，两种产品的成本比率分别是

$$毛呢：\frac{90}{100}=0.9 \quad 葡萄酒：\frac{70}{110}=0.64$$

葡萄牙的毛呢生产成本是英国的90%，而葡萄酒的生产成本是英国的64%，其两种产品的绝对成本均比英国低。但相对而言，葡萄酒的成本更低、优势更大，所以葡萄牙应当在国际分工中生产葡萄酒，以葡萄酒交换英国的毛呢更为有利；英国虽然两种产品的成本均处于劣势，但毛呢的劣势更小一点，所以应当在国际分工中生产毛呢，以毛呢交换葡萄牙的葡萄酒更为有利。

（2）英国和葡萄牙两国进行国际分工后，产品总产量增加了。依照李嘉图的比较成本理论，英国分工生产毛呢，葡萄牙生产葡萄酒，所生产的两种产品的总产量增加了，如表3-4所示。

表3-4 英国和葡萄牙分工后产品总产量的变化

国家	葡萄酒产量	毛呢产量
葡萄牙	$\frac{70（天）+90（天）}{70（天/吨）}=2.29$（吨）	0
英国	0	$\frac{110（天）+100（天）}{100（天/吨）}=2.1$（吨）

可见，分工生产后，两国耗费的劳动总量没有变化，产品总产量却增加了。葡萄牙把160天的劳动时间全部用于生产葡萄酒，生产出2.29吨；英国则把210天的劳动时间全部用来生产毛呢，生产出2.1吨。英国和葡萄牙投入的劳动总量没有发生变化，仅仅通过国际分工，就比以前多生产出0.29吨葡萄酒和0.1吨毛呢。

（3）英国和葡萄牙两国进行产品交换，对双方都有利。在分工的前提下，英国和葡萄牙两国进行国际贸易。如果用1吨毛呢与1吨葡萄酒交换，其结果是葡萄牙换得1吨毛呢后还有1.1吨葡萄酒，相对于没有实施国际分工前，得到的比较利益是0.1吨葡萄酒；英国换得1吨葡萄酒后，还有1.29吨毛呢，相对于没有实施国际分工前，得到的比较利益是0.29吨毛呢。由此可见，按照比较成本理论进行国际分工和国际贸易，各个参加国，无论是经济发达国家还是经济不发达国家均能从中获益。

四、比较成本理论的评析

（一）比绝对成本理论更全面、更深刻

从理论分析的角度考察，比较成本理论分析研究的经济现象涵盖了绝对成本理论分析研究的经济现象，这说明了斯密所论及的绝对成本贸易模型不过是李嘉图讨论的比较

成本贸易模型的一种特殊形态。将只适用于某种特例的贸易模型推广至对普遍存在的一般经济现象的理论分析，正是李嘉图在发展古典国际贸易理论方面的一大贡献。该理论为具有比较优势的国家参与国际分工和国际贸易提供了理论依据，因而具有划时代的意义，成为国际贸易理论的一大基石，在实践上也部分解释了先进国家和落后国家之间产生国际贸易的原因。因此，李嘉图的比较成本理论被称为国际贸易的一般理论。

（二）具有普遍适用性

"两优取其重，两劣择其轻"的比较成本原则不仅是指导国际贸易的基本原则，而且成为进行合理社会分工，以取得最大社会福利与劳动效率的原则。因此，比较成本的思想除了可以用于对国际贸易问题的分析以外，还在社会生活的其他诸多方面有着较为广泛的适用性。

（三）局限性

首先，这一理论的分析方法是静态的、短期的，没有考虑到规模经济、技术进步等对进出口贸易的影响，因而所揭示的贸易中各国获得的利益是静态的短期利益，这种利益是否符合一国经济发展的长远利益则不得而知。其次，该理论没有揭示国际分工形成和发展的真正原因，忽略了各国资源禀赋差异、规模经济等都是国际贸易产生的原因，因此漏掉了贸易体系的一个重要方面，这使它无法解释明显相似的国家之间大量的贸易往来。最后，该理论强调一国的初始条件，据此参与国际分工并进行国际贸易，容易陷入所谓的"比较优势"陷阱。

第三节 相互需求理论

李嘉图的比较成本理论论证了国际分工和国际贸易能给参加国带来利益，但却没有进一步论证带来的利益有多少、贸易双方各得多少、贸易条件由什么来决定等问题。针对这些最基本的问题，约翰·斯图亚特·穆勒（John Stuart Mill，1806—1873）提出了相互需求理论，阿尔弗雷德·马歇尔（Alfred Marshall，1882—1924）则用几何方法对穆勒的相互需求理论做了进一步的分析和阐述。

一、穆勒的相互需求理论

穆勒，是英国经济学界的重要人物，李嘉图的追随者，其代表作《政治经济学原理》（*Principles of Political Economy*）出版于1848年，该书在很长时间内是西方国家主要的经济学教科书。穆勒生活的年代正是英国工业革命蓬勃发展的年代，此时的社会环境与李嘉图时代相比已经发生了巨大变化，他对经济增长的预期要比李嘉图乐观得多。在经济理论方面，穆勒积极推崇古典经济学家的自由贸易与比较优势理论，并在比较成本理论的基础上创立了相互需求理论。在比较成本理论中,李嘉图只说明了各国进出口的模式,没有说明交换比,即贸易条件。穆勒认为,参加贸易的两个国家的商品交换比并不是由生产成本决定的,而是由两国对各自需求的商品需求强度决定的。具体来说,该理论包括以下三个方面的内容。

(一)国际交换比(即贸易条件)的变动范围

下面以英国和德国之间毛呢和麻布的生产和交换为例进行说明。

(1)英国和德国进行国际分工前,使用既定的劳动可以生产毛呢和麻布的数量如表 3-5 所示。

表 3-5　英国和德国分工前两种产品的产量　　　　　　　　　　　　码

国家	毛呢单位劳动产出量	麻布单位劳动产出量
英国	10	15
德国	10	20

在英国,单位劳动可以生产 10 码(1 码≈0.914 4 米)毛呢或 15 码麻布,因此不发生国际贸易时,根据等量劳动换取等量报酬的原则,10 码毛呢可以换取 15 码麻布;同样,在德国,单位劳动可以生产 10 码毛呢或 20 码麻布,因此不发生国际贸易时,10 码毛呢可以换取 20 码麻布。

(2)英国和德国进行国际分工后,投入的劳动总量不变,产品总产量却增加了。根据比较成本理论,很明显英国应该生产毛呢,德国应该生产麻布并进行交换,详见表 3-6。

表 3-6　英国和德国分工后两种产品的产量　　　　　　　　　　　　码

国家	毛呢单位劳动产出量	麻布单位劳动产出量
英国	20	0
德国	0	40

英国使用同样的劳动力可以生产 20 码毛呢,德国使用同样的劳动力可以生产 40 码麻布。就德国和英国所结成的国际分工体系来说,产品总量增加了,毛呢的产量仍然为 20 码,麻布的产量却由原来的 35 码增加至 40 码。

(3)英国和德国之间商品交换的比例,应当在双方国内商品交换比例的上下限之间。英国和德国根据比较成本理论进行国际分工并进行国际贸易,英国出口毛呢,进口麻布;德国出口麻布,进口毛呢。现在的问题是:英国和德国发生国际贸易,毛呢和麻布的交换比例是多少呢?

假设英国和德国之间的运输成本为零,在英、德两国组成的国际市场上,只要 10 单位的毛呢可以换得的麻布超过 15 码,英国便会接受这种国际贸易,因为这种相对价格比英国国内便宜;相反,如果 10 码的毛呢可以换到的麻布等于或少于 15 码,则英国不会出口毛呢到德国去换取麻布。同样,对于德国来说,只要在国际市场上换取 10 码毛呢所需要的麻布少于20码，它就愿意参加国际贸易。

如果用 e 表示国际交换比例，则其范围可以表示为：$10:20<e<10:15$。

一般地，e 值变动范围越大，说明两国的比较成本差异越大，互补性越强，进行互惠贸易的空间越大。

只有在此限度内，国际贸易才会发生。如果国际商品交换比例高于这一上限或者低于这一下限，则贸易双方就必有一方会退出交易，国际贸易也就无法进行下去。

（二）实际贸易条件的确定与相互需求方程式

穆勒将需求因素引入国际贸易理论之中，以说明贸易条件决定的原则。他认为，无论是国内贸易还是国际贸易都是商品的交换，一方出售商品便构成了购买对方商品的手段，即一方的供给便是对对方商品的需求，所以供给的需求也就是相互需求。在两国间互惠贸易的范围内，贸易条件或两国间商品交换比例是由两国相互需求对方产品的强度决定的，它必须等于相互需求对方产品总量的比，这样才能使两国贸易达到均衡。这就是相互需求方程式（或相互需求法则），用公式可以表示为

$$\frac{P_{出口}}{P_{进口}}=\frac{Q_{进口}}{Q_{出口}}$$

穆勒认为，一国产品与他国产品交换的价值，应该使该国的出口总量刚够支付该国进口总量所需的价值，即

$$P_{出口} \cdot Q_{出口} = P_{进口} \cdot Q_{进口}$$

式中，$Q_{进口}$ 为本国需求；$Q_{出口}$ 为外国需求。

此外，穆勒还用物物交换的例子说明相互需求的变动如何决定贸易条件的变动。

假设英国对德国麻布的需求是19 000码，德国对英国毛呢的需求是10 000码，根据相互需求方程式，毛呢与麻布的国际交换比应该是

$$\frac{P_{出口}}{P_{进口}}=\frac{19\ 000}{10\ 000}$$

假如某种原因使得英国对麻布的需求下降到13 000码，在这种情况下，上述的贸易条件就被打破。首先，德国不得不降低麻布的价格以刺激英国的需求，以维持两国间的贸易。由于麻布的价格下降，英国的需求量增加，假设增加到13 600码。麻布的价格下降意味着毛呢的相对价格上升，德国对毛呢的需求量减少，假设减少到8 500码，这就将产生新的均衡：

$$\frac{P_{出口}}{P_{进口}}=\frac{13\ 600}{8\ 500}$$

（三）贸易利益的分配

上例中，当英国对德国麻布的需求是德国对英国毛呢需求的1.9倍时，英国的贸易条件为19 000/10 000，即19:10。在该条件下进行国际分工和国际贸易，英国单位劳动比国际分工前多获得4码麻布，而德国仅能从交换中增加1码麻布的消费，因此，在该

贸易条件下，英国获利较多，德国获利较少。当由于某种原因使得英国对麻布的需求下降到 13 000 码时，新的均衡贸易条件为 13 600/8 500，即 16∶10。在该条件下进行国际分工和国际贸易，英国的单位劳动比国际分工前多获得 1 码麻布，德国可以从交换中增加 4 码麻布的消费，因而在该贸易条件下，德国获利较多，英国获利较少。

从上述变动中也可以发现，如果两国的需求强度发生变化，则贸易条件或两国间的交换比例必然发生变动。一国对另一国出口商品的需求越强，而另一国对该国出口商品的需求越弱，则贸易条件对该国越不利，该国的贸易利益越小；反之，则相反。

二、穆勒相互需求理论的评析

（1）穆勒以李嘉图的比较成本理论为基础，解决了国际贸易为双方带来利益的范围问题，从这点上看，他发展并完善了李嘉图的理论。他认为，贸易双方得利的范围介于双方国内交换比例的上下限之间，超出这个客观界限，就会有一方利益受损并退出交易，使国际贸易无法进行下去。穆勒在贸易双方利益分配问题上的论述，使比较成本学说成为更加完整的理论，这也被人们称作穆勒理论的一个"重大贡献"。

（2）穆勒没有坚持李嘉图的劳动价值论。根据劳动价值论，商品价格的决定因素是劳动所创造的价值，而不是商品的供求数量。穆勒却强调双方商品的供求关系。他认为，本国商品的价值决定于商品的劳动成本，而外国商品的价值则决定于为了得到这些商品所必须支付给外国的本国商品的数量。也就是说，外国商品的价值决定于国际交换比例，而国际交换比例则决定于相互需求强度，这实际上脱离了劳动价值论。

（3）穆勒理论的分析方法有所创新。穆勒理论与李嘉图理论在分析方法上是不同的。李嘉图的理论是以两国生产单位产品所花费的劳动量的不同为出发点，是一种"比较（劳动）成本"的分析方法；而穆勒的理论则是以两个国家相等的劳动投入量生产出的不同产品量为出发点，是一种"比较利益"的分析方法，即把成本固定，比较各国生产各种产品利益的大小。因此，西方经济学家也称穆勒理论为"比较利益论"。

三、马歇尔的相互需求理论

马歇尔，英国经济学家，是新古典学派（neoclassical school）或称剑桥学派的奠基者。虽然穆勒的相互需求理论解释了均衡贸易条件的决定问题，但只是一般性的陈述。马歇尔研究了穆勒的国际贸易理论，并在 1878 年问世的代表作《对外贸易纯理论》中首先以简洁的数学语言阐释穆勒的相互需求理论，以图解法来说明供给和需求如何共同决定国际交换比率。西方学术界以此作为马歇尔在国际贸易理论方面的主要贡献，并称他提出的几何曲线为"马歇尔曲线"或者"提供曲线"（offer curve）。

（一）贸易条件的表示

两个参加国际贸易的国家所接受的贸易条件，必须是对双方都有利的，这种贸易条件必须被限定在一定范围之内。根据相互需求论的观点，交易双方在国内有各自的交换比例。在国际贸易中，两国产品的交换形成了一个国际交换比例，即国际贸易条件或称相对价格。这个贸易条件必须在两国国内交换比例所规定的上下限之间。马歇尔把穆勒提出的两国国内交换比，在平面坐标系中用通过原点的射线的斜率来表示。

仍按前面的例子来分析，用毛呢交换麻布，英国国内交换比例为 10∶15，德国国内交换比例为 10∶20，所以两国的毛呢交换麻布的互利贸易条件的范围就限定在 10∶15～10∶20 这个上下限之间，如图 3-1 所示。

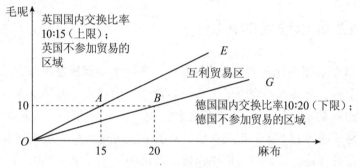

图 3-1　互利贸易条件的范围

图 3-1 中，纵坐标表示毛呢的数量，横坐标表示麻布的数量。英、德两国的交换比例用从原点引出的射线的斜率来表示，OE 的斜率为 10∶15，表示英国国内的交换比例，也是国际贸易中毛呢交换麻布的上限；OG 斜率为 10∶20，表示德国国内的交换比例，也是国际贸易中毛呢交换麻布的下限。从图 3-1 可见，纵轴与 OE 之间是英国不参加国际贸易的区域，横轴与 OG 之间是德国不参加国际贸易的区域，OE 与 OG 之间则为两国的互利贸易区。

在互利贸易区内，A 点斜率为 10∶15，B 点斜率为 10∶20，这样，从原点出发，通过线段 AB 的任意点的斜率，都是互利贸易条件，贸易条件决定着贸易利益的分配状况。贸易条件越接近 A 点（上限），对英国越不利而对德国越有利；相反，贸易条件越接近 B 点（下限），对德国越不利而对英国越有利。

（二）提供曲线

提供曲线是表示一个国家贸易条件的曲线，它表示一国想交换的进口产品的数量与所愿意出口本国产品数量之间的函数关系。提供曲线上每一点与坐标原点的连线的斜率都表示一个贸易条件。马歇尔用提供曲线来解释贸易条件的确定与变动，即国际交易方程式的形成机制。

1. 提供曲线的推导

两个国家进行商品交换时，其贸易条件在不同的情况下会发生变动，两国愿意进出口的商品数量也会随着贸易条件的变动而变动。当贸易条件有利时，一国就愿多出口，以便换回更多的进口产品。下面以德国为例来说明提供曲线的形成，如图 3-2 所示。

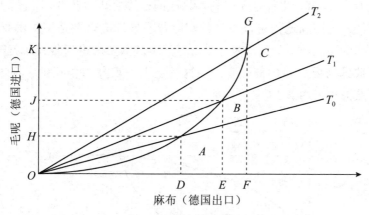

图 3-2 德国的提供曲线

图 3-2 中有 T_0、T_1、T_2 三条射线，假设它们都在互利贸易区范围之内，代表着三种不同的贸易条件。贸易条件越有利，一国就越愿意多出口。当贸易条件为 T_0 时，德国愿意出口 OD 麻布以换进 OH 毛呢；当贸易条件为 T_1 时，德国愿意出口 OE 麻布换进 OJ 毛呢；当贸易条件为 T_2 时，德国愿意出口 OF 麻布换进 OK 毛呢。从德国利益的角度看，T_0 的贸易条件较差，T_1 的贸易条件有所改善，T_2 改善得更多，这意味着它用一定量的麻布能换回更多的毛呢。贸易条件对德国不太有利时，德国不愿多出口；当贸易条件变得对德国更有利时，德国就愿意出口较多的麻布以换回更多的毛呢。如果把贸易条件为 T_0、T_1、T_2 时德国进出口数量的 A、B、C 点连接起来，所形成的这条曲线 OG 就是德国的"提供曲线"，也称"相互需求曲线"。

同样地，我们也可以得出英国的提供曲线 OM，如图 3-3 所示。

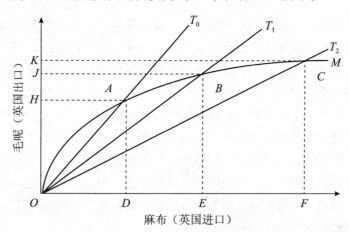

图 3-3 英国的提供曲线

2. 双方都能接受的均衡贸易条件

前面提到的两条提供曲线是分别从德国利益和英国利益的角度进行分析的。现实中，交易双方必须同时受益，国际贸易才会发生。因此，必定存在一个互利的贸易条件，互利贸易条件的范围，必须在两国国内交换比例所确定的上限与下限之间，所以这两条提供曲线 OG 和 OM，也都是在互利贸易区的范围之内。图 3-4 就是表示贸易条件的两条提供曲线，英国和德国可以发生的实际贸易条件应该在两国提供曲线的交点 N。只有在该点，德国愿意出口的商品量才恰好等于英国需要的进口量，而英国愿意的出口量也恰好等于德国需要进口的商品量。在这一点上，双方的相互供求都达到了均衡状态。因此，N 点被称为均衡点。

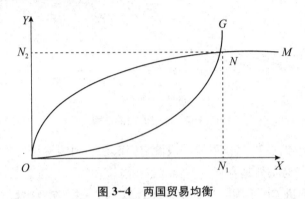

图 3-4　两国贸易均衡

贸易双方的相互需求如果发生变动，就会使均衡贸易条件发生变化，提供曲线就会发生位移，两国提供曲线的位移将形成新的国际市场均衡。

3. 提供曲线弯曲的原因

以上两条提供曲线弯曲的方向不同，德国的提供曲线向上弯曲，表示用一定数量的麻布可以换回更多的毛呢。英国的提供曲线向下弯曲，表示用一定数量的毛呢可以换回更多的麻布。可以看出，两条曲线的弯曲方向不同，所表示的贸易条件都是对本国越来越有利。

这里需要进一步分析的问题是提供曲线弯曲的原因，即德国的提供曲线为什么会向上弯曲，而英国的提供曲线为什么会向下弯曲。马歇尔从两个角度做了解释和分析。

（1）从商品的效用角度，马歇尔认为商品的边际效用呈递减规律。在此例中，对德国来说，随着进口毛呢和出口麻布数量的增加，国内市场上毛呢的数量在增加，而麻布的数量在减少。其结果是麻布因数量减少而边际效用提高，毛呢因数量增加而边际效用下降，正是由于这两类商品的边际效用发生了变化，德国出口同样数量的麻布必须换回比以前更多数量的毛呢，这才能使它愿意继续扩大这种国际贸易。对英国来说，情况正好相反，随着进出口量的增加，毛呢因国内数量的减少而边际效用提高，麻布则因国内数量增加而边际效用下降。这样，英国出口同样数量的毛呢必须换回比以前更多数量的麻布，它才会继续扩大这种国际贸易。

（2）从商品的成本角度，商品的价格由生产成本决定，而生产成本的高低则与商品的产量密切相关。对德国来说，由于麻布出口数量的增加，国内产量必须增加，总产量的增加，使麻布的生产成本不断提高，其价格也随之提高，这就决定了用一定数量的麻布必须交换更多的毛呢，德国才愿意继续扩大进出口数量。这种情况在英国也同样存在。

正是上述两个方面的原因，使两条提供曲线朝着不同的方向发生弯曲。

四、马歇尔相互需求理论的评析

（1）马歇尔用提供曲线解释了穆勒的相互需求理论。提供曲线可以确定两国进行交换时的相对价格和贸易量，也可以用来表示贸易带来的福利变动，即参加国际贸易的双方各得多少利益的问题，是对李嘉图比较成本理论的丰富和补充。马歇尔的分析方法和他使用的"提供曲线"这种分析工具，也被后来很多经济学家所应用，这对国际贸易理论的深入发展也有积极影响。

（2）相互需求理论把商品的国际价值视为由市场供求均衡决定，而不是由人类的抽象劳动决定的，违背了李嘉图劳动价值理论的正确观点。

（3）相互需求理论讨论的是大国贸易条件决定问题，也就是参与贸易的国家对国际市场价格有足够的影响力。当参与贸易的国家是小国时，国际交换比如何确定则被完全忽略了。

第四节 要素禀赋理论

一、历史背景

1919 年，赫克歇尔在其发表的题为《对外贸易对收入分配的影响》（*The Effect of Foreign Trade on the Distribution of Income*）的论文中，对国际贸易比较优势形成的基本原因进行了初步分析。1933 年，俄林出版了著名的《区际贸易与国际贸易》（*Interregional and International Trade*）一书，对其老师赫克歇尔的思想进行了清晰而全面的解释，深入而广泛地探讨了国际贸易产生的深层原因。鉴于其在国际贸易方面的贡献，俄林于 1977 年荣获诺贝尔经济学奖。

由于赫克歇尔-俄林的贸易理论将贸易中国际竞争力的差异归于生产要素禀赋的国际差异，人们又称该理论为要素禀赋理论。这一理论后经保罗·萨缪尔森（Paul Samuelson，1915—2009）等经济学家不断加以完善。因此，人们又称该理论为赫克歇尔-俄林-萨缪尔森定理（H-O-S 模型）。要素禀赋理论被誉为国际贸易理论从古典贸易理论向新古典贸易理论和现代理论发展的标志。赫克歇尔-俄林要素禀赋理论无论是在理论分析上，还是在实际应用中，都取得了巨大成功。在 20 世纪上半叶到 70 年代末这段时间内，要素禀赋理论成为国际贸易理论的典范，几乎成了国际贸易理论的代名词。

二、要素禀赋理论的基本假设

要素禀赋理论是基于一系列的假设条件来研究的。

（1）2×2×2 模型。假定有两个国家 A 国和 B 国，两种可贸易的商品 X 和 Y，两种生产要素劳动 L 和资本 K，且两国的生产要素是同质的。

（2）两国之间的贸易是自由贸易。假定两国之间的贸易没有运输成本、关税及其他限制商品自由流动的障碍。

（3）两国的生产技术水平是相同的。假定两国具有相同的技术水平、相同的生产函数，投入同样数量的生产要素生产同等数量的某种商品，即 A、B 两国的 X 商品的生产函数相同，Y 商品的生产函数也相同，但是 X 与 Y 的生产函数并不相同。此外，这里强调的两国技术相同，并不是不发生变化，而是两国生产同种商品的技术始终保持相同水平。

（4）生产函数的规模收益不变。假定 A、B 两国在两种商品 X、Y 的生产上保持规模收益不变，生产要素投入量的增加会引起产量的同比例增加，即 $f(\lambda L, \lambda K) = \lambda f(L, K)$，每种生产要素的边际收益为正且呈递减趋势。

（5）生产要素在一国范围内可以完全自由流动，在国际上不能自由流动。也就是说，在一国内部，劳动 L 和资本 K 等生产要素能够自由、无障碍、无成本地从低收入行业、地区向高收入行业、地区流动，直至各行业、各地区的同种生产要素报酬相同。

（6）不存在要素密集度逆转。假设两种商品 X 和 Y 的要素密集度不同，X 为资本密集型产品，Y 为劳动密集型产品，两种商品的要素密集度始终保持不变。此外，由于两国生产技术水平相同、生产函数相同，所以两国同种产品的要素密集度相同。

（7）市场是完全竞争的。假定两个国家的商品市场和生产要素市场都是完全竞争的。在长期内完全竞争市场商品的价格等于生产商品的边际成本，同时也等于商品的边际收益。

（8）消费者偏好相同。假定两国的消费者需求偏好是一致的、匀质的，即当价格水平既定时，两种商品消费的比例如果用无差异曲线来表示，则两国无差异曲线的位置和形状相同。

（9）两国在生产中均为不完全分工。假定即使在自由贸易的条件下，两国也要继续生产两种商品，且两国都不是小国。

（10）资源是充分利用的。假定两国在贸易前后都能生产出最大限度的产量，生产点落在生产可能性边界上，不存在未被充分利用的资源和要素。

（11）两个国家的贸易是平衡的，每个国家的总进口额等于其总出口额。

三、要素禀赋理论的基本概念

为了更好地理解要素禀赋理论的内容，这里先对几个相关概念进行解释。

(一)要素禀赋

要素禀赋是指一个国家或地区所拥有的各种生产要素（资源）的总量，它既包括自然存在的资源，如土地、矿产、森林、气候条件等，也包括社会积累的资源，如技术、资本、劳动、管理、信息等。

要素禀赋是一个相对的概念，与其所拥有的生产要素绝对数量无关。国家或地区之间要素禀赋的差异并不是指生产要素的绝对量在两个国家（地区）不同，而是指各种生产要素的相对量在两个国家不同。正是这种国（地区）与国（地区）之间生产要素禀赋上的差异，决定了它们在产出上的差异，最终决定了生产成本和价格的差异。例如，一国拥有大量的劳动力和相对少量的资本，与此相反，另一国拥有大量的资本和相对少的劳动力。由此可以推断，前者的要素禀赋较适宜生产劳动密集型产品，不太适宜生产资本密集型产品；而后者恰恰相反，适宜生产资本密集型产品，不适宜生产劳动密集型产品。

(二)要素丰裕度

要素丰裕度（factor abundance）指一国或地区的资源拥有状况，即在一国（地区）的生产要素禀赋中，某种生产要素供给所占比例大于他国（地区）同种要素的供给比例，因而其要素相对价格低于他国（地区）同种要素的相对价格。与之含义相反的概念是要素稀缺，它是指一国（地区）的生产要素禀赋中，某种生产要素的供给量所占比例相对于其他国家（地区）较少。对一国（地区）来讲，一定会有某些要素是相对丰裕的，某些要素是相对稀缺的。这里有两种方法来衡量要素丰裕度。

（1）依据相对实物供给量来度量。将一国某种要素的总供给量和其他要素总供给量的比率与其他国家两种相同要素总供给量的比率进行比较，如果本国的比率较高，就表明本国是该要素丰裕的国家。

假定有两个国家 A 和 B，两种生产要素资本 K 和劳动 L，两国拥有的资本/劳动的比率，即人均资本分别为 K_A/L_A 和 K_B/L_B，且有 $K_A/L_A > K_B/L_B$，就可以认为相对于 B 国而言，A 国是资本丰裕型国家；相对于 A 国而言，B 国是劳动力丰裕型国家，即 A 国资本丰裕而劳动力稀缺，B 国劳动力丰裕而资本稀缺。

（2）依据相对要素价格来衡量，即要素丰裕度的测度可用要素的相对价格来表示。假设在 A、B 两个国家，资本 K 的要素价格为 r，劳动 L 的价格为 w，如果两国的利率工资比分别为 r_A/w_A 和 r_B/w_B，且有 $r_A/w_A < r_B/w_B$，就可以认为相对于 B 国而言，A 国为资本丰裕型国家；相对于 A 国而言，B 国为劳动丰裕型国家。

(三)要素密集度

要素密集度（factor intensity）是指生产单位产品所使用的生产要素的组合比例。这是一个相对的概念，与生产要素的绝对投入量无关，即使生产两种产品时各投入的要素数量不同，但只要所投入的各种要素的比率相同，那么这两种产品的要素密集度就是相同的。假设生产两种产品 X 和 Y，使用两种生产要素资本 K 和劳动 L。如果生产单位产品 X 的 K/L 高于生产单位产品 Y 的 K/L，即 $K_X/L_X > K_Y/L_Y$，则称 X 是资本密集型产品，Y 是劳动密集型产品。

四、要素禀赋理论的主要内容

要素禀赋理论从两国商品的绝对价格差异开始，层层深入，论证了国际贸易产生的基础。该理论认为，商品价格的国际绝对差异是国际贸易产生的直接原因，各国商品相对价格的不同是国际贸易产生的必要条件。而各国商品相对价格不同是由各国要素的相对价格不同决定的，各国要素的相对价格又是由该要素供给比例或相对要素充裕度决定的。因此，赫克歇尔—俄林定理（H—O 定理）可以表达为：一国应当出口该国相对充裕和便宜的要素密集型的商品，进口该国相对稀缺和昂贵的要素密集型的商品。简而言之，劳动相对充裕的国家应当出口劳动密集型商品，进口资本密集型商品；资本相对充裕的国家应当出口资本密集型商品，进口劳动密集型商品。

具体来说，对要素禀赋理论的理解，可以从以下四个方面入手。

（一）商品价格的国际绝对差异是国际贸易产生的直接原因

商品价格的国际绝对差异是指同种商品在不同国家中的价格差异。价值规律引导着各种商品从价格低的地方流向价格高的地方，商品经营者便会从中获利。如果商品在国与国之间的流通不存在任何障碍，那么商品流通的上述规律也会在国家间发生。商品从价格低的国家出口到价格高的国家，当两国间的价格差额大于各项运输费用时，国际贸易就能带来利益。俄林由此得出结论：国际商品价格的绝对差异是产生国际贸易的直接原因。

我们以美国和中国生产服装和小麦为例进行说明，为了方便起见，服装和小麦在本国国内的价格均折算成美元计算，具体如表 3-7 所示。

表 3-7　中美两国商品价格的绝对差异　　　　　　美元

产　品	中　国	美　国
小麦	15	10
服装	10	15

从表 3-7 中可以看出，小麦的价格在中国为 15 美元，在美国为 10 美元，两者价差为 5 美元。也就是说，美国小麦的价格低于中国。同样可以看出，中国的服装的价格低于美国。在没有运输费用的假设前提下，把商品从价格低的国家出口到价格高的国家，中美双方都可获得利益。

（二）各国商品价格比例不同是国际贸易产生的必要条件

商品价格的国际差异是国际贸易产生的直接原因，但并不是凡存在商品价格的国际差异，国际贸易就一定能够发生，还必须具备一个必要条件，即交易双方必须是国内商品价格比例不同。也就是说，必须符合比较优势的原则。

从表3-7中可以看出，美国的小麦和服装国内价格比为1∶1.5，而中国为1.5∶1，即两国两种商品的国内价格比例不同，存在比较利益，因此，进行国际贸易能够给两国都带来利益；如果两国两种商品的国内价格比例相同，则不存在比较利益，国际贸易也不会发生，或只能发生暂时的贸易关系。仍以表3-7为例加以说明，但将价格条件做调整，详见表3-8。

表3-8　中美两国商品价格比例相同　　　　　　　　　　　　　　美元

产　品	中　国	美　国
小麦	8	10
服装	12	15

由表3-8可见，中、美两国小麦与服装的国内价格比例都是1∶1.5，不存在比较利益。这意味着，在美国1单位小麦能交换到0.67单位的服装；在中国1单位小麦也只能交换到0.67单位的服装。这种相同交换的比例，使两国都不能在国际贸易中获利。比如，对美国来说，在国内1单位小麦能换0.67单位的服装，如果与中国交换服装，也仍然只能按这一比例进行，不会比在国内交换得更多；对中国来说，在国内1单位服装交换1.5单位小麦，如果与美国交换小麦，也仍然只能按这一比例进行，并不比在国内交换得更多。这种不会带来更多利益的交换，两个国家都不会接受，因而国际贸易不会发生。因此，虽然两国同种商品的价格存在绝对差异，国际贸易也不一定会发生。

（三）各国商品价格比例不同是由要素价格比例不同决定的

不同的商品是由不同的生产要素组合生产出来的。每个国家的商品价格比例反映了它的生产要素的价格比例关系，即工资、利息、地租和利润等之间的比例关系。由于各种生产要素彼此是不能替代的，故生产不同的产品必须使用不同的要素组合。两国不同的要素价格比例使得在两国生产商品的价格比例不同。

（四）要素价格比例不同是由要素供给比例不同决定的

各种生产要素在不同国家中的丰缺程度是很不相同的。同一种生产要素，如土地，有的国家十分丰富，而有的国家则十分稀缺。所谓要素供给比例不同，就是指生产要素在各国的相对供给不同，即与要素的需求相比，各国所拥有的各种生产要素的相对数量是不同的。

在俄林的理论中，价格是由供求关系决定的，其中生产要素的供给是主要的。生产要素的供给与商品的供给不相同，商品的供给可以随着市场需求变化而扩张或收缩，而生产要素的供给在一个国家（地区）则是相对固定不变的，即使有变化，其变化的程度也非常小。在各国要素需求一定的情况下，各国的要素供给（禀赋）不同，对要素价格的影响也就非常不同。供给丰富的生产要素价格低，相反，供给稀缺的生产要素价格就高。例如，澳大利亚地广人稀、资本较少，地租较便宜而资本和劳动力的价格较高。因此，要素价格比例不同主要是由要素供给比例不同造成的。

综上所述，要素禀赋理论逆推理过程可以表示如下：商品价格差异→商品相对生产成本不同→生产要素相对价格不同→生产要素相对丰裕度不同：国际贸易的基础。

依据该理论，一个国家（地区）生产和出口那些大量使用本国（地区）供给丰富的生产要素的产品，价格就低，因而就有比较优势；相反，一个国家（地区）生产那些需大量使用本国（地区）稀缺的生产要素的产品，价格就高，出口就不利。为了提高世界的生产效率，充分利用各国（地区）的资源，每个国家（地区）都应生产和出口本国（地区）丰富要素的要素密集型产品，进口本国（地区）稀缺要素的要素密集型产品。

按照俄林的理论，国际分工和国际贸易的格局应该是：资本、技术占优势的国家和地区应当专门生产并出口资本、技术密集型产品；劳动力充足、地广人稀的国家（地区）则应当集中生产和出口劳动密集型产品和土地密集型产品。这样，各国（地区）都可以凭借其优势生产要素，通过生产和出口其产品而获得"比较利益"。俄林认为，这种按照生产要素的丰缺进行的国际分工和国际贸易是合理的，可以为参加分工和贸易的先进工业化国家和落后发展中国家都带来好处。

五、要素价格均等化定理

要素价格均等化定理（factor price equalization theorem，FPE）反映了自由贸易带给不同国家同种要素价格的长期影响，是研究国际贸易的影响和后果的学说，是 H-O 理论的重要内容之一。

要素价格均等化定理的基本含义是：商品的国际贸易，即商品在国家间的流动，在一定程度上可以代替生产要素的流动，拉平各国间的要素价格，弥补国家间要素流动性的不足，减少国家间各种生产要素分布不均匀所造成的要素价格差异。

在俄林看来，通过国际贸易，要素价格均等化是一种趋势。萨缪尔森认为，在特定的条件下，国际要素价格均等是必然的，而不只是一种趋势。该观点由萨缪尔森在 1947—1972 年发表的系列论文中逐步阐述和论证。在规模报酬不变的生产条件下，只要本国与外国生产两种商品，只要商品的自由贸易得到充分发展，即使生产要素不具备国际流动的条件，商品的自由贸易也将导致两国商品的相对价格均等化，同时它也会导致两国生产要素的相对价格均等化，甚至导致两国商品与生产要素的绝对价格均等化，以致无论两国的要素供给和需求格局如何，要素所有者都将得到相同的报酬。萨缪尔森还详细阐述了多种要素和多种商品价格的均等化问题，发展了 H-O 定理，使其分析更加周密。因此，要素价格均等化定理也称赫-俄-萨（H-O-S）定理。

六、要素禀赋理论的评析

(一) 要素禀赋理论的积极意义

要素禀赋理论继承了比较优势理论,但又有新的发展,被认为是现代国际贸易的理论基础。

1. 更接近国际贸易的现实

例如,它从生产要素、价格、供求等实际问题入手分析国际贸易产生的原因,并且认为不仅劳动,土地、资本等因素在国际贸易的产生与发展中都起着重要的影响作用,这些都是被古典经济学家们所忽视的问题。

2. 坚持了比较成本学说的正确思想

虽然这一理论对比较成本学说的某些部分进行了否定,但却坚持了比较成本学说的基本内容。俄林的两国不同的商品价格比例是国际贸易产生的必要条件的论断,就是比较成本理论的具体应用。俄林根据生产要素禀赋在各国进行专业分工,以此提高各国劳动生产率,使各国通过贸易都得到利益的思想,也是对比较成本学说的进一步发挥。

3. 对各国外贸政策的制定有一定的指导意义

H—O 理论指出,一国应出口那些用本国丰裕的生产要素所生产的产品;对于本国稀缺的某种生产要素,则应进口这类要素密集型产品,而不要坚持本国生产,否则将会失去更多的利益。这些思想对一国外贸政策的制定都会产生积极的影响。

(二) 资源禀赋理论的局限性

(1) 资源禀赋理论用均衡价值论代替了古典学派在国际贸易理论中所坚持的劳动价值论的正确观点。

(2) 这一学说的主要理论是建立在一系列假设条件之上的(例如,不存在规模经济、各国生产同一类商品的生产函数是相同的),从而表现为一种静态分析,这就使其理论在一定程度上背离了经济发展和国际贸易的真实情况,并产生各种理论漏洞,受到了后人的抨击。

(3) 这一学说在分析国际贸易产生的原因时,只强调了各个国家生产要素禀赋上的差别,忽视了"市场扩张"这一重要内容,而后者正是各国特别是经济发达国家积极参与国际贸易的重要原因之一。为了占领国际市场、增加工人就业,有些产品即使不具备比较优势,政府也鼓励出口。

第五节 里昂惕夫之谜

自从 20 世纪初赫克歇尔和俄林提出了要素禀赋理论以来,在 1933—1953 年的 20 年间,要素禀赋理论由于其逻辑的严谨、模型的精巧,以及对诸多现实问题的解释能力,逐渐被西方经济学界普遍接受,被公认为经济学中的一颗"明珠",成为国际贸易学中最具影响力的理论之一。第二次世界大战后,一些学者开始对该模型进行实证检验,看其能否反映国际贸易活动的规律性。其中,最著名的是美国经济学家、投入—产出经济学的创始人、1973 年诺贝尔经济学奖获得者瓦西里·里昂惕夫(Wassily Leontief,1906—1999)运用他创造的投入—产出分析法对要素禀赋理论所进行的验证。

一、里昂惕夫之谜的由来

里昂惕夫对要素禀赋理论确信无疑,按照这个理论,一个国家出口的应是密集使用本国丰裕要素生产的产品,进口的应是密集使用本国稀缺要素生产的产品。基于以上认识,1954 年里昂惕夫利用美国 1947 年和 1951 年的统计资料,运用自己创建的投入—产出分析法,计算了美国 200 个行业中最有代表性的出口行业和进口行业每生产 100 万美元出口商品及进口替代商品中的资本存量与工人人数的比值,得到了表 3-9 所示的结果。

表 3-9 美国出口商品及进口替代商品的要素投入比例

投 入 要 素	每 100 万美元出口	每 100 万美元进口
劳动(劳动人数)	182 313	170 004
资本(美元)	2 550 780	3 091 339
资本/劳动(美元/人)	13.991	18.184

如果我们用 a_{kx}、a_{km} 分别表示美国每生产 100 万美元出口产品与进口替代产品的资本投入量;a_{lx}、a_{lm} 分别表示美国每生产 100 万美元出口产品与进口替代产品的劳动投入量,那么,我们由表 3-9 可得

$$\frac{a_{kx}}{a_{lx}} = 13.991 < \frac{a_{km}}{a_{lm}} = 18.184$$

即

$$\frac{a_{kx}}{a_{lx}} < \frac{a_{km}}{a_{lm}}$$

这个不等式说明作为世界上资本最充裕的国家,美国出口的是劳动密集型产品,进口的却是资本密集型产品。检验结果与里昂惕夫期望得出的美国出口资本密集型商品、

进口劳动密集型商品的结论相反。正如里昂惕夫在结论中所说:"美国参加国际分工是建立在劳动密集型生产专业化基础上,而不是建立在资本密集型生产专业化基础上。"这种由里昂惕夫发现的赫克歇尔-俄林理论与贸易实践的巨大背离现象,即要素丰裕度差异不能有效地决定现实贸易模式,也被人们称为里昂惕夫之谜或里昂惕夫悖论(Leontief Paradox)。

此后,罗伯特·鲍德温(Robert Baldwin)又对"H-O定理"进行了验证,他对美国1958年和1962年的数据进行分析,得出了与里昂惕夫相似的结果:印度对美国、加拿大对美国的双边贸易都印证了里昂惕夫之谜,即印、加出口资本密集型产品、进口劳动密集型产品。1979年,鲍德温进一步证实了里昂惕夫之谜的普遍性,他计算了20世纪60年代初许多国家的全部贸易要素构成,发现英国的进口产品比其出口产品包含更多的资本,而许多发展中国家则相反。

"H-O定理"的逻辑似乎能使人们相信它的正确性,然而里昂惕夫之谜的存在彻底动摇了人们的思维定式。作为西方国际贸易理论发展史上的一个重大转折点,里昂惕夫之谜引发了经济学家对第二次世界大战后国际贸易新现象、新问题的深入探索,于是围绕着它产生了种种解释和新的贸易理论。

二、里昂惕夫之谜的解释

里昂惕夫对要素禀赋理论的验证结果深深地震撼了世界各国的经济学家,他们纷纷从各种角度对里昂惕夫之谜产生的原因进行解释,其中代表性的学说主要有以下几种。

(一) 熟练劳动说

熟练劳动说(Skilled Labor Theory)又称劳动效率说,还有的称为要素非同质说,最先由里昂惕夫自己提出,后来经美国经济学家唐纳德·B. 基辛(Donald B. Keesing)加以发展。

里昂惕夫认为,"谜"的产生可能是由于美国工人的劳动效率比其他国家高所造成的。他认为,美国工人的劳动效率大约是其他国家的3倍,因此,在以效率为单位衡量劳动的条件下,美国就成为劳动要素相对丰富而资本要素相对稀缺的国家。美国工人的劳动效率比其他国家高,是美国企业管理水平较高,工人所受的教育和培训较多、较好,以及美国工人进取心较强的结果。因此,美国出口劳动密集型产品、进口资本密集型产品是符合"H-O定理"的,但这一解释并没有被广泛接受,后来里昂惕夫自己也否定了它。

(二) 人力资本说

人力资本说(Human Capital Theory)是由美国经济学家彼得·B. 凯南(Peter B. Kenen)等提出来的,该学说用对人力投资的差异来解释"谜"的产生。该学说认为,里昂惕夫的统计检验存在明显的缺陷,它只考虑了物质资本(physical capital)、忽略了人力资本（human capital）。人力资本主要是指一国在职业教育、技术培训等方面投入的资本。由于美国投入较多的人力资本，拥有更多的熟练技术劳动力，因此美国出口的产品含有较多的熟练技术劳动。如果把熟练技术劳动的收入高出简单劳动的部分算作资本，并与物质资本相加，美国仍属于出口资本密集型产品，因而以人力资本的差异来解释美国对外贸易商品结构，其结论仍然符合"H-O定理"。

与人力资本相关的另一个因素是科学研究对美国出口的影响。科学研究和技术进步带来的"知识"资本提高了从等量的资源中获得的产出水平，即使是最粗略的统计也会表明美国大部分出口商品都是科研和技术密集型的。由此，人力资本和知识资本在决定美国的贸易模式上起着重要的作用，如果里昂惕夫在其研究中考虑这些，里昂惕夫之谜就会得到解释。

（三）自然资源说

自然资源说仍是从里昂惕夫的统计检验方法上寻找突破口，其论点是里昂惕夫使用的是两要素（劳动、资本）模型，忽略了其他要素［如自然资源（土地、矿藏、森林、气候等）］的影响。如果一种商品是自然资源型的，而在两要素模型中却将其简单地划分为资本或劳动密集型商品，显然是不正确的。美国的出口产品消耗了大量的自然资源，如采矿业、钢铁业、农业等，它们的开采、提炼与加工均投入大量的资本，如果加入这部分资本投入量，那么里昂惕夫不等式将会由 $a_{kx}/a_{lx}<a_{km}/a_{lm}$ 改写为 $a_{kx}/a_{lx}>a_{km}/a_{lm}$，"H-O定理"也会与贸易实践相吻合。里昂惕夫后来在对美国的贸易结构进行检验时，在投入、产出中减去了19种自然资源密集型产品，结果就成功地解开了这个"谜"，取得了与要素禀赋论相一致的结果。该学说也可用来解释加拿大、日本、印度等国贸易结构中存在的"谜"。

（四）要素密集度逆转论

这一学说是由罗纳德·琼斯（Ronald Jones）提出来的。该理论认为，支持"H-O定理"的另一个假定是要素密集度不发生逆转。也就是说，如果在一种要素价格比率下，一种商品较之另一种商品是资本密集型的，那么它将在所有的要素价格比率下均属于资本密集型。这表明商品的要素密集度是一种特殊的技术规定，它不会随要素价格比率的改变而改变。但在现实中，如果两个产业的要素替代比率不同，要素密集度是会发生逆转的，即一个产业在某些要素价格水平下是资本密集的，而在另一些要素价格水平下则为劳动密集的，要素密集度逆转通常表现为同类商品在不同国家生产具有不同的要素密集度特征，或在产品生命周期的不同阶段，产品要素密集度也可能发生逆转。这样，同一种商品在不同的国家就可能表现为不同的要素密集型产品。例如，由于各国的要素禀赋和要素的价格不同，在生产同一产品时可能会采用不同的方法，在劳动力丰富的国家是劳动密集型产品，在资本丰裕的国家是资本密集型产品。对于这种情形，西方经济学家将之称为"要素密集度逆转"（factor intensity reversal）。

如果释放"H-O定理"的该假定条件，当劳动的相对价格提高（工资提高），美国进口替代部门会用相对便宜的资本替代相对昂贵的劳动，由于资本替代劳动的能力很强，或者说进口替代部门较之出口生产部门有很高的资本替代劳动的替代弹性，该部门生产的产品由劳动相对价格提高前的劳动密集型产品变成现在的资本密集型产品，从而有美国出口劳动密集型产品、进口资本密集型产品的结果。

（五）需求偏向论

该理论试图以国内的需求结构来解释里昂惕夫之谜。这种解释认为，"H-O 定理"成立的一个前提假定是，贸易国双方的需求偏好是无差异的，因此消费结构也是相同的，由此"H-O 定理"便忽略了需求偏好的差异对贸易模式的影响。实际上，贸易各国人们的需求、偏好是不相同的，而且这种偏好会强烈地影响国际贸易模式。一个资本相对丰裕的国家，如果国内需求偏向资本密集型产品，其贸易结构就有可能是出口劳动密集型产品、进口资本密集型产品。根据该理论，里昂惕夫之谜之所以在美国发生，是因为美国人不喜好消费劳动密集型产品，而偏好消费资本密集型产品。因此，消费偏好的力量使美国将劳动密集型产品出口国外，而把资本密集型产品留在国内消费或进口具有资本密集型特征的产品。

（六）贸易保护论

该理论指出，"H-O 定理"是假设以自由贸易、完全竞争为贸易政策取向的，但在现实中，贸易保护是最普遍的政策取向，美国也不例外。美国劳工代表在国会中有强大的影响力，从而使美国的政策倾向于保护与鼓励劳动密集型行业的生产与出口，限制外国同类产品的进口。亨利·克拉维斯（Henry Kravis）在 1954 年的研究发现，美国受贸易保护最严格的产业就是劳动密集型产业，这就影响了美国的贸易模式，从而使美国出口劳动密集型产品、进口资本密集型产品。

上述关于里昂惕夫之谜的几种解释，实际上都是从不同侧面对生产要素禀赋理论一系列假定前提进行修正，这些修正或是重新审视理论前提的合理性，或是深入思考里昂惕夫统计检验的有效性，一方面努力捍卫"H-O 定理"的崇高学术地位，另一方面也能够在特定的条件和环境下对里昂惕夫之谜进行解释。这种对生产要素禀赋理论的补充，增强了生产要素禀赋理论的现实性和对第二次世界大战后国际贸易实践的解释能力。

三、里昂惕夫之谜的评析

里昂惕夫之谜所揭示的问题，不仅在西方国际贸易理论界引起震动，而且带动了多年的理论争论和探讨，从而推动国际贸易理论向纵深发展。这一巨大的理论意义和现实作用使里昂惕夫之谜成为经济理论发展史上的一个里程碑。

创立一种新的分析方法胜于得出一个结论。里昂惕夫开创了用投入—产出分析法和统计数据验证贸易理论的道路，为后人的理论研究工作开拓了新的思路。

里昂惕夫之谜是对"H-O定理"的"悖论",它揭示了这一传统的国际贸易理论与现实相悖之处,这种揭示起到了两方面的积极作用:一方面促使要素禀赋理论不断进行修正与完善。要素禀赋论从本质上看,继承了李嘉图的比较成本理论,这一理论并没有因里昂惕夫悖论的出现而垮掉,它经过修正和完善后,在当代的国际贸易理论中仍然占据着重要的地位。另一方面,通过暴露传统国际贸易理论静态分析的缺陷,带动了其他经济学者对国际贸易中各种经济现象的动态分析,导致了战后各种新的学说和流派的出现,促进了这一领域经济理论的发展。

思考题

1. 分析绝对成本理论和比较成本理论的异同点。
2. 简述要素禀赋理论。
3. 简述要素价格均等化定理。
4. 解释什么是"里昂惕夫之谜"。
5. 比尔·盖茨无论是在编写软件上还是在打字速度上都强于他的秘书。盖茨编写软件的速度是秘书的 N($N>2$)倍,打字的速度是秘书的 2 倍。由于盖茨在编写软件和打字上都强于秘书,他是否应该自己来完成全部的工作,以节省每天付给秘书的 20 美元薪水呢?试用学过的贸易理论来解释盖茨是否要自己承担编写软件和打字的全部工作。

阅读材料

中国出口产品结构的升级之路

中国特色社会主义进入新时代,我国全面深化改革,实行更加积极主动的开放战略,既创造了举世瞩目的发展成就,也为外资企业长期在中国投资和发展营造了良好营商环境。我国已成为全球经贸联系最广泛的国家。2021 年,在全球 141 个贸易伙伴中,我国是 51 个经济体的第一大进口来源国、24 个经济体的第一大出口目的国,1 834 种商品出口规模居全球第一、686 种商品进口规模居全球第一;出口目的地更加多元,出口目的地集中度指数已从 2012 年的 7.0%下降到 2021 年的 5.6%。我国已成为全球价值链三大枢纽之一。

从产品看,我国货物贸易出口产品继续向价值链上游攀升。机电产品出口占比提升,绿色低碳、智能化产品出口增长较快。近年来,从服装、家具、家电等外贸出口的"老三样",到以高技术、高附加值、绿色低碳为特点的电动汽车、锂电池、太阳能电池"新三样",我国外贸结构持续优化升级,出口新动能不断积聚。国际贸易产品分类及代表性产品见表 3-10。

表 3-10 国际贸易产品分类及代表性产品

国际贸易产品分类		代表性产品
初级产品		生鲜水果、肉类、米、可可、茶、咖啡、木材、煤炭、原油
制成品	资源型制成品	(1) 农林产品：初加工肉类、水果、饮料、林产品、食用油 (2) 其他资源型制成品：选矿、石油/橡胶制品、水泥、玻璃
	劳动密集型制成品	(1) 纺织、服装、鞋类：纺织面料、服装、帽子、鞋类、皮革制品 (2) 其他低技术产品：陶器、简单金属零件、家具、玩具、塑料制品
	资本密集型制成品	(1) 机动车辆：乘用车及零件、商务车、摩托车及零件 (2) 中技术加工产品：合成纤维、化学品及油漆、塑料、铁、管 (3) 中技术工程产品：工业机械、泵、开关设备、船、表
	技术密集型制成品	(1) 电子和电气产品：数据处理/通信设备、晶体管、涡轮机、发电设备 (2) 其他高技术产品：药品、航空器、光学/测量仪器、照相机
其他		电力、电影胶片、印刷品、特殊交易、金币、硬币、宠物、艺术品

一、要素禀赋的动态升级

要素禀赋是经济发展的基础条件。与改革开放之初相比，当前我国要素禀赋结构已发生深刻改变，经济发展的比较优势正加速从劳动密集型向资本和技术密集型转变，为加快形成新的发展优势提供了有利条件。

一是劳动力素质持续提升。在人口数量红利趋于下降的同时，人力资本质量的红利正在显现。2012—2022 年，我国毕业大学生数量累计超过 8 700 万，新增劳动力平均受教育年限上升到 14 年，科研人才数量稳居全球首位。二是资本丰裕度明显改善。资本积累及其有效配置是推动工业化城镇化发展的必要条件。到 2023 年 5 月，我国国民储蓄率为 45.6%，比其他主要经济体高 20 个百分点以上，资本形成额占全球比重已从 1978 年的 0.7% 上升至 2021 年的 29.6%。三是土地高效利用和再配置空间巨大。目前我国还有不少未利用土地和大量低效利用土地，土地资源盘活利用、城镇用地结构优化等将大幅提高土地资源的利用效率。四是数据要素潜能正快速释放。我国数据资源丰富，数据产量已超 6.6 ZB，全球占比近 10%，位居世界第二。数据作为新型生产要素已经深度参与各行业的价值创造与升级发展，能够为我国拓展新的发展空间提供新的发展机遇。

二、制造业系统性优势突出

制造业是参与全球产业分工和国际贸易的主导力量。随着产品的国际形象不断提升，我国第一制造业大国的地位进一步巩固，规模化、集群化、网络化、数字化优势更加突出。

一是制造业规模优势明显。我国制造业增加值全球占比从 2012 年的 22.3% 上升到

2021年的30.3%，达到31.4万亿元，制造业规模稳居全球第一。我国工业制成品出口规模从2012年的1.9万亿美元增长到2021年的3.2万亿美元，占全球制成品市场份额从16.3%提高到20%。二是制造业配套能力强。我国是全世界唯一一个拥有联合国产业分类中全部工业门类的国家，多数材料、组件都能找到本土供应商，对创新原型产品快速试制并量产形成强大支撑。大、中、小企业分工配合，加上数字化、智能化赋能，形成了一批产品生产集中、配套设施专业、产业链条成熟的产业集群和高效协作的制造业网络，不仅能满足大规模标准化生产需要，而且能快速响应个性化定制需求。三是大规模制造与物流体系形成供应链网络。我国基本建成了各类运输方式快速发展、协同配合的综合立体交通网，形成了以国家级物流枢纽为核心，以区域性物流基地、物流园区、城市配送中心、社区末端网点等为支撑的配送网络，实现了高效运行。2021年，我国快递包裹平均成本为1.5美元，大幅低于有关发达国家。物流成本和效率优势明显，与大规模制造相结合形成供应链网络，极大增强了我国制造业的市场响应能力。四是部分新兴制造领域优势正在形成。以新能源产业为代表的新兴制造业快速成长，已成为重要经济增长点。比如，我国风电整机吊装量全球占比接近50%；新能源汽车产能连续8年位居全球第一，出口量连续两年位居全球第一。

三、科技创新能力不断增强

新时代以来，我国科研投入保持较快增长，科技创新能力不断增强，人才基础、创新主体、新兴产业等优势正在聚合释放，创新驱动发展的基础更加扎实和巩固。

（1）科技研发能力实现大幅跃升。2012—2021年，我国全社会研发投入年均增长11.7%，高于经济合作与发展组织（OECD）国家4%的平均增速，研发投入强度从1.91%提升到2.44%；我国国际科学核心论文全球占比由2012年的13%上升至2020年的20%；我国申请人通过《专利合作条约》（PCT）途径提交的国际专利申请量增长近2倍，居世界第一；在全球6 000多位高被引科学家中，我国科学家占比位居全球第二。

（2）科技人才优势逐步显现。我国拥有全球规模最大的科学家和工程师群体。按照OECD与欧盟标准，科技人力资源总量位居世界第一。

（3）数字经济引领优势凸显。我国数字经济规模已连续多年位居全球第二，在人工智能、物联网、量子信息等领域拥有的发明专利授权量位居世界首位，数字化、智能化"灯塔工厂"数量超过全球1/3，逐步形成具有一定优势的创新生态系统。

资料来源：国务院发展研究中心课题组. 我国经济发展具有重要优势［N］. 人民日报，2023-05-30（9）.

问题：我国要素禀赋变化的原因是什么？我国如何由外贸大国向"外贸强国"转变？

即测即练

第四章 当代国际贸易理论

学习目标
1. 掌握产业内贸易理论及其测算,以及产品生命周期理论;
2. 熟悉技术差距论、规模经济贸易理论;
3. 熟练掌握国家竞争优势理论。

重要概念

产业内贸易 技术差距论 产品生命周期 国家竞争优势 钻石模型 规模经济 外部规模经济 内部规模经济

第二次世界大战后,国际经济贸易环境发生了重大变化,第三次科技革命的兴起、跨国公司的迅速发展、殖民体系的瓦解、发展中国家的崛起等,使国际分工进一步深入发展并呈现出新的特点。对于这些国际贸易领域新的现象和趋势,经济学家认为,传统的比较优势理论和要素禀赋理论是难以作出解释的,这促使各国经济学家用各种不同的分析方法,特别是用动态分析法去研究国际贸易的各种新现象以及产生这些现象背后的原因,从而促进了各种国际贸易新理论的发展。

当代国际贸易理论,是相对于古典国际贸易理论和新古典国际贸易理论而言的,特别是 20 世纪 80 年代以来,伴随着国际贸易的迅速发展而产生的一系列国际贸易理论。由于这些理论改变了传统国际贸易理论的假设条件,其分析框架也不相同,故称为当代国际贸易理论或国际贸易新理论。

第一节 产业内贸易理论

一、产业内贸易概述

产业内贸易,也称水平贸易(horizontal trade)或双向贸易(two-way trade),是指一个国家在一定时期内同时存在进口和出口同类产品的贸易活动。它是相对于产业间贸易而言的。例如,美国和日本相互进口对方的汽车就属于产业内贸易,而美国进口日本的汽车、日本进口美国的电脑则属于产业间贸易。当今世界,这两种贸易类型同时存在。

与产业间贸易相比,产业内贸易具有以下特征。

(1) 不同于产业间贸易产品基本上是单向流动的特点,产业内贸易产品是双向流动的。如在上例中,美国和日本既是汽车的出口国,也是汽车的进口国。

（2）产业间贸易是指不同产业之间产品的贸易，如日本生产的家用电器与中国生产的纺织品之间进行交易，而产业内贸易则主要是同类产品中某一类产品间的贸易。这里的同类产品是指按国际贸易标准分类（standard international trade classification，SITC）至少前3位数相同的产品，即至少属于同类、同章、同组的产品。例如，中国向韩国出口某种品牌的衬衣，同时又从韩国进口某种品牌T恤的贸易活动。

（3）产业间贸易一般是通过分别处于不同国家的独立厂商之间相互交易来完成的，而产业内贸易则是通过内部和外部两个市场来完成的。跨国公司的兴起和快速发展使得一部分国际贸易是在跨国公司的子公司和子公司、子公司和母公司之间进行的。跨国公司利用特殊优势所形成的内部化交易机制被称为内部市场。与之相对应的买卖双方独立进行交易所形成的市场则被称为外部市场。

二、产业内贸易程度的测量

产业内贸易的计量方法有很多种，但最常使用的是赫伯特·格鲁贝尔（Herbert Grubel）与彼得·约翰·劳埃德（Peter John Lloyd）的计算方法。这种方法是1975年由格鲁贝尔与劳埃德通过对产业内贸易进行探索提出的，因此产业内贸易指数（index of intra-industry trade，IIT）也可以称为格鲁贝尔—劳埃德指数，它是用来测度产业内贸易程度的指标，其计算公式为

$$IIT = 1 - \left| \frac{X-M}{X+M} \right|$$

式中，X为某产业内产品的出口量；M为某产业内产品的进口量。

IIT的值介于0和1之间，其数值的大小反映了产业内贸易程度的高低。当$IIT = 0$时，说明该产业产品的贸易完全是产业间贸易；当$IIT = 1$时，说明该产业产品的贸易完全是产业内贸易。

需要说明的是，产业内贸易指数的大小显然受到以下三个主要因素的影响。

（1）某种产业部门的产品特性。因为有些产业部门的产品生产和消费都具有明显的地域性，所以难以发生大规模的产业内贸易。

（2）产业部门的成熟程度。高度发达成熟的产业部门容易发生产业内贸易，幼稚的工业部门则难以发生产业内贸易。

（3）产业部门的划分。如果产业部门划分较为细致，产业内贸易的指数就比较小；如果产业部门的划分很粗略，产业内贸易的指数就比较大。

三、产业内贸易的理论解释

产业内贸易形成的原因及主要制约因素的涉及面比较广，经济学家的解释一般涉及产品的差异性、规模经济、垄断竞争、寡占行为及跨国公司的活动等。以下介绍三个广为接受的理论解释。

(一) 产品异质性理论

产品的差异性是产业内贸易的基础。每一个产业部门内部,由于产品的外在特征、品牌、包装、质量、性能、规格、牌号、设计等方面的不同,每种产品在其中一个或几个方面的差异都会导致产品差异的形成。受财力、物力、人力、市场等因素的制约,任何一个国家都不可能在具有比较优势的部门生产所有的差别化产品,必须有所取舍,并专注于某些差别化产品的专业生产,以获取规模经济利益。作为产业内贸易主要对象的异质产品,产品的异质性满足了不同消费者的特殊偏好,并成为产业内贸易存在与发展的客观条件。有的学者甚至认为,并不一定要有规模效益,只要产品存在多样性,就足以引起产业内贸易。例如,美国和日本都生产小轿车,但日本轿车以轻巧、节能、价廉、质优为特色,而美国轿车则以豪华、耐用为特色,这样就会引起双方对彼此产品的需求,这种相互需求导致了产业内国际贸易的发生。

(二) 规模经济理论

大规模生产可以充分利用自然资源、交通运输及通信设施等资源,提高厂房、设备的利用率和劳动生产率,从而达到降低成本的目的。20 世纪 70 年代,格雷和戴维斯等对发达国家之间的产业内贸易进行了实证研究,从中发现:产业内贸易主要发生在要素禀赋相似的国家,产生的原因是规模经济和产品差异之间的相互作用。

规模经济效应导致生产成本的降低,成为产生比较优势的一个重要来源。随着生产规模的扩大,厂商可以利用更先进的生产技术,有利于专业分工,因此规模经济能够有效降低产品的平均成本,提高企业的效益。假定生产 1 辆自行车投入的劳动为 10 小时,当生产扩大到 500 辆自行车时,投入的劳动为 3 000 小时,即每辆自行车投入的劳动为6 小时;当生产扩大到 5 万辆自行车时,投入的劳动为 15 万小时,即每辆自行车投入的劳动为 3 小时。由此可见,随着企业规模的扩大,产出的增加超过投入的增加,致使单位产品的边际成本下降、收益递增。正是有了规模经济优势,美国的波音和欧洲的空中客车两家公司才控制了全球商用飞机的生产。

规模生产所形成的经济效益成为促进产业内贸易发展的一个重要因素。由于全球企业之间的竞争非常激烈,为了降低成本、获得规模经济,工业化国家的企业往往会选择某些产业中的一种或几种产品,而不是全部产品进行生产,并且国家间的要素禀赋越相似,就越可能生产更多类型的产品,因而它们之间的产业内贸易量将越大。

(三) 需求偏好相似理论

最早试图对国家之间产业内贸易进行理论解释的是瑞典经济学家斯戴芬·伯伦斯坦·林德(Staffan Burenstam Linder)。他在 1961 年出版的《论贸易和转变》一书中提出了需求偏好相似理论,第一次从需求角度对国际贸易的原因作出分析。需求偏好相似理论认为产业内贸易是由需求偏好相似导致的,其基本观点包括:国际贸易是国内贸易的延伸,通常只有在本国消费或投资生产的产品才能够成为潜在的出口产品;两个国家的消费者需求偏好越相似，一国的产品就越容易进入另一个国家的市场，因而这两个国家之间的贸易量就越大。

同时，林德也提出，人均收入水平是影响需求结构的主要因素。人均收入越相似，需求结构越相似。由于工业化国家的人均收入水平比较接近，消费者的偏好相似程度比较高，这为工业制成品贸易和产业内贸易发展提供了广阔的市场。这就是第二次世界大战后，工业化国家之间的制成品贸易在国际贸易中所占比例越来越高的原因。

第二节 技术差距论

技术差距论（Technological Gap Theory）是指将技术作为独立于劳动和资本的第三种生产要素，探讨技术差距或技术变动对国际贸易影响的理论。1961年，美国学者迈克尔·V. 波斯纳（Michael V. Posner）在《国际贸易与技术变化》文章中首次提出国际贸易的技术差距模型。

技术差距论以科学发明、技术创新的推广过程来解释国际贸易的发生和发展。技术差距论认为，新产品总是在工业发达国家最早产生，然后进入世界市场。此时，虽然其他国家想对新产品进行模仿，但由于它们与先进国家之间存在技术差距，需要经过一段时间的努力才能实现。因此，先进国家可以在一段时间内垄断这一产品，并在国际贸易中获得比较利益。但是，随着新技术向国外转移，其他国家开始模仿生产并不断扩大产量，原创新国的比较优势逐渐丧失、出口下降，甚至可能从其他国家进口该产品。

波斯纳将从新技术产生到技术差距引起的国际贸易终止之间的时间间隔称为模仿滞后时期，模仿滞后时期又包括三个阶段：需求时滞、反应时滞和掌握时滞。需求时滞是指从新产品出口到其他国家后并未引起消费者注意，直至消费者对新产品作出购买反应的时期；反应时滞是指一个国家在新产品出现后，随着需求的增加，模仿国国内生产厂商对原有的生产方法进行调整来生产新产品所需要的时间间隔；掌握时滞是指模仿国从开始生产新产品到其技术水平达到先进国家水平，从而停止进口该产品的时间间隔。

波斯纳认为，新产品的需求时滞一般要短于反应时滞。需求时滞的长度取决于创新国和模仿国收入水平及市场容量的差距，差距越小，需求时滞的长度越短。反应时滞的长度主要取决于厂商的决策意识、规模收益、关税、运输成本、国内市场容量以及收入水平高低等因素。如果技术创新国在扩大新产品生产中获得的规模利益比较大、产品的运输成本比较低、进口国关税水平比较低、进口国市场容量比较大、收入水平比较高，则出口国就能长时期保持出口优势，这样反应时滞就比较长；否则，出口国的优势就较易打破，反应时滞就会大大缩短。掌握时滞的长短主要取决于模仿国自身的技术基础和吸收消化新技术的能力，技术水平高、吸收能力强的国家掌握时滞比较短。

加里·克莱德·胡弗鲍尔（Gary Clyde Hufbauer）用图形形象地描绘了波斯纳的技术差距理论，如图4-1所示。横坐标表示时间，纵坐标表示商品数量，上方曲线表示技术创新国A的生产和出口数量，下方曲线表示技术模仿国B的生产和出口数量，中间曲线上方表示 A 国出口、B 国进口，下方表示 A 国进口、B 国出口。

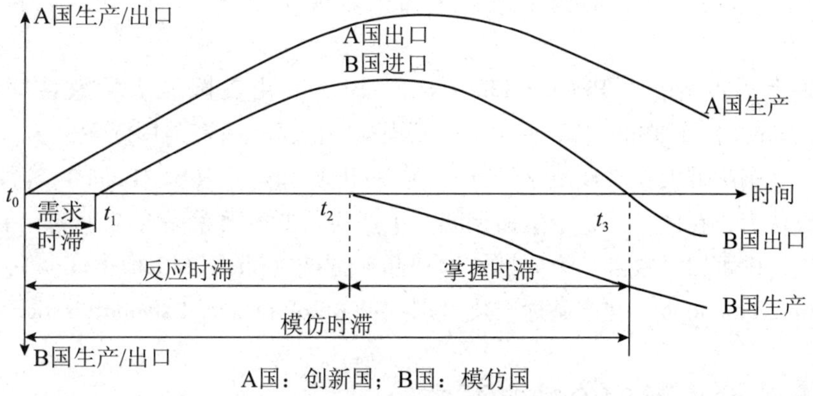

图 4-1 技术差距与国际贸易

起初，A 国生产新产品，经历需求时滞阶段，B 国对新产品没有需求，因而 A 国不能将新产品出口到 B 国，此后，B 国模仿 A 国消费，对新产品有了需求，A 国出口、B 国进口新产品，且随着时间的推移，需求量逐渐增加，A 国的出口量、B 国的进口量也逐渐扩大。由于新技术通过各种途径逐渐扩散到 B 国，B 国掌握新技术并开始模仿生产新产品，反应时滞阶段结束，随之掌握时滞阶段开始，此时，A 国的生产量和出口量达到极大值。随着 B 国生产规模的扩大、产量的增加，A 国的生产量和出口量不断下降。B 国生产规模继续扩大，新产品成本进一步降低，其产品不仅可以满足国内市场的全部需求，而且可以用于出口 A 国。至此，技术差距消失，掌握时滞和模仿时滞阶段结束。可见，在技术差距存在期间，A、B 两国贸易发生的时间为 B 国开始从 A 国进口到 A 国向 B 国出口为零这段时间。

1963 年，戈登·道格拉斯（Gordon Douglas）运用模仿时滞的概念，解释了美国电影业的出口模式，即一旦某个国家在给定产品上处于技术领先的优势，该国将在相关产品上继续保持这种技术领先的优势。1966 年，胡弗鲍尔利用模仿时滞的概念解释了合成材料产业的贸易模式，即一个国家在合成材料出口市场的份额可以用该国的模仿时滞和市场规模来解释。当他按照各国的模仿时滞对国家进行排序时发现，模仿时滞短的国家最先引进新合成材料技术，并开始向模仿时滞长的国家出口。随着技术的传播，模仿时滞长的国家也开始生产这种合成材料，并逐步取代模仿时滞短的国家的出口地位。对技术差距理论的经验研究支持了技术差距论的观点，即技术差距是解释国家贸易模式的最重要因素。

第三节 产品生命周期理论

技术差距论解释了技术因素对国际贸易的影响，但仍然不能解释以下两个现象：①技术创新倾向于集中在较富裕、较发达的国家；②在产品生命的早期，生产倾向于在进行创新的国家发生，尽管进行创新的厂商完全可以在另一个资源禀赋更适合生产该商品的国家进行生产，而到了产品生命的较晚阶段，生产就会从创新国家转移出去。

产品生命周期理论（Product Life Cycle Theory）由美国经济学家雷蒙德·弗农（Raymond Vernon）于1966年在他的《产品周期中的国际投资与国际贸易》一文中首先提出，后经美国哈佛大学教授威尔斯（L. T. Wells）和赫希（S. Hirsch）等加以补充和完善。弗农认为，在产品的整个生命期间，生产所需要的要素是会发生变化的，因此在新产品的生产中可以观察到一个周期，即产品初创期（phase of introduction）、产品成熟期（phase of maturation）和产品标准化时期（phase of advanced standardization）。

一、产品生命周期理论的主要内容

弗农在技术差距论的基础上，将市场营销学中的概念引入国际贸易理论，认为许多新产品的生命周期经历如下三个时期。

（一）产品初创期

产品初创期是指新产品被技术领先国发明并在国内市场批量生产和销售的时期。

少数在技术上领先的创新国家的企业率先开发出了新产品，然后便在国内投入生产。这是因为国内拥有开发新产品的技术条件和吸纳新产品的市场。该国在生产和销售方面享有垄断权，新产品不仅满足了国内市场需求，而且垄断了世界市场，国外富有的消费者和在创新国的外国人开始购买这种产品，出口量从涓涓细流开始。在这一时期，创新国几乎没有竞争对手，企业竞争的关键也不是生产成本，同时国外还没有生产该产品，当地对该新产品的需求完全靠创新国的出口来满足。

（二）产品成熟期

新产品获得了稳定的国内市场支持，达到了一定程度的标准化，并被厂商开始出口到国外市场时，便进入产品成熟期。随着技术的成熟与扩散，生产企业不断增加，市场竞争日趋激烈，对企业来说，产品的成本和价格变得日益重要。与此同时，随着国外该产品的市场不断扩大，出现了大量仿制者。这样一来，创新国的企业生产不仅面临着国内原材料供应相对或绝对紧张的局面，而且面临着产品出口运输能力和费用的制约、进口国家的种种限制与进口国家企业仿制品的取代等问题。在这种情况下，企业若想保持和扩大对国外市场的占领有两方面途径：一方面，可继续在本国生产新产品，并出口给国外的消费者；另一方面，可选择向外国生产者出售生产许可证或者对外直接投资，即到国外建立子公司，在当地生产、当地销售。在没有大量增加其他费用的同时，由于利用了当地资源，减少了关税、运费、保险费的支出，因而大大降低了生产成本，增强了企业产品的竞争力，巩固和扩大了市场。一般而言，发达国家是创新国企业对外直接投资的首选地。

随着分公司的设立,创新国对发达国家的直接出口下降,乃至消失,但对发展中国家仍然保持出口。

(三) 产品标准化时期

产品标准化时期是产品进入生命周期的第三个时期。在这一时期,技术和产品都已实现标准化,参与此类产品生产的企业日益增多,竞争更加激烈,产品的成本和价格在竞争中的作用十分突出。在这种情况下,企业通过对各国市场、资源、劳动力价格进行比较,选择在生产成本最低的地区建立子公司或分公司从事产品的生产活动。此时,往往由于发达国家劳动力价格较高,生产的最佳地点从发达国家转向发展中国家,创新国的技术优势已不复存在,国内对此类产品的需求转向从国外进口。对于创新企业来说,若想继续保持优势,选择只有一个,那就是进行新的发明创新。

从产品的要素密集性上看,不同时期产品存在不同的特征。在产品初创期,需要投入大量的科研与开发费用,这一时期的产品要素密集性表现为技术密集型;在产品成熟期,知识技术的投入减少,资本和管理要素投入增加,高级的熟练劳动投入越来越重要,这一时期的产品要素密集性表现为资本密集型;在产品标准化时期,产品的技术趋于稳定,技术投入更是微乎其微,资本要素投入虽然仍很重要,但非熟练劳动投入大幅度增加,产品要素密集性也随之改变。

在产品生命周期的各个时期,由于要素密集性、产品所属类型、技术先进程度以及产品价格不同,因而不同国家在产品处于不同时期所具有的比较利益不同,故"比较利益也就从一个拥有大量熟练劳动力的国家转移到一个拥有大量非熟练劳动力的国家"[①],产品的出口国也随之转移。产品生命周期不同阶段的特征如表4-1所示。

表4-1 产品生命周期不同阶段的特征

角度	产品初创期	产品成熟期	产品标准化时期
技术特性	创新国企业发明并垄断新产品的技术	生产技术已定型,技术诀窍扩散到国外,技术垄断优势开始丧失	产品完全标准化,发展中国家开始掌握这种产品技术
产品要素特性	技术密集型	资本密集型	劳动密集型
产品成本特性	由于没有竞争者,此时成本不是最重要的	成本比创新国的进口产品低	产品成本大幅下降
进出口特性	制造新产品的企业垄断世界市场,国外的富有者和在创新国的外国人开始购买	创新国对东道国的出口下降,对其他多数国家市场出口仍继续,但出口增长率降低	创新国开始从产品出口转变为进口

---

① 弗农. 产品周期中的国际投资与国际贸易 [J]. 经济学季刊, 1966 (5): 190-207.

续表

角　度	产品初创期	产品成熟期	产品标准化时期
生产地特性	新产品生产地确定在创新国	创新国从事新产品制造的企业开始在东道国设立子公司进行生产	产品生产地已经逐渐开始向一般发达国家甚至发展中国家转移
产品价格特性	产品价格比较高，消费需求的价格弹性小	参加竞争的厂商数量很多，消费需求的价格弹性加大	产品价格大幅下降

二、产品生命周期的几何图示

图 4-2 详细描绘了产品的创新国、其他发达国家（模仿国）和发展中国家（模仿国）在产品生命周期不同阶段的生产、消费和贸易情况。

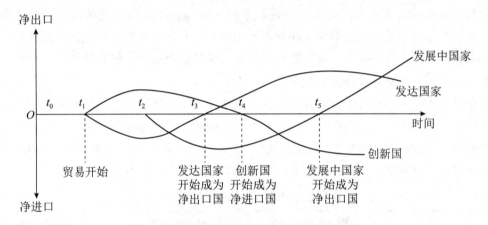

图 4-2　国际贸易中产品生命周期的动态变化

第一阶段为 $t_0 \to t_1$，即新产品阶段。在这一阶段，由于新产品刚刚问世，人们对其还没有足够的了解和认识，仅仅在创新国生产和消费，所以既无出口也无进口。

第二阶段为 $t_1 \to t_3$，即产品成长阶段。在这一阶段，创新国对新产品进行了改进，使产量迅速提高。此时，国外还不能生产这种产品，故创新国在国内外市场都拥有垄断地位。在这一阶段，将有一定量的新产品出口到国外，主要是其他一些发达国家。

第三阶段为 $t_3 \to t_4$，即产品成熟阶段，新产品在创新国已经标准化，创新厂商开始授权外国厂商生产这种产品。

第四阶段为 $t_4 \to t_5$，其他发达国家（模仿国）参与新产品的出口市场竞争。模仿国不仅为本国消费者生产，而且出口产品，并且成为该产品的主要出口国。

第五阶段为 t_5 以后，发展中国家开始成为净出口国。由于此时产品已经完全标准化、技术日益陈旧，转让费用越来越低，技术逐渐在发展中国家扩散，产品的相对优势已转移到技术和工资水平较低而劳动力资源丰富的发展中国家。这些发展中国家开始引进产品技术进行生产和出口,因而成为其主要的生产和出口国。

对产品生命周期理论最有说服力的验证是电子产品,如半导体等最初由美、日及欧洲一些国家研制、生产和出口,现在,印度、中国等发展中国家都成为此类产品的出口国。

第四节 国家竞争优势理论

20世纪80年代到90年代,美国哈佛大学商学院教授迈克尔·波特(Michael Porter)在其出版的系列著作中,提出了国家竞争优势理论。他的三部曲著作为《竞争战略》(1980)、《竞争优势》(1985)和《国家竞争优势》(1990)。波特在他的著作中所提出的国家竞争优势理论归纳了战后国际贸易新理论的各种观点,分别从微观、中观和宏观的角度论述了竞争力的问题,综合分析了提高一国(包括国内的产业和企业)国际竞争力的各种因素,形成了一种较新的国际贸易理论,即国家竞争优势理论。

一、国家竞争优势理论的主要内容

国家竞争优势理论的中心思想是:一个国家的竞争优势就是企业、行业的竞争优势,也就是生产力发展水平的优势。波特认为,一国兴衰的根本原因在于能否在国际市场上取得竞争优势,竞争优势形成的关键在于能否使主导产业具有优势,优势产业的建立又依赖于提高生产效率,提高生产效率的源泉在于企业是否具有合适的创新机制和充分的创新能力。创新机制由微观、中观和宏观三个层面的竞争机制构成。

(1)微观竞争机制。企业具有活力和不断创新的能力是国家保持竞争优势的基础。企业只有在研究、开发、生产、销售、服务等方面和环节不断进行创新,才能具有长期的竞争优势与盈利能力。

(2)中观竞争机制。波特认为,产业因素与区域因素也在很大程度上影响着企业的盈利与发展。一个企业在其经营与创新的过程中不仅受制于企业内部因素,而且受制于企业的前向、后向和旁侧关联产业的辅助与影响,同时受制于企业的区域战略与政策。企业应把自己的不同部门(如设计、原料、部件、组装、销售部门等)依据资源合理配置原理设立在恰当的地区,以此来降低经营成本、提高产品竞争力。

(3)宏观竞争机制。波特认为,一国国内的经济环境对企业的竞争优势乃至对国家的竞争优势有着相当大的影响。

具体来讲,波特认为国家竞争优势有以下四个来源,即四个基本因素。

(一) 生产要素

波特把生产要素区分为初级生产要素(basic factors)和高级生产要素(advanced factors)。其中,初级生产要素是指一国先天拥有或不用太大代价就能得到的要素,包括自然资源、气候、地理位置、非熟练或半熟练劳动力等；高级生产要素则是指通过长期投资或培育才能创造出来的要素，包括现代化基础设施、高科技人才、高精尖技术、高质量人力资本等。他认为，第二次世界大战后在科学技术革命和自由贸易（加快了基本要素的国际流动）的推动下，初级生产要素对企业竞争力的影响程度逐渐下降，而高级生产要素的影响程度则在不断上升。因此，一国的真正竞争优势主要来源于经过不断的、大量的投资、创新和升级所取得的高级生产要素。如果充分利用和提升要素的质量，那么在一定条件下要素劣势也能转化为优势。

（二）需求状况

波特这里分析的需求状况是指国内需求，并认为它是影响一国公司和产品竞争优势的另一个重要因素。国内需求对竞争优势的影响表现在三个方面：第一，国内需求是否具有持续的增长性，这对鼓励企业扩大生产规模和采用新技术至关重要；第二，国内需求是否具有超前性，超前性将引导企业积极从事新产品的研发，以不断升级换代的产品走在国际市场竞争的前列；第三，国内需求市场中是否具有一批老练、挑剔的买主，这类消费者的存在给生产公司和销售公司带来了极大的压力，最能促进公司不断地改进产品质量、性能和服务水平，从而推动竞争优势的全面提高。例如，荷兰人特别喜爱鲜花，并由此产生了庞大的花卉产业。正是国内对鲜花的强烈需求和高度挑剔，才使荷兰成为世界上最大的鲜花出口国。

（三）相关产业与支持产业

相关产业是指相互关系密切的、共同使用着某些技术和营销渠道的产业，以及某些有着共存亡关系的产业。例如，计算机硬件与计算机软件，纺织业与纺织机械业等。支持产业是指某一产业的上游产业，它主要向其下游产业提供原材料、零部件和各种中间产品，如钢铁业与造船业，发动机业与汽车制造业等。相关产业与支持产业的水平高低对某一行业的竞争优势影响极大。波特认为，以国内市场为基础的有竞争优势的供应商会以三种重要方式对下游产业竞争优势的形成产生影响：第一，可以使下游产业更容易、更迅速地逼近尽可能低的成本；第二，可以提供一种不断发展的协调优势；第三，下游产业的公司也能够调整它们的战略计划，并利用供应商发明、创新的优势。

一个国家如果有许多相互联系的有竞争力的产业，该国也很容易产生新的有竞争力的产业。日本电子工业和家电工业的发达，使其不仅在固有的传统优势产品上一直处于领先地位，如电视机、摄像机、照相机等，而且能不断推出各种极具竞争优势的新产品，如 VCD（激光压缩视盘）、DVD（数字激光视盘）以及各种类型的游戏机和游戏软件。

（四）企业战略组织与竞争

企业的组织形式、管理体制与产权结构影响着企业的竞争优势。波特认为，良好的企业战略组织不仅与企业的内部条件和所处产业的性质有关，而且与企业所处的国内环境有关。各国的环境是不相同的,所以企业所采取的组织形式、管理体制和产权结构也就不同,适合本国环境的企业战略组织能够提高企业竞争力。波特还认为,强大的竞争对手和公平的竞争环境是企业保持长久竞争力的一个不可或缺的因素。不应把国内竞争视为一种资源的浪费,而应把其看作一种提高竞争力的激励动力机制。面对激烈的竞争环境和强大的竞争对手,各企业都不敢有丝毫的懈怠,会努力地提高技术、管理和服务水平,以便使自己在竞争中处于优势地位。国内的竞争环境也有利于企业参加国际竞争,这是因为,一方面企业可以在国内竞争中锻炼提高自己,另一方面激烈的国内竞争能迫使企业走出国门,去寻求国际市场,并在国际市场竞争中保持优势。

除了上述四个基本因素外,还有两个辅助因素也影响着国家的整体竞争优势,即机遇和政府。

机遇是指经济发展过程遇到的一些新机会和新情况,如战争、大的经济动荡、石油危机以及重大技术创新和汇率变化等。这些偶然性因素会影响到需求、供给、成本、价格等,从而使各国的竞争优势发生大的变化,有的国家会在机遇中快速进步,有的国家则因竞争优势的失去而逐渐没落。政府的辅助作用也很明显,它主要是通过对四个基本因素施加影响而发挥作用。政府通过宏观调控政策、微观扶持政策、制定规则和培养高素质劳动力等环节来影响供给和需求,从而帮助产业和企业提高竞争优势。

以上四个基本因素外加两个辅助因素互相发生作用,共同决定着国家竞争优势,这就是波特的"国家竞争优势四因素模型",这四个基本因素之间的关系呈菱形,似钻石,因而该模型又称波特"钻石"模型,如图4-3所示。

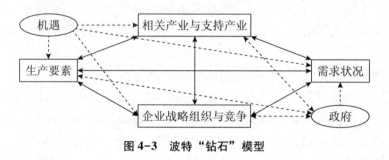

图4-3 波特"钻石"模型

二、国家竞争优势的四个发展阶段

波特从动态的角度分析国家竞争优势,认为一国的竞争优势并不是一成不变的,受其驱动力的影响可以分为四个不同的阶段。

(一)要素驱动阶段

此阶段的竞争优势主要取决于一国在某些基本要素上拥有的优势,即是否拥有廉价的劳动力和丰富的资源。这些国家产业的技术层次低,所需的技术是一般的和可以广泛使用的,这些技术主要来源于其他国家而不是自创的。处于要素驱动阶段的国家,其生产力缺乏持续增长的基础。

(二) 投资驱动阶段

此阶段的竞争优势主要取决于资本要素。大量投资可更新设备、扩大规模、增强产品的竞争能力。在这一阶段，企业不仅使用外国技术，而且改进外国技术。这个阶段的显著特点是企业具有吸收和改进外国技术的能力。但随着要素成本和工资大幅度增加，一些价格敏感的产业开始失去竞争优势。

(三) 创新驱动阶段

此阶段的竞争优势主要取决于技术创新。企业能在广泛的领域内进行竞争，实现不断的技术升级。竞争优势主要来源于研究与开发，企业不仅能运用和改进外国技术，而且能创造技术。这个阶段的显著特点包括：一是高水平的服务业占据越来越高的国际地位，这是产业竞争力不断提升的反映；二是政府的作用发生变化，资源配置、贸易保护、出口补贴（export subsidies）等形式的干预程度越来越小，政府主要发挥间接的作用。

(四) 财富推动阶段

此阶段的驱动力是已经获得的财富。但是，此阶段的社会富有且稳定，创新意识和竞争压力均在减弱，企业和产业越来越难以通过竞争机制来提升自己，企业开始失去竞争优势。这个阶段的显著特点包括：长期的产业投资不足；投资者的目标从资本积累转变为资本保值。因此，有必要通过产业结构的调整升级和制度创新等途径来防止衰退。

波特的国家竞争优势理论与传统的国际贸易理论相比，不仅强调了动态分析，而且更加贴近国际贸易现实，从多层面、多因素、多阶段分析了经济生活的现象与本质。波特深刻地认识到国家取得竞争优势的关键是要确保竞争机制发挥作用，而国家竞争优势获取的主要途径是技术创新和技术进步。其中，政府的作用是为竞争机制、创新机制营造适宜的国内环境。波特的这些观点是有创意的，当然波特的理论也存在一些明显的缺陷，如他过多地强调了市场的作用，而只把政府的作用作为一个辅助因素来看待。

第五节 规模经济理论

古典贸易理论和新古典贸易理论以比较优势为基础，把国与国之间的要素禀赋差异作为贸易产生的唯一原因。而规模经济理论则认为，规模经济也可能成为国际贸易的动因，在规模经济作用下，不完全竞争的市场结构普遍存在。随着生产规模的扩大，经济规模递增会导致单位产品成本递减而取得成本优势，因而出现专业化生产并出口这一产品。规模经济理论的代表人物是克鲁格曼。

一、规模经济的含义

规模经济，是指因生产规模扩大而带来的经济效益的提高。在企业扩大生产的过程中，如果产量扩大1倍，而生产成本的增加小于1倍，则称企业的生产存在规模经济。特别是当生产要素按相同比例增加时，规模经济的概念便可以借助生产的规模报酬特征得以说明。

所谓规模报酬，是指当所有投入要素同比例增加，即生产规模扩大时，总产量的变化情况。根据产量变化的程度，规模报酬可以分为三种情况：①规模报酬递增，即所有投入要素的同比例增加导致了产出水平更大比例的增加；②规模报酬不变，即所有投入要素的同比例增加导致了产出水平的同比例增加；③规模报酬递减，即所有投入要素的同比例增加导致了产出水平较小比例的增加。

假设某企业生产某产品所投入的生产要素为劳动 L 和资本 K，并且生产函数具有齐次性质。现在劳动 L 和资本 K 的投入量均扩大 $t(t>1)$ 倍，即生产规模扩大 t 倍，生产函数有

$$f(tL,tK)=t^h f(L,K)$$

其中，h 为指数，当 $0<h<1$，表示该企业生产函数为规模报酬递减；当 $h=1$，表示该企业生产函数为规模报酬不变；当 $h>1$，表示该企业生产函数为规模报酬递增。

规模经济指的是规模报酬递增的情况，是规模递增结果的货币表现。在规模经济条件下，随着生产规模的扩大，总产量增加的速度超过了要素投入的增加速度，这意味着平均成本下降，生产效率提高。在这种情况下，大厂商比小厂商更有竞争力，少数大厂商逐渐垄断了整个市场，不完全竞争成为市场的基本特征。

根据厂商平均成本下降的原因，规模经济可以分为外部规模经济和内部规模经济两种情况。外部规模经济是指单个厂商由于相关产业的其他厂商生产规模的扩大而导致平均成本的下降；内部规模经济是指由于厂商自身产量的增加而导致的平均成本的下降。很明显，外部规模经济的实现依赖于产业规模，内部规模经济的实现则依赖于厂商自身规模的扩大和产量的增加，它们对于市场结构和国际贸易的影响是不同的。

二、外部规模经济与国际贸易

外部规模经济是由英国经济学家马歇尔首先提出的，其出现的主要原因是整个产业集中在一个地理区域内，有利于形成专业化的供应商，培育共同的劳动力市场，并有利于知识外溢，使整个产业的生产效率得以提高，所有厂商的平均生产成本下降。在现实中，生产相同产品或者提供相同服务的企业，因地理上的邻近性会给对方带来有益的影响，如美国硅谷的计算机产业、意大利的瓷砖产业等。

在外部规模经济作用下，产业规模的扩大使得厂商的成本下降，从而竞争力增强，

一国就有可能出口该产品。但是一国出口产业的最初建成或扩大却纯粹是由偶然因素决定的,一旦该国建立大于别国的生产规模,随着时间的推移,该国会拥有更大的成本优势。这样,一旦该国先行将该产业发展到一定规模,即使其他国家具有更大的比较优势,也不可能成为该产品的出口国。因此,在外部规模经济存在的情况下,贸易模式会受到历史偶然因素的极大影响。

三、内部规模经济与国际贸易

存在内部规模经济的产业中,大厂商要比小厂商更具有成本优势,因而能迫使小厂商退出市场,并最终把市场控制在自己手中,形成不完全竞争的市场结构。在封闭经济情况下,这会导致一系列的负面影响,如经济中的竞争性下降、消费者支付的成本上升、产业多样化程度降低等。而国际贸易可以解决这些问题,与封闭的国内市场相比,世界市场可以容纳更多的厂商,同时单个厂商的规模也会扩大,从而解决了规模经济与竞争性之间的矛盾。在规模经济较为重要的产业,国际贸易还可以使消费者享受到比封闭条件下更加多样化的产品。

具有内部规模经济的一般是资本密集型行业或知识密集型行业。内部规模经济之所以会出现,是由于企业所需特种生产要素的不可分割性和企业内部进行专业化生产造成的。采用大规模生产技术的制造业可以使用特种的巨型机器设备和流水生产线,进行高度的劳动分工和管理部门分工,有条件进行大批量的销售,而且有可能进行大量的研究和开发工作,从而大幅度降低成本、获取利润。对于研究和开发费用较大的产业来说,规模经济的实现更是至关重要。如果没有国际贸易,这类产业可能就无法生存。只有在进行国际贸易的情况下,产品销售到世界市场上去,产量得以增加,厂商才能最终实现规模经济下的生产。

四、规模经济理论的主要观点

通过以上分析,规模经济理论的主要观点可以总结如下。

(1)规模经济存在的原因有两个:一是大规模的生产经营能够充分发挥各种生产要素的效能,更好地组织企业内部的劳动分工和生产专业化,提高固定资产的利用率,取得内部规模经济效应;二是大规模的生产经营能更好地利用交通运输、通信设施、金融机构、资源条件等良好的企业环境,获得外部规模经济。

(2)规模经济是国际贸易存在的重要原因。当某个产品的生产出现规模报酬递增时,随着生产规模的扩大,单位产品的成本会递减,从而形成成本优势,这会导致该产品的专业化生产和出口。

(3)在存在规模经济的条件下,以此为基础的分工和贸易会通过提高劳动生产率降低成本,从而使产业达到更大的国际规模并从中获利,参与分工和贸易的双方均能享受到这种好处。

1. 产业内贸易产生的原因是什么？
2. 简述技术差距论和产品生命周期理论的主要内容。
3. 何谓波特"钻石模型"？其主要内容是什么？
4. 波特认为国家竞争优势可以分为哪四个阶段？
5. 如何利用规模经济解释国际贸易活动？

阅读材料

中国高铁产业的国家竞争优势

党的二十大提出："加快实施创新驱动发展战略。""以国家战略需求为导向，集聚力量进行原创性引领性科技攻关，坚决打赢关键核心技术攻坚战。加快实施一批具有战略性全局性前瞻性的国家重大科技项目，增强自主创新能力。"

中国高速铁路（China railway high-speed，CRH，以下简称"中国高铁"），是指新建设计开行250千米/小时（含预留）及以上动车组列车，初期运营速度不小于200千米/小时的客运专线铁路。中国高铁从引进到吸收、利用、再创新，目前其高铁研发、生产和维护管理能力已经达到国际先进水平，具备了走向国际市场的能力。截至2022年年底，中国高铁运营里程超过4.2万千米，稳居世界第一，超过其他国家的总和。中国高铁"走出去"不断增加，出口市场已遍布亚洲和欧美地区，中国高铁的国际竞争力正在逐步提升。

一、生产要素分析

高铁出口以大量高级生产要素作为基础。相对于发达国家，我国居民储蓄在持续增加，已成为全球储蓄率最高的国家，并且居民储蓄率已经超过50%，远超世界平均水平，这给我国出口高铁提供了资本要素。在劳动要素和技术要素方面，虽然我国尖端高铁技术教育水平与其他大国相比还有所欠缺，但是随着规模的扩大，理工科专业毕业人数的提高，熟练劳动力的人数在不断上升。在技术要素方面，国内拥有数量众多的专业高校、研究平台、科研机构、国家和地方重点实验室。因此，我国在高铁技术方面也不输其他大国。在大规模引进国外高铁技术之前就已成功自主研发"庐山号""神州号""蓝箭号""中华之星"等动车组，并且在引进新技术后还能积极吸收创新，这体现了我国技术人员的技术素养。正是由于这些高级要素的影响，我国高铁才能不断进步。

二、需求分析

在需求方面，由于我国国内市场广阔、人口众多，所以对于国内运输的需求量很大，高铁运输在国内拥有巨大的市场,这也提升了我国高铁贸易竞争力。2001年中国的客运量10.52亿人,货运量14亿吨,到2014年客运量增长到23.57亿人,货运量为43.9亿吨。货运市场需求稳定增长,大大降低了设备更新开发和技术创新的市场风险,提升了与别国谈判、合作中的地位,降低了引进国外先进技术和产品的成本。市场需求是影响国际市场竞争力的重要因素,而我国国内市场巨大,这就是一种先天优势,使我国可依靠技术引进和二次创新来充分发挥"后发优势",依次实现各个方面对发达国家的赶超。

三、竞争对手分析

日本川崎重工、法国阿尔斯通、德国西门子以及中国中车集团是当今世界上拥有成熟高铁技术的企业。日本新干线一直以安全性高著称,法国TGV(法国的高速铁路系统)和德国ICE(德国高速列车)也一直以其高要求的高铁技术和标准在欧洲市场站稳脚跟。中国高铁作为后起之秀,对这些老牌高铁国家发起冲击,其竞争压力可想而知。不过我国高铁产业竞争力逐年上升,也在国际市场上稳定占据一席之地。

四、机遇

各国纷纷把高铁建设列入目前以及未来的发展规划中,由此可知未来的高铁市场百花齐放、前景可观,可以推断出全球市场发展潜力巨大。而目前,中国作为拥有成熟的高铁技术的国家之一,未来中国高铁出口也会不断增加,拥有更加广阔的市场。

五、政府

中国的特殊国情决定了国民对高铁运输的需求量巨大,也促使中国政府愈发重视高铁发展,并出台了一系列支持政策。国家在高铁及其相关产业上提供了一些包括政策、资金等多方面的支持。从制定未来发展规划,到实施高铁的技术引进,再到政府有关部门联合推进高铁技术的自主创新,其中每一步都体现了政府的支持。国家"一带一路"倡议的提出,为高铁出口提供了政策上的支持,使得高铁的出口上升到了国家战略的层面。

资料来源:我国建成世界最大高速铁路网[EB/OL].(2023-01-04). http://xinhuanet.com/house/20230104/0fe3365cc31b4c288e0bd8cb1c6a8634/c.html;邓艳平. 中国高铁国际竞争力分析[J]. 市场周刊,2017(12):48-49,102.

问题:我国高铁快速发展成为具有国际竞争力的产业,哪些因素起到积极作用?分析党的二十大提出科技自立自强的重要意义。

即测即练

延伸阅读

国际贸易理论的新进展：新新贸易理论

一、新新贸易理论的概述

新新贸易理论是指有关异质企业贸易模型（Heterogeneity of New Trade Theory）和企业内生边界模型（Endogenous Boundary Model）的理论，这两个理论将国际贸易的研究范畴从传统贸易理论研究的产业间贸易转变为研究同一产业内部有差异的企业在国际贸易中所做的选择。新新贸易理论更多的是从企业的层面来解释国际贸易和国际投资现象。

从研究的范围来看，传统贸易理论主要研究产业间贸易，新贸易理论主要研究在规模递增和不完全竞争条件下的产业内贸易，而新新贸易理论则是从企业的异质性层面来解释国际贸易和投资现象。新新国际贸易理论更多的是对跨国公司的国际化路径选择作出解释，究竟是选择出口还是对外直接投资进行全球扩张。新新国际贸易理论从更加微观的层面——企业的角度来分析企业的异质性与出口和FDI（外商直接投资）决策的关系，关注企业国际化路径方式的选择问题。新新国际贸易理论主要有两个模型：一个是以梅里兹为代表的学者提出的异质企业贸易模型，分析同一产业内不同企业在是否出口问题上的选择；一个是以Antras为代表的学者提出的企业内生边界模型，研究一个企业在资源配置的方式上的选择。

二、新新贸易理论的研究对象

新新贸易理论以日本为观察对象，发现日本出口额在国内生产总值中占有很大比例，但是从事出口的企业只有极少数。根据伯纳德的研究，2000年在美国开工的550万家企业中，出口企业只占4%，而且在这些出口企业中，排名前10%的少数企业却占有美国出口总额的96%，进而又发现，出口企业的生产率高于非出口企业。

但是，新旧贸易理论都没能对"出口企业是少数高生产率的企业"这一事实作出解释。传统的贸易理论和新贸易理论都没有考虑，在某个产业，当企业A从事出口的时候，同一产业的企业B不从事出口这一情况。这是因为，李嘉图的传统贸易理论和赫克歇尔—俄林的新贸易理论都假定（至少在各个产业内）的是生产率相等的具有代表性的企业（即企业的同质性）。

对此，梅里兹根据存在不同生产率的企业这一实际情况，设计了只有少数高生产率企业从事出口的模型。梅里兹理论的基本构思是，只有高生产率的企业才能够得到足够利润，用来负担出口所需要的高额固定成本。赫尔普曼扩展了梅里兹模型，提出生产率依出口企业、海外现地生产（FDI）企业的顺序逐级升高这一模型。赫尔普曼的理论也是基于这一构思，即能够担负在海外现地生产所需要的高额固定成本（现地的工厂建设等）的，只有生产率高的企业。这些"梅里兹式模型"已成为根据企业层面数据进行实证研究的理论基础。

三、异质企业贸易模型

新新贸易理论突破以往贸易理论的局限，开始以异质企业为重点发展新的贸易理论，为贸易理论提供了一个新的研究方向。梅里兹提出了异质企业贸易模型，随后伯纳德、Yeaple 等学者进一步发展了异质企业贸易模型。

梅里兹提出异质企业贸易模型来解释国际贸易中企业的差异和出口决策行为。梅里兹建立的异质企业动态产业模型以 Hopenhayn 的一般均衡框架下的垄断竞争动态产业模型为基础，并扩展了克鲁格曼的贸易模型，同时引入企业生产率差异。

梅里兹的研究结果显示贸易能够引发生产率较高的企业进入出口市场，而生产率较低的企业只能继续为本土市场生产甚至退出市场。国际贸易促进资源重新配置，并流向生产率较高的企业。产业的总体生产率由于资源的重新配置获得了提高，这种类型的福利是以前贸易理论没有解释过的贸易利得。生产率最高的企业将能够承担海外营销的固定成本并开始出口，生产率居于中游的企业将继续为本土市场生产。当削减关税、降低运输成本或扩大出口市场规模时，整个产业的生产率也会得到相应提高，这些贸易措施都将提高本土和出口市场销售的平均生产率。梅里兹和 Ottaviano 研究了市场规模、生产率和贸易的关系，并指出不同市场竞争的激烈程度是由该市场中企业的数量和平均生产率水平内生决定的，市场规模和贸易会影响竞争的激烈程度和异质企业的市场决策。总的生产率水平取决于市场规模和贸易带来的市场一体化程度的双重作用，市场一体化程度越高，生产率水平越高，而利润越低。该模型对于研究区域贸易一体化的影响有一定价值。

四、企业内生边界模型

Antras 将 Grossman-Hart-Moore 的企业观点和 Helpman-Krugman 的贸易观点结合在一个理论框架下，提出了一个关于企业边界的不完全契约产权模型来分析跨国公司的定位和控制决策。Antras 在文中揭示了两种公司内贸易的类型，在产业面板数据分析中，跨国公司内部进口占美国进口总额的比重非常高，而出口产业的资本密集度更高；在国家截面数据分析中，跨国公司内部进口占美国进口总额的比重非常高，出口国家的资本劳动比例更高。Antras 模型界定了跨国公司的边界和生产的国际定位，并能够预测企业内贸易的类型。计量检验表明该模型与数据的质和量的特征相一致。Antras 和 Helpman 建立的理论框架中，将梅里兹异质企业贸易模型和 Antras 企业内生边界模型结合，在两个模型的基础上建立一个新的理论模型。Antras 和 Helpman 的研究表明异质企业选择不同的企业组织形式、不同的所有权结构和中间投入品的生产地点。生产率差异较大的产业主要依赖进口投入品，在总部密集度高的产业中一体化现象更为普遍；一个产业部门的总部密集度越高，就越不会依赖进口获得中间投入品。

五、理论价值

以梅里兹模型为核心的新新贸易理论开启了国际贸易研究新领域，其贡献主要表现在以下三个方面。

第一，新新贸易理论是对传统贸易理论的补充，尤其是对新贸易理论的补充；新新贸易理论在垄断竞争模型的基础上放松了企业同质的假定，从异质企业角度提出了贸易的新观点，从而在方法上取得了突破。

第二，新新贸易理论确立了新的研究视角。传统贸易理论从国家和产业层面研究贸易的产生及其影响，而新新贸易理论是从企业这个微观层面来研究贸易的基本问题，使国际贸易理论获得了新的微观基础和新的视角。

第三，新新贸易理论有可能为其他经济学科，特别是空间经济学带来新影响。空间经济学的基础来自国际贸易理论。赫尔普曼和克鲁格曼的新贸易理论通过引入区位因素，从而产生了新经济地理理论。

新新贸易理论从企业的异质性入手说明了贸易的好处，蕴含着丰富的政策含义：①对于欠发达国家和地区来讲，应积极参与国际国内分工，提高对外开放水平，这有利于提高行业生产率水平，充分发挥优胜劣汰效应。因此，无论是中央政府，还是地方政府，推动出口导向和对外开放政策都非常重要，将有利于本地的经济发展。②新新贸易理论找到了一条提高生产率的新路径，在不提高单个企业生产率水平的情况下，一国仍然可以通过贸易和开放来提高一个产业甚至全国的生产率水平。

当然，尽管新新贸易理论的体系正在逐渐完善，但其较为严格的假设前提仍然导致了解释力的局限性。

资料来源：邓翔，路征."新新贸易理论"的思想脉络及其发展［J］．财经科学，2010（2）：41-48.
　　陈丽丽．国际贸易理论研究的新动向——基于异质企业的研究［J］．国际贸易问题，2008（3）：119-123.
　　李春顶．新—新贸易理论文献综述［J］．世界经济文汇，2010（1）：102-117.
　　赵君丽，吴建环．新新贸易理论评述［J］．经济学动态，2008（6）：96-101.

第五章 国际贸易与经济增长

学习目标

1. 了解国际贸易与经济增长的关系；
2. 了解对外贸易对发展中国家经济发展的影响；
3. 掌握国际贸易对经济增长的影响；
4. 掌握经济增长对国际贸易的影响。

重要概念

中心—外围论　小国效应　大国效应　生产效应　贸易效应　棘轮效应　贫困化增长

第一节　国际贸易与经济增长的关系

第二次世界大战以来，新科技革命的出现，进一步推动生产和交换活动的国际化进程，大大加深了各国间的相互往来与依赖程度。当今的世界几乎没有一个国家能够封闭锁国而取得经济的迅速发展，发展对外贸易对任何国家的国民经济而言都显得尤为重要。国际贸易与经济增长一直是学术界关注的两个重要领域，自斯密的《国富论》出版以来，关于国际贸易与经济增长关系的争论就一直未曾停止，时至今日，仍有非常多的经济学者继续对该问题进行研究。

一、斯密的"剩余产品出口"理论

最早涉及国际贸易与经济发展关系研究的是英国古典经济学家斯密。斯密在提出"绝对成本优势"学说、解释贸易产生的原因、分析贸易利益的同时，提出对外贸易为一国的剩余产品提供了出路。对外贸易使这些原本在一国国内"过剩"的不能实现剩余价值的产品，通过国际贸易实现了其价值，从而增加了各国的福利。近代的经济学家对斯密的这一观点做了进一步的研究，最终形成了"剩余产品出口"理论。

斯密认为，分工的发展是促进生产率长期增长的主要因素，而分工的程度则受到市场范围的强烈制约。对外贸易是市场范围扩展的显著标志，因而对外贸易的扩大必然能够促进分工的深化和生产率的提高，从而加速经济增长。

该理论对发展中国家的对外贸易具有指导性作用。发展中国家普遍存在资源利用缺乏效率的问题。资源利用缺乏效率包含两方面的含义：第一，一国所拥有的各种生产要素没有得到充分利用，致使该国的生产均衡点落在生产可能性曲线之内；第二，虽然本国的社会资源得到了充分利用,但所生产出来的产品过多集中于某些低层次的产品,造成低层次产品的过剩供给及高层次产品的供给不足。如果资源利用缺乏效率的国家参与国际贸易,便可以为原来的过剩产品找到出路,解决原来资源配置的效率问题,促进本国经济增长。

斯密的这些论述包含国际贸易具有带动经济增长作用的最初思想。后来的李嘉图、穆勒,还有第二次世界大战后的罗格纳·纳克斯(Ragnar Nurkse)等经济学家在他们的著作中都探讨过这一问题。

二、罗伯特逊提出的"对外贸易是经济增长发动机"

1937年,英国学者罗伯特逊提出"对外贸易是经济增长发动机"的命题,其主要着眼点在于阐述国家可以通过对外贸易尤其是出口增长来带动本国经济的增长。后来美籍爱沙尼亚学者纳克斯分析了19世纪英国与新殖民地区国家如美国、加拿大、澳大利亚、新西兰等经济发展的原因,认为:19世纪英国(中心国家)的经济增长,通过外贸带动了加拿大、澳大利亚、新西兰等外围国家的经济增长,外贸起到经济增长发动机的关键作用。正是因为中心国家的经济增长使其对初级产品需求扩大,进而初级产品的生产国即外围国家就成为国际分工格局的受益者,其初级产品的出口迅速增加,而高速提升的出口增长率会通过一系列的动态转换过程,把出口部门的经济增长传递到国内其他经济部门,从而带动国民经济的全面增长。

20世纪60年代以来,西方经济学家进一步补充了这一学说。他们认为,对外贸易的高速增长,特别是出口的高速增长会带来以下几个重要的动态利益。

(1) 出口扩大意味着进口能力的提升。进口中的资本货物对经济落后国家的经济发展具有决定性的意义。一方面,资本货物的进口使这个国家取得国际分工的利益,大大节约了社会劳力;另一方面,资本货物的进口,尤其是先进技术设备的进口可以提高国内的技术水平,经消化后,会大大缩短与发达国家的技术差距。

(2) 对外贸易的发展使国内的投资流向发生变化,资本会越来越集中在有比较优势的领域。在这些领域中进行专业化生产能大大提高劳动生产率。

(3) 规模经济利益。一国国内市场相对来说总是狭小的,出口的扩大克服了国内市场的有限性,生产规模可以不断扩大,以达到最佳程度,使生产效率不断提高,单位成本不断下降。这一方面可以提高利润率,另一方面还会增强国际竞争能力。

(4) 出口扩大还会加强部门之间的联系,促进国内统一市场的形成。这一点对经济运行机制不健全的国家尤其重要。出口的扩大,特别是加工程度较深的制成品出口的扩大,会增加对出口部门投入要素的需求,这些部门转而向其他供给部门增加需求。如此反复下去,不仅能带动所有部门的发展,而且会大大促进国内经济的一体化。

(5) 出口的不断扩大会鼓励外国资本的流入。这对普遍缺乏资本的落后国家尤其重要,外资的流入不仅能解决国内投资不足的难题,而且会促进先进技术和管理知识的传播。

（6）在世界市场上进行激烈的竞争会使国内出口产业以及与之相关的产业改进质量、降低成本，从而促进国内产业的发展。

"对外贸易是经济增长发动机"的命题提出后引起了广泛的争论。发展经济学家从发展中国家的角度出发，不仅认为发展中国家的贸易增长同它们自身的经济增长密切相关，而且强调它们的出口增长受制于发达国家的经济增长。诺贝尔经济学奖获得者威廉·刘易斯（William Lewis）就是持这种观点的代表人物。欧文·克拉维斯（Irving Kravis）在1970年发表的《贸易是经济增长的侍女：19世纪与20世纪的相似点》一文中更是指出：19世纪经济取得成功的国家几乎都不是以出口主导型增长为其标志，而经济发展不成功的国家在19世纪倒有过相当大的出口扩展，其规模不亚于一些温带地区国家在20世纪五六十年代的出口扩展。克拉维斯认为，应该把贸易扩展形容为成功的"经济增长的侍女"，而不是经济增长的自主发动机。这种贸易"侍女"论后来被许多西方发展经济学家所接受，并提出，按照刘易斯的分类模型来看，真正的发动机应该是其他原因或条件，而对外贸易的作用仅仅是提供燃料。在发展经济学内部，古典学派、马克思主义学派和新古典学派都认为，贸易对经济增长的影响是间接的，是通过利润率的影响而发生作用的。也有人认为，对于岛国或小国，贸易可能起到发动机的作用，但对于幅员辽阔的大国，外贸对其经济增长一般只起相当程度的作用，而非发动机的作用。

三、普雷维什的"中心—外围"论

1949年5月，劳尔·普雷维什（Raul Prebisch）向联合国拉丁美洲和加勒比经济委员会（以下简称"拉美经委会"）递交了一份题为《拉丁美洲的经济发展及其主要问题》的报告，系统而完整地阐述了他的"中心—外围"理论。在这份报告中，普雷维什指出："在拉丁美洲，现实正在削弱陈旧的国际分工格局，这种格局在19世纪获得了很大的重要性，而且作为一种理论概念，直到最近仍继续发挥着相当大的影响。在这种格局下，落到拉丁美洲这个世界经济体系外围部分的专门任务是为大的工业中心生产粮食和原材料。"也就是说，在传统的国际劳动分工下，世界经济被分成了两个部分：一部分是"大的工业中心"；另一部分则是"为大的工业中心生产粮食和原材料"的"外围"。在这种"中心—外围"的关系中，"工业品"与"初级产品"之间的分工并不像古典主义或新古典主义经济学家所说的那样是互利的，恰恰相反，由于技术进步及其传播机制在"中心"和"外围"之间的不同表现和不同影响，这两个体系之间的关系是不对称的。对此，普雷维什进一步指出："从历史上说，技术进步的传播一直是不平等的，这有助于使世界经济因为收入增长结果的不同而划分成中心和从事初级产品生产的外围。"

普雷维什的"中心—外围"理论得以成立的基本条件实际上就是"中心—外围"体系的三个基本特征。

（一）整体性

普雷维什强调无论是"中心"还是"外围",它们都是整个资本主义世界经济体系的一部分,而不是两个不同的经济体系。现存的世界经济体系是资产阶级工业革命以后,伴随着资本主义生产技术和生产关系在整个世界的传播而形成的,维系这一体系运转的是在"19世纪获得了很大的重要性"的国际分工。根据这种国际分工,首先技术进步的国家就成了世界经济体系的"中心",而处于落后地位的国家则沦落为这一体系的"外围"。"中心"和"外围"的形成具有一定的历史必然性,是技术进步及其成果在资本主义世界经济体系中发生和传播的不平衡性所导致的必然结果。

（二）差异性

对于"中心—外围"体系的差异性,普雷维什的侧重点在于强调二者在经济结构上的巨大差异。他认为,技术进步首先发生在"中心",并且迅速而均衡地传播到它的整个经济体系,因而"中心"的经济结构具有同质性和多样性。所谓的"同质性",是指现代化的生产技术贯穿于"中心"国家的整个经济;而其经济结构的"多样性"表明,"中心"国家的生产覆盖了资本品、中间产品和最终消费品在内的相对广泛的领域。"外围"国家和地区的经济结构则完全不同：一方面,"外围"国家和地区的经济结构是专业化的,绝大部分生产资源被用来不断地扩大初级产品的生产部门,而对工业制成品和服务的需求大多依靠进口来满足;另一方面,"外围"国家和地区的经济结构还是异质性的,即生产技术落后、劳动生产率极低的经济部门（如生计型农业）与使用现代化生产技术、具有较高劳动生产率的部门同时存在。

（三）不平等性

它是普雷维什这一理论的第三个方面,也是该理论的关键和最终落脚点。普雷维什认为,从资本主义"中心—外围"体系的起源、运转和发展趋势上看,"中心"与"外围"之间的关系是不对称的,是不平等的。

以普雷维什和汉斯·辛格（Hans Singer）为代表的一些经济学家对发动机命题持完全否定的态度,他们从贸易条件恶化的角度展开,认为当今的国际经济体制是以发达资本主义国家作为中心,控制着由发展中国家组成的外围地带,外围国家和地区只能顺应中心国家的发展。普雷维什的主要观点包括：自由贸易对发展中国家的贸易和国际收支的不利影响要远远超过对其国内资源带来有效配置的好处。普雷维什关心两个不同但又关联的现象：一是技术进步的好处由发展中国家转移到了发达国家;二是不同类型的产品的需求弹性是不同的,这会对国际收支产生影响,从而使发展中国家在国际贸易中处于不利地位。

此外,普雷维什对初级产品贸易条件长期恶化提出了一个假说：初级产品的价格波动具有棘轮效应,即初级产品的价格相对于工业制成品的价格在经济萧条时期下跌,在经济高涨时期上升,但前者的下跌程度比后者的上升程度要大。这种不对称性波动导致了初级产品相对价格长期来看处于下降趋势。普雷维什也注意到不同贸易结构对经济增长效应的作用不同,对贸易的经济增长效应持一定的批判态度。

第二节 国际贸易对经济增长的影响

国际贸易对经济增长的影响是多方面的,可以分为需求效应、结构效应、规模效应与收入乘数效应等。需求效应是指对外贸易带来国内所没有的新商品,从而产生新的需求,这种需求成为国内新产业建立和发展的刺激因素,从而推动经济增长;结构效应是指对外贸易导致国内生产转移,从而使旧产业衰退、新产业兴起,形成新的生产结构;规模效应是指对外贸易扩大了市场范围,从而使生产摆脱国内市场的局限,在资源配置最佳的情况下生产扩大的产业可以获得规模经济效应;收入乘数效应是指净出口贸易额的增长引起国民收入成倍增长的效应。此外,对外贸易还具有就业效应、税收效应等,这些效应的含义显而易见,在此不再赘述。

一、国际贸易对生产要素收益的影响

国际贸易对生产要素(如资本、劳动力等)收益的影响有两个渠道:一是产品价格的变化;二是边际要素生产率的变化。产品价格变化是国际贸易的直接结果,在短期内即会影响工资和利润。边际要素生产率的变化则是生产组合变动和生产要素流动的结果,只有在长期才能对工资和利润产生影响。

(一) 短期影响

在短期内,生产要素不会在各部门之间流动。尽管各行业的工资和利润会因为贸易而产生变化,但劳动力和资本还没有足够的时间来变换工作和重新投资。在短期内,由于各行业的劳动力和资本的数量都没有改变,因此,劳动和资本的边际生产率没有变动,工作和利润的变动主要由产品价格的变动决定。

假设一国出口大米、进口钢铁,进而造成国内大米价格上升、钢铁价格下降,也即在短期内,价格上升的(出口)行业中的所有生产要素都会获益,而价格下降的(进口)行业中的所有生产要素都会受损。

(二) 中期影响

在短期要素不流动和长期要素完全流动之间,还存在着一种中间状态,在这一阶段,部分生产要素可以在各行业之间流动,其余的要素仍然被原有的行业使用,可称为"中期"。一般来讲,劳动力流动速度快于资本(厂房、机器等设备),所以假设在中期劳动力可以在行业间流动而资本还来不及转移。

贸易使产品价格发生变化,各行业的生产也会因此而调整。出口行业产品的价格上

升，生产会扩大；进口行业产品的价格下降，生产会缩减。各行业所需要的劳动量也会因此变动，出口行业劳动需求增加而进口行业劳动需求减少。

因此，在中期，价格上升的出口行业中的不流动要素继续收益，而价格下降的进口行业中的不流动要素进一步受损，流动要素（劳动力）的收益不确定。

（三）长期影响

在长期，包括资本在内的所有生产要素都可以在各行业之间流动，各行业生产和投资会由于贸易而进一步调整。在达到新的均衡点之前，出口行业的生产会继续扩大，进口行业的生产会进一步缩减，各行业所使用的生产要素量都会继续变动。

短期内开放贸易使出口行业资本的收益增加、进口行业资本的收益下降，但是，长期内资本也会从进口行业向出口行业转移。进口行业（钢铁）是资本密集型生产，所用的资本与劳动力的比例较高。当钢铁生产削减时，转移出来的资本较多而劳动力相对少一些，而出口行业（大米）是劳动密集型生产，大米生产扩大时所需的劳动力则大大超过对资本的需求。生产要素自由流动的结果是，整个社会的劳动力会由于大米生产的扩大而变得相对不足，资本则因为钢铁生产的萎缩而变得相对过剩。

如果各行业仍然按照原有的资本劳动比例进行生产，一部分资本就会闲置。但在充分就业和要素可以相互替代的情况下，这些资本不会被闲置。当资本相对过剩时，资本就会变得相对便宜并且容易获得，这部分可能闲置的资本会被两个行业的生产所吸收使用。在这种情况下，无论是大米生产还是钢铁生产，都会比贸易前使用更多的资本来替代相对不足的劳动力，最终，两个行业的资本劳动比率都比贸易前有所增加。两个行业的劳动边际生产率都会由于资本投入的增加而提高，资本边际生产率则因为资本劳动比率的提高而下降。

因此，国际贸易对生产要素收益的长期影响可以总结为：在出口产品生产中密集使用的生产要素的报酬提高，在进口产品生产中密集使用的生产要素的报酬降低，而不论这些要素在哪个行业中使用，这一结论都被称为"斯托尔珀-萨缪尔森定理"（Stolper-Samuelson Theorem）。

二、对外贸易对经济增长的收入乘数效应

在短期内，如果一国自然资源、资本、劳动技术水平等影响本国生产能力的因素均保持不变，这个国家的潜在生产能力就不会发生改变。当存在两种生产要素时，潜在产出水平不变，一国生产可能性曲线在短期内也保持不变。但现实经济中由于受到各种因素的影响，一国实际产出水平往往不等于潜在产出水平，使得总需求和总产出相等的均衡产出偏离潜在产出水平，实际产出水平可能会低于潜在产出水平，如图5-1所示。

实际产出水平 A 点不在生产可能性曲线上，而是在生产可能性曲线的内部。一国实际产出水平（GDP）是总需求（AD）等于总供给（AS）时的均衡产出，即

$$AD = AS = GDP$$

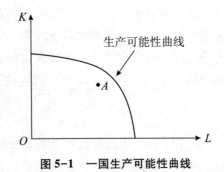

图 5-1　一国生产可能性曲线

根据凯恩斯的需求理论，均衡产出水平由总需求决定：总需求下降，均衡产出水平也下降；总需求上升，均衡产出也随之增加。

开放经济中总需求是既定价格水平上本国居民和外国居民对国内商品和服务的需求总量。需求由消费、投资、政府支出和净出口组成，即国民收入恒等式为

$$Y = C + I + G + NX$$

式中，C、I、G、NX 分别代表消费、投资、政府支出和净出口。消费和净出口均可以表示为总收入的函数。

消费函数为

$$C = a + (1-t)bY \tag{5-1}$$

式中，a 是自发性消费；t 是边际税率；b 是边际消费倾向。

净出口函数为

$$NX = g - nY \tag{5-2}$$

式中，g 是自发性出口；n 是边际进口倾向。

对外贸易主要通过净出口量的变化影响总需求。从图 5-2 中可以看出 ΔY 明显大于 ΔNX，这种净出口贸易额变动一单位，总收入（总产出）额成倍变动的效应称为乘数效应，乘数为 K，$K = \Delta Y / \Delta NY$，其中，ΔY 指总收入的变动额；ΔNY 指净出口的变动额。

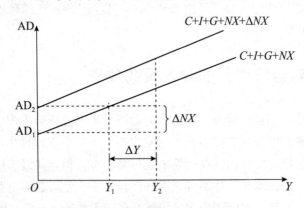

图 5-2　贸易对产出的影响

将式（5-1）和式（5-2）代入收入恒等式 $Y = C + I + G + g - nY$ 中，则

$$Y = a + (1-t)bY + I + G + g - nY \tag{5-3}$$

从式（5-3）可以得出均衡国民收入 Y^*：

$$Y^* = \frac{a+I+G+g}{1-(1-t)b+n} \tag{5-4}$$

从式（5-4）可以得出：

$$\Delta Y = \frac{\Delta a+\Delta I+\Delta G+\Delta g}{1-(1-t)b+n} \tag{5-5}$$

所以：

$$\frac{\Delta g}{\Delta Y} = 1-(1-t)b+n \tag{5-6}$$

从式（5-2）可以得出：

$$\Delta NX = \Delta g - \Delta nY \tag{5-7}$$

可以推出：

$$\frac{\Delta NX}{\Delta Y} = \frac{\Delta g}{\Delta Y} - n = 1-(1-t)b+n-n = 1-(1-t)b \tag{5-8}$$

可以得出对外贸易乘数 K 为

$$K = \frac{\Delta Y}{\Delta NX} = \frac{1}{1-(1-t)b} \tag{5-9}$$

因为边际税率 $0<t<1$，所以 $1-(1-t)b<1$。很显然，对外贸易乘数大于 1（$K>1$），说明净出口贸易额变动一个较小的数额，总产出就会相应变动一个较大的数额。

当净出口为负值时，国民生产总值相应减少较大的数额。经济学家主张在一国实际产出低于潜在产出时，可以通过增加净出口额来拉动实际产出水平。因此，对外贸易有时被经济学家称为"经济增长的发动机"。

贸易要发挥上述对经济拉动的乘数效应，还需要满足两个条件：第一，必须有一个完整的市场体系，超额需求可以通过价格信号传递给生产者；第二，国内存在未被充分利用的生产要素，当需求扩张时，一国有足够的生产潜力可以挖掘。

第三节　经济增长对国际贸易的影响

资源增加、技术进步或收入的提高都能导致经济增长，即产出增长。产出增长对国际贸易会产生什么样的影响呢？本节将围绕这一问题，分析小国和大国的情况。小国是指该国的进出口贸易变动不会影响国际市场价格，是国际市场价格的接受者。因此，小国的经济增长不会导致该国贸易条件的改变，即小国的经济增长没有贸易条件效应（terms of trade effect），不会改变进出口商品的价格。大国则不同，大国经济增长将导致该国贸易条件的改变，即大国的经济增长产生贸易条件效应，改变进出口商品的价格。

一、小国经济增长的贸易效应

在具体分析经济增长对小国贸易的影响之前,我们先对经济增长的贸易效应进行总体分析。一国的经济增长必然对该国的国际贸易量的变化产生影响,这就是经济增长的贸易效应。具体分析这种影响,又可以分为两方面:一是经济增长通过生产方面的变动对国际贸易产生直接影响,称为生产的贸易效应;二是经济增长后,消费需求的改变对国际贸易产生间接影响,称为消费变动的贸易效应。

(一) 生产的贸易效应

当经济增长发生时,该国生产可能性曲线向外扩张,该国的生产者会根据利润最大化原则,在新的生产可能性曲线上选择一个点,来决定两种商品的生产数量。这时生产增长有三种可能。

(1) 同时扩大两种商品的生产,而且两种商品等比例增长。

(2) 同时扩大两种商品的生产,但两种商品增长比例不同。

(3) 扩大一种商品的绝对产量,而缩小另一种商品的绝对产量。各种不同的增长类型会产生不同的贸易效应,下面对此逐一进行分析。

假设小国 C,其特征是在世界价格既定、机会成本递增的条件下处于均衡状态。该国生产两种产品:X(劳动密集型产品)、Y(资本密集型产品)。该国在 A 点生产,在 B 点消费。为了满足国内消费的需求,该国出口商品 X 进口商品 Y,如图 5-3(a)所示。

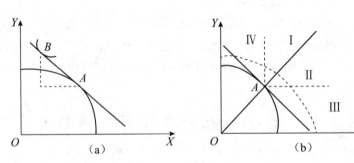

图 5-3 经济增长的生产效应

我们以原生产可能性曲线上的 A 点为原点,用虚线作一坐标系,新坐标系与新的生产可能性曲线相交,与射线 OA 一起把新的生产可能性曲线分成了四段,如图 5-3(b)所示。这样,C 国的生产均衡的变化可能有五种情况。

假定小国正处于图 5-3(a) 中所示的均衡状态,在 A 点生产,在 B 点消费。随着经济增长,生产可能性曲线将向外移动,从而允许该国选择两种商品的不同生产组合,如图 5-3(b)所示。各种不同的新生产可能点会落入一定区域当中,这些区域由经原先的生产点 A 点画出的两条小坐标轴以及连接原点的直线分隔而成。

第一，C国的生产均衡点可能处于OA射线上：这种情况说明经济增长后，C国Y商品和X商品产出数量出现了等比例平衡增长的情况。如果其他条件不变，可以设想C国愿意出口X商品的数量和愿意进口Y商品的数量也将等比例平衡增长，这就是中性贸易生产效应。

第二，C国的生产均衡点可能处于Ⅰ区域内：这种情况说明经济增长后，C国X商品和Y商品的产出量都增长了，但Y商品相对增长更多，而X商品相对增长较少。如果其他条件不变，可以设想C国将不愿意进口那么多的Y商品，因而也不愿意出口那么多的X商品，贸易流量减少，这就是逆贸易生产效应。

第三，C国的生产均衡点可能处于Ⅱ区域内：这种情况说明经济增长后，C国X商品和Y商品的产出量都增长了，但X商品相对增长更多，而Y商品相对增长较少。如果其他条件不变，可以设想C国将愿意出口更多的X商品并换取更多的Y商品的进口，贸易流量将增加，这就是顺贸易生产效应。

第四，C国的生产均衡点处于Ⅲ区域内：这种情况说明经济增长后，C国Y商品的产量绝对减少了，而X商品的产量绝对增加了。如果其他条件不变，可以设想C国进口的Y商品和出口的X商品的数量肯定增加，贸易流量必然扩大，这就是超顺贸易生产效应。

第五，C国的生产均衡点可能处于Ⅳ区域内：这种情况说明经济增长后，C国X商品的产量绝对减少了，而Y商品的产量绝对增加了。如果其他条件不变，可以设想C国进口的Y和出口的X的数量肯定减少，贸易流量必然减少，这就是超逆贸易生产效应。

（二）消费变动的贸易效应

伴随着经济的增长和收入水平的提高，C国内部的消费均衡点肯定也会发生移动。C国初始在A点生产、B点消费。随着经济增长，消费无差异曲线将向外移动，从而意味着该国选择两种商品的不同消费均衡点。各种不同的消费均衡点会落入不同的区域当中，如图5-4所示。

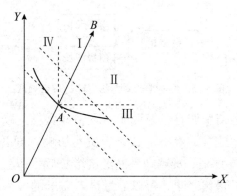

图5-4 消费均衡点移动的贸易效应

消费均衡点的移动变化也可能有五种情况。

第一，消费均衡点可能沿着OB射线扩展：这种情况说明经济增长和收入水平提高，使 C 国消费的 X 商品和 Y 商品的数量都增长了,而且 X 商品消费量和 Y 商品消费量增长的比例相同,即等比例增长,这就是中性贸易消费效应。

第二,消费均衡点可能处于 I 区域内:这种情况说明经济增长和收入水平提高,使 C 国消费的 X 商品和 Y 商品的数量都增长了,但 Y 商品的消费量比 X 商品的消费量增长得相对多一些。可以设想 C 国的贸易流量将扩大,因为 C 国愿意出口更多的 X 商品来进口更多的 Y 商品,这就是顺贸易消费效应。

第三,消费均衡点可能处于 II 区域内:这种情况说明经济增长和收入水平提高,使 C 国消费的 X 商品和 Y 商品的数量都增加了,但 Y 商品的消费量比 X 商品的消费量增长得相对较少。可以设想 C 国贸易量将减少,因为 C 国不愿意出口更多的 X 商品,也不愿意进口更多的 Y 商品,这就是逆贸易消费效应。

第四,消费均衡点可能处于 III 区域内:这种情况说明伴随着经济增长和消费者收入的变化,C 国消费的 X 商品的数量绝对增加,而消费的 Y 商品的数量绝对减少。也就是说,C 国对于进口 Y 商品的消费需求数量将减少,对出口 X 商品的消费需求数量绝对增加。可以设想 C 国的贸易量将减少,因为 C 国不愿意出口更多的 X 商品,也不愿意进口更多的 Y 商品,这就是超逆贸易消费效应。

第五,消费均衡点可能处于 IV 区域内:这种情况说明伴随着经济增长和消费者收入的变化,C 国消费的 X 商品的数量绝对减少,而消费的 Y 商品的数量绝对增加。也就是说,C 国对于进口 Y 商品的消费需求数量增加,对于出口 X 商品的消费需求数量绝对减少。可以设想 C 国的贸易量将扩大,因为 C 国愿意出口更多的 X 商品,也愿意进口更多的 Y 商品,这就是超顺贸易消费效应。

(三) 生产效应和消费效应的综合

经济增长可能导致国内生产均衡的调整和消费均衡的调整,两者都会导致不同的贸易效应。一国贸易量的实际变化,是两者的贸易效应的综合体现。经济增长对于贸易影响的总体效应的发生路径,可简要地概括为图 5-5。

图 5-5 经济增长对贸易影响的综合效应

无论是生产调整还是消费调整,都可能出现中性贸易、顺贸易、逆贸易、超顺贸易或者超逆贸易的情形。这样,经济增长对于贸易影响的总体效应有 25 种可能的结果,如表 5-1 所示。若要详细、准确地判断经济增长后生产变化的贸易效应和消费变化的贸易效应相互作用的最终结果,可以通过进口需求的收入弹性来测量。所谓进口需求的收入弹性,是指进口增长随收入的变化程度,它常用来表示一国经济增长的净贸易效应。

表 5-1　经济增长对国际贸易的综合影响

消费	中性贸易	顺贸易	逆贸易	超逆贸易	超顺贸易
中性贸易	贸易流量肯定扩大	贸易流量肯定扩大	贸易流量肯定缩小	贸易流量肯定缩小	贸易流量肯定扩大
顺贸易	贸易流量肯定扩大	贸易流量肯定扩大	不确定	不确定	贸易流量肯定扩大
逆贸易	贸易流量肯定缩小	不确定	贸易流量肯定缩小	贸易流量肯定缩小	不确定
超逆贸易	贸易流量肯定缩小	不确定	贸易流量肯定缩小	贸易流量肯定缩小	不确定
超顺贸易	贸易流量肯定扩大	贸易流量肯定扩大	不确定	不确定	贸易流量肯定扩大

（四）小国条件下的要素供给增加及贸易与福利

要素的不平衡增长将以不对称的方式移动生产可能性边界，从而改变一国的相对要素丰裕度。这一变化引起的经济调整取决于商品的相对价格水平。在小国条件下，当一种要素如劳动供给增加，而资本存量保持固定时，生产会发生什么样的变化呢？从图 5-6 可以看出，在仅有劳动供给增加的情况下，与资本密集型商品 A 相比，生产可能性曲线更大比例地偏向于劳动密集型商品 B 向外移动。由于在小国的情况下，这种变化并不影响世界相对价格，因此，可利用的劳动的增加将导致劳动密集型商品的扩张。由于额外的商品 B 的产出只有通过从资本密集型商品中转移出资本才能实现，因此，随着商品 B 产量的增长，商品 A 的产量必然减少。如果劳动密集型商品是出口商品，这就是超顺贸易生产效应；如果劳动密集型商品是进口商品，劳动供给增加就产生超逆贸易生产效应。正如雷布津斯基定理指出的那样，一种要素的增长会带来密集使用该种要素的产品的产出绝对扩张与密集地使用另一种要素的产品的产出绝对减少。

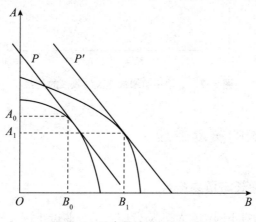

图 5-6　要素供给增加与生产

在小国的情况下，要素供给增加对贸易会产生什么样的影响呢？要素供给增加影响贸易的生产效应取决于发生增长的要素究竟是丰裕要素还是稀缺要素。假定按照 H—O 定理，该国出口那些密集使用丰裕要素生产的产品，如果发生增长的要素是丰裕要素，那么，就存在超顺贸易生产效应。如果发生增长的要素是稀缺要素，则存在超逆贸易生产效应。因此，在其他条件不变的情况下，丰裕要素供给增加对贸易的扩张效应要大于稀缺要素供给增加的影响。然而，对贸易的总效应既取决于生产效应，又取决于消费效应。作为一般性的规律，如果消费效应是顺贸易的，那么，丰裕要素的增长就会使该国更加愿意参与贸易。如果稀缺要素发生增长，那么，总效应就会削弱该国参与贸易的意愿。

对于要素供给增加的福利效应，总体而言，资本存量增加或技术进步时社会福利都会增加。这两种变化都会增加实际人均收入，使消费水平达到更高的社会无差异曲线。值得注意的是，假如在产出增加带来福利增加的同时，劳动人口也增加，由于新增加人口的偏好同原来不一样，经济增长的福利效应就不那么明显，社会无差异曲线将发生变化，两条不同的社会无差异曲线无法进行福利比较。

经济学通常使用人均水平来衡量一国福利水平的变化。尽管这一标准有一定缺陷，不能明确表现收入分配的情况，但它和其他衡量福利水平的指标往往相关程度高。

在图5-7中，假定规模报酬不变，劳动增加10%，要使某特定商品的产量增加10%，必须使其他要素也增加10%。这样，各种投入要素按同一比例增长，生产可能性曲线 MN 向外扩张到 $M'N'$。如果单纯劳动要素供给增加，生产可能性曲线的扩张就会偏向劳动密集型商品一端，如图5-7中虚线 $M''N''$。由于只有劳动供给增加，生产可能性曲线的扩张幅度要低于两种要素同比例增长的情况。当其他条件不变时，$M''N''$ 所代表的收入增长水平要低于 $M'N'$ 的增长水平。劳动供给增加10%，产量和收入增加却小于10%，因此，人均收入水平下降。

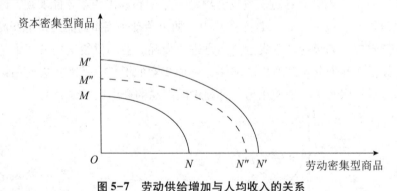

图 5-7　劳动供给增加与人均收入的关系

二、大国经济增长的贸易效应

（一）大国经济增长与贸易条件

前面分析经济增长对小国产生的贸易效应，是以假设小国无法影响国际市场贸易条件为前提。但若一大国是足够大的商品生产国或消费国，它就能影响商品的世界价格，即大国经济增长会产生贸易条件效应。为了分析经济增长对大国贸易条件的影响，我们假定一个可以影响国际商品价格水平的大国 K，在其丰裕的生产要素（资本）增长的情况下引起超顺贸易生产效应和中性消费效应。

在图 5-8（a）中，K 国经济增长会引起超顺贸易生产效应和中性消费贸易效应。在初始国价格 P_0 下，K 国愿意增加贸易数量，但该大国 B 商品出口数量的增加使得国际市场价格降为 P_1，如图 5-8（b）所示。K 国出口单位商品所换回的 A 商品数量下降，贸易条件对 K 国不利。因此，大国在经济增长后，按照国际市场价格调整其产出水平，对商品 A 进口需求和对商品 B 出口供给同时增加，这将恶化本国的贸易条件。

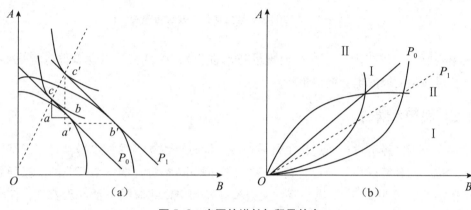

图 5-8　大国的增长与贸易效应

进口商品相对价格上涨事实上减少了经济从增长与贸易中获得的收益，因为现在该国每单位的出口商品只能换到更少的进口商品，如图 5-9 所示。经济增长后，K 国的贸易条件从 P_0 下降到 P_1，与相对价格没有发生相对变化时的情况相比，K 国将生产更少的出口商品 B 和更多地进口商品 A（从 N_1 移动到 N_2）。

与此同时，商品 A 相对更高的价格使消费者从 C_1 移动到 C_2 进行消费。对增长引起的贸易条件变化作出的各种反应，其综合作用的结果是专业化和贸易程度降低，从而与贸易条件未改变时的情况相比，导致了福利水平的下降。因此，部分增长的收益事实上就被贸易条件的恶化抵消了。若要使经济增长有利于贸易大国，那么，这些负的贸易条件效应就不能完全抵消经济增长的正效应。

一国的贸易条件从 P_0 下降到 P_1，该国将生产更少的出口商品 B 和更多地进口商品 A（从 N_1 移动 N_2）。同时，商品 A 相对价格更高，使消费者从 C_1 移动到 C_2 进行消费，进而导致福利水平的下降。

在大国的情况下，增长会以两种方式导致福利水平的下降。首先，如果劳动是丰裕的且正在增长的资源，那么，由其导致的人均收入水平下降而带来的福利损失，会因为国际贸易条件的恶化而进一步扩大（进口品相对价格上涨）。这种结果基本上与小国的情况相同，只不过由于负的贸易条件效应加剧了对福利的影响。其次，如果资本是正在

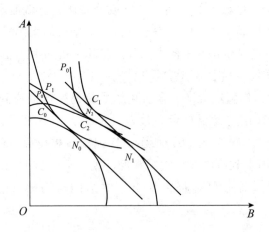

图 5-9 大国的增长与贸易条件效应与福利

增长的丰裕要素（或在出口商品中出现了技术进步），而且负的贸易条件效应足够大，经济增长后该国的境况也会变得更糟。

（二）贫困化增长

当一个大国因经济增长而恶化了贸易条件，从而导致本国福利水平下降，即贫困化增长。它包括两种情形：一种是"荷兰病"（Dutch disease），即一个行业的扩张导致其他行业的萎缩。20 世纪 70 年代，荷兰大规模开发和出口北海的石油和天然气，使大量的劳动力和资本流向石油和天然气行业，从而造成荷兰制造业的生产和出口相对萎缩。经济学家将这种现象称为"荷兰病"，这种现象后来也在挪威、英国等国家发生过。另一种是"福利恶化型增长"（immiserizing growth），这种增长不但对本国经济没有好处，反而使本国的经济福利水平下降，经济学家贾格迪什·N. 巴格沃蒂（Jagdish N. Bhagwati）将其定义为"福利恶化型增长"。

如图 5-10 所示，A 国增长前的贸易条件为 P，该国在 B 点生产，C 点消费。但经济增长之后，由于贸易条件急剧下降，该国新的贸易条件为 $P'(P'<P)$ 时，就在 B' 点生产，在 C' 点消费。C' 点与 C 点相比位于较低的无差异曲线上，表明该国增长后发生福利水平的下降。这就是一种典型的贫困化增长，经济和贸易的增长反而导致了社会福利水平的降低。这种贫困化增长的情况大多发生在生产、出口初级产品的发展中大国，其出口量已占全球该种初级产品出口量相当大的比重，而且世界其他国家对该国这种初级产品的需求弹性很低，不会大量增加进口。因此，该国继续大量生产并扩大出口，就将导致世界市场明显供过于求，价格大幅下降。面对持续下降的国际价格，该国又缺乏结构调整的能力，强烈依赖于这种初级产品的出口来支持经济发展，即使贸易条件极为不利也不敢紧缩出口，甚至会为保持一定的进口支付能力而不得不增加出口，最终导致出口量增加、贸易条件持续恶化及国民福利下降的后果。

根据国际经验，贫困化增长的发生须同时满足一系列条件，其中最主要的条件

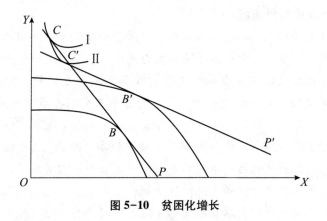

图 5-10 贫困化增长

如下。

（1）增加的生产要素必须是用于生产偏向出口产品的。若一国的经济增长偏向出口部门，就会导致出口供给扩大，从而使该种商品的世界总供给有可能大于总需求，使得该种商品的国际市场价格下降，导致贸易条件对该国不利。

（2）外国对该种商品的进口需求为价格无弹性。当外国对该种商品的进口需求为价格无弹性时，该国这种商品出口供给的扩大就会使价格下跌，从而使贸易条件恶化，出现贫困化增长现象。

（3）该国在这种产品贸易上是贸易大国，即其供应量的增长会影响该商品的国际市场价格。

思考题

1. 简述"中心—外围"理论的内容。
2. 如何理解对外贸易是经济增长的发动机？
3. 解释国际贸易对经济增长的乘数效应。
4. 小国经济增长与大国经济增长对对外贸易的影响有什么不同？
5. 什么是贫困化增长？

阅读材料

推动外贸稳规模优结构

外贸是国民经济的重要组成部分，推动外贸稳规模优结构，对稳增长稳就业、构建新发展格局、推动高质量发展具有重要支撑作用。为全面贯彻落实党的二十大精神，更大力度推动外贸稳规模优结构，确保实现进出口促稳提质目标任务，提出以下意见。

一、强化贸易促进拓展市场

(1) 优化重点展会供采对接。推动国内线下展会全面恢复。办好中国国际进口博览会、中国进出口商品交易会、中国国际服务贸易交易会、中国国际消费品博览会等重点展会。支持中国进出口商品交易会优化展区设置和参展企业结构，常态化运营线上平台。各地方和贸促机构、商协会进一步加大对外贸企业参加各类境外展会的支持力度，加强组织协调和服务保障，持续培育境外自办展会、扩大办展规模。

(2) 便利跨境商务人员往来。加强对外沟通，提高 APEC（亚太经济合作组织）商务旅行卡办理效率，加大工作力度推动其他国家畅通我商务人员申办签证渠道、提高办理效率。继续为境外客商办理来华签证提供便利。研究优化远端检测措施。尽快推进国际客运航班特别是国内重点航空枢纽的国际客运航班稳妥有序恢复，推动中外航空公司复航增班，更好为商务人员往来提供航空运输保障。

(3) 加强拓市场服务保障。我驻外使领馆通过完善合作机制、加强信息交流、推介重点展会等举措，创造更多贸易机会，加大对外贸企业特别是中小微外贸企业开拓市场的支持力度。发挥贸促机构驻外代表处作用，做好信息咨询、企业对接、商事法律等方面服务。发布相关国别贸易指南，想方设法稳住对发达经济体出口，引导企业深入开拓发展中国家市场和东盟等区域市场。支持外贸大省发挥好稳外贸主力军作用。

二、稳定和扩大重点产品进出口规模

(1) 培育汽车出口优势。各地方、商协会组织汽车企业与航运企业进行直客对接，引导汽车企业与航运企业签订中长期协议。鼓励中资银行及其境外机构在依法合规、风险可控前提下，创新金融产品和服务，为汽车企业在海外提供金融支持。各地方进一步支持汽车企业建立和完善国际营销服务体系，提升在海外开展品牌宣传、展示销售、售后服务方面的能力。

(2) 提升大型成套设备企业的国际合作水平。加大出口信用保险支持力度，更好服务大型成套设备项目。金融机构在加强风险防控基础上，统筹考虑项目具体情况，保障大型成套设备项目合理资金需求。鼓励各地方通过开展招聘服务等方式，保障企业用工需求，加强岗位技能培训，确保履约交付，推动行业长期健康发展。

(3) 扩大先进技术设备进口。加快修订鼓励进口技术和产品目录，进一步提高进口贴息政策精准性，引导企业扩大国内短缺的先进技术设备进口。

三、加大财政金融支持力度

(1) 用足用好中央财政资金政策。开展第二批外经贸提质增效示范工作。研究设立服务贸易创新发展引导基金二期。

(2) 加大进出口信贷支持。商业性金融机构进一步提升中西部地区分支机构在贸易融资、结算等业务方面的服务能力。鼓励银行和保险机构扩大保单融资增信合作，加大对中小微外贸企业的融资增信支持力度。在依法合规、风险可控前提下，鼓励国有大型金融机构加大资源倾斜，积极满足中小微企业外贸融资需求。鼓励政府性融资担保机构为符合条件的小微外贸企业提供融资增信支持。

(3) 更好发挥出口信用保险作用。进一步扩大出口信用保险承保规模和覆盖面。加大对跨境电商等新业态新模式的支持力度,加快拓展产业链承保,进一步扩大对中小微外贸企业的承保覆盖面,优化承保和理赔条件。

(4) 优化跨境结算服务。鼓励金融机构创新完善外汇衍生品和跨境人民币业务,进一步扩大跨境贸易人民币结算规模,更好满足外贸企业汇率避险和跨境人民币结算需求。支持各地方加强政策宣介、优化公共服务,推动银企精准对接、企业充分享惠。

四、加快对外贸易创新发展

(1) 稳定和提升加工贸易。强化用工、用能、信贷等要素保障,引导加工贸易向中西部、东北地区梯度转移,促进加工贸易持续健康发展和产业链供应链稳定。新认定一批国家加工贸易产业园。办好中国加工贸易产品博览会,支持东中西部产业交流对接。加快推进一批"两头在外"重点保税维修试点项目落地,强化全生命周期服务保障。

(2) 完善边境贸易支持政策。扩大沿边省份对外贸易。有力有序推进边民互市贸易进口商品落地加工试点工作。探索建设边民互市贸易进口商品数据监测平台。修订出台边民互市贸易管理办法,优化边民互市贸易多元化发展的政策环境,增加自周边国家进口。

(3) 推进贸易数字化。支持大型外贸企业运用新技术自建数字平台,培育服务中小微外贸企业的第三方综合数字化解决方案供应商。支持粤港澳大湾区全球贸易数字化领航区发展,加快贸易全链条数字化赋能,充分发挥先行示范效应,适时总结发展经验。在粤港澳大湾区、长三角地区,2023—2025年每年遴选5~10个数字化推动贸易高质量发展的典型案例,并推广应用。

(4) 发展绿色贸易。指导商协会等行业组织制订外贸产品绿色低碳标准,支持相关产品进一步开拓国际市场。组织开展重点行业企业培训,增强企业绿色低碳发展意识和能力。

(5) 推动跨境电商健康持续创新发展。支持外贸企业通过跨境电商等新业态新模式拓展销售渠道、培育自主品牌。鼓励各地方结合产业和禀赋优势,创新建设跨境电商综合试验区,积极发展"跨境电商+产业带"模式,带动跨境电商企业对企业出口。加快出台跨境电商知识产权保护指南,引导跨境电商企业防范知识产权风险。建设跨境电商综合试验区线上综合服务平台并发挥好其作用,指导企业用好跨境电商零售出口相关税收政策措施。持续完善跨境电商综合试验区考核评估机制,做好评估结果应用,充分发挥优秀试点示范引领作用。

五、优化外贸发展环境

(1) 妥善应对国外不合理贸易限制措施。加强对地方和外贸企业的培训指导,对受影响的重点实体帮扶纾困。发挥好预警体系和法律服务机制作用,支持各级应对贸易摩擦工作站和预警点提升公共服务能力,帮助企业积极应对不合理贸易限制措施。发挥贸促机构作用,做好风险评估和排查。

(2) 提升贸易便利化水平。深入推进"单一窗口"建设,扩大"联动接卸""船边直提"等措施应用范围,提高货物流转效率。稳步实施多元化税收担保,助力企业减负增效。加大对外贸企业的信用培育力度,使更多符合认证标准的外贸企业成为海关"经认证的经营者"（AEO）。进一步便利出口退税（export rebates）办理，推动实现出口退税申报报关单、发票"免填报"，更好服务广大外贸企业。各地方做好供需对接和统筹调度，健全应急运力储备，完善应急预案，保障外贸货物高效畅通运输。提升口岸通关效率、强化疏导分流、补齐通道短板、提升口岸过货能力。

（3）更好发挥自由贸易协定效能。高质量实施已生效的自由贸易协定，编发重点行业应用指南，深入开展《区域全面经济伙伴关系协定》等专题培训，组织论坛等多种形式的交流活动，加强地方和企业经验分享，提高对企业的公共服务水平，不断提升自由贸易协定的综合利用率。鼓励和指导地方组织面向RCEP等自由贸易伙伴的贸易促进活动。

资料来源：国务院办公厅关于推动外贸稳规模优结构的意见：国办发〔2023〕10号〔EB/OL〕. （2023-04-25）. www.gov.cn/zhengce/zhengceku/2023-04/25/content_ 5753130.htm.

问题： 党的二十大报告就建设"贸易强国"有哪些论述？如何推动我国外贸稳规模优结构？

即测即练

第六章　保护贸易理论

学习目标
1. 了解保护贸易理论的主要观点；
2. 了解重商主义的时代背景和早、晚期"重商主义"思想的异同点；
3. 掌握幼稚工业保护理论；
4. 掌握战略性贸易政策理论。

重要概念
保护贸易理论　重商主义　货币差额论　贸易差额论　幼稚工业　生产力论　战略性贸易政策　外部经济效应　政府干预

第一节　重商主义

一、重商主义的历史背景

重商主义是资本主义生产方式准备时期代表商业资产阶级利益的一种经济思想和政策体系。它产生于 15 世纪，盛行于 16 世纪和 17 世纪上半叶。重商主义最早出现在意大利，后来流行到西班牙、葡萄牙、荷兰、英国和法国等国家，16 世纪末叶以后，在英国和法国得到了重大的发展。

重商主义的产生有着深刻的历史背景。15 世纪以后，西欧封建自然经济逐渐瓦解，商品与货币经济关系快速发展，封建主阶级力量不断削弱，商业资产阶级力量不断增强，社会经济生活对商业资本的依赖日益加深。与此同时，社会财富的重心也由土地转向金银货币，货币成为全社会上自国王、下至农民所追求的东西，具有至高无上的权威，被认为是财富的代表和国家富强的象征，并形成了货币拜物教。由于欧洲国家缺乏金银矿藏，获得金银的主要渠道来自流通，尤其是从对外贸易顺差中取得。因此，对外贸易被认为是财富的源泉，重商主义便应运而生。

二、重商主义的贸易思想

重商主义对外贸易学说以重商主义的财富观为理论基础，主要的贸易思想如下。
（1）金银是一国财富的根本和富强的象征，是一国财富的唯一形态。
（2）衡量一切经济活动的标准是它能否获取金银并将其留在国内，获取金银的途径除了开采金银矿藏外,就是发展对外贸易,实现对外贸易顺差。

(3) 国际贸易是一种"零和"博弈,一方得益必定使另一方受损,出口者从贸易中获得财富,而进口者则减少财富。

(4) 主张国家干预经济活动,鼓励本国商品输出,限制外国商品输入,"多卖少买",追求顺差,使货币流入国内,以增加国家财富和增强国力。

重商主义分为早期和晚期两个阶段。早期重商主义流行于15世纪到16世纪中叶,以"货币差额论"(balance of bargains)为中心,也称重金主义或货币主义(bullionism),主要代表人物是英国的约翰·海尔斯(John Hales)和威廉·斯塔福德(William Stafford)。1581年,斯塔福德在他的书中指出:"人们必须时刻注意,从别人那里买进的不超过我们出售给他们的。否则,我们将陷入穷困,而他们则日趋富足。"早期重商主义者把增加国内货币积累、防止货币外流视为对外贸易政策的指导原则,认为国家采取行政或立法手段,直接控制货币流动,禁止金银输出,在对外贸易上,更注重"多卖少买"和"奖出限入"中的"少买"和"限入",最好只卖不买,使每笔交易和对每个国家都保持顺差,就可以使金银流入国内。

晚期重商主义盛行于16世纪下半期到18世纪,以"贸易差额论"(balance of trade)为中心,最重要的代表人物是英国的托马斯·孟(Thomas Mun)。1664年,他的代表作《英国得自对外贸易的财富》(*England's Treasure by Foreign Trade*)一书出版。马克思对此书极为赞赏,并称之为重商主义的圣经。贸易差额论反对国家限制货币输出,认为那样做不但徒劳无益,而且是有害的,因为对方国家会采取相应的措施进行报复,使本国的贸易减少甚至消失,货币积累的目的将无法实现。孟说:"凡是我们将在本国加之于外人身上的,也会立即在他们国内制定法令而加之我们身上……因此,首先我们就将丧失我们现在享有的可以将现金带回本国的自由和便利,并且因此我们还要失掉我们输往各地许多货物的销路,而我们的贸易与我们的现金就将一同消失。"晚期重商主义者与用守财奴眼光看待货币的早期重商主义者不同,他们已经能用资本家的眼光看待货币,认识到只有将货币作为资本投入流通,才能获得更多的货币。他们认为,国家应该允许金银(货币)输出,大力发展对外贸易,鼓励和扩大出口,保持和增加对外贸易顺差;贸易顺差越大,货币资本流入越多,国家也就越富有。孟指出,对外贸易是英国增加财富的通常手段,但必须谨守一条原则,就是每年卖给外国人的商品总值应大于购买他们的商品总值,从每年的进出口贸易中取得顺差,增加货币流入量。

贸易差额论还认为,国内金银太多,会造成物价上涨,使消费下降、出口减少,影响贸易差额,如果出现逆差,金银必然外流。因此,国家应准许货币输出,把货币当作"诱鸟"放出去以吸引更多的货币。贸易差额论者信奉"货币产生贸易,贸易增加货币"。孟曾十分透彻地分析了西班牙由富变穷的原因是不能更充分地用金银从事贸易。西班牙早期来自美洲的大量金银能够保持住,是因为它垄断了东印度的贸易,赚取了大量金银。这样,"他们一方面可以得到自己的必需品,另一方面又可以防止别人取走他们的钱",但当垄断丧失后,加之宫廷和战争的大量耗费,本土又不能供应,全靠输出金银购买，金银流失殆尽，最终使西班牙变穷。

三、重商主义的评析

（一）积极意义

1. 理论贡献

重商主义贸易学说是西方最早的国际贸易学说，它的理论为古典国际贸易理论的形成奠定了基础。重商主义贸易学说冲破了封建思想的束缚，开始了对资本主义生产方式的最初考察，指出对外贸易能使国家富足。同时，晚期重商主义贸易学说看到了原料贸易与成品贸易巨大的利润差额，认识到了货币不仅是流通手段，而且具有资本的职能，只有将货币投入流通，尤其是对外贸易，才能取得更多的货币。重商主义提出的贸易顺差的概念，进一步发展成为后来的"贸易平衡""收支平衡"概念。重商主义关于进出口对国家财富的影响，对后来凯恩斯的国民收入决定模型亦有启发。更重要的是，重商主义已经开始把整个经济作为一个系统，把对外贸易看成这一系统非常重要的一个组成部分。

2. 政策意义

重商主义贸易学说代表了资本原始积累时期处于上升阶段的商业资本的利益，主张国家干预对外贸易、积极发展出口产业、实行关税保护措施、通过贸易差额从国外取得货币的观点，对各国根据具体情况制定对外贸易政策是有参考价值的。重商主义贸易学说促进了各国商品货币关系的发展，加速了资本的原始积累，促进了资本主义生产方式的建立，推动了当时的国际贸易和运输业的发展，推动了历史的进步。重商主义的许多贸易政策和措施对当今世界各国制定对外贸易政策仍有一定的影响，如积极发展本国工业、鼓励原材料进口和制成品出口等仍有借鉴意义。

（二）局限性

由于商业资产阶级的历史局限性和国际贸易实践的限制，重商主义贸易学说存在许多缺陷和不足，主要表现为：一是理论观点不成熟，缺乏系统性；二是将金银等贵金属和财富等同的财富观是错误的；三是将国际贸易视为一种零和博弈的观点是错误的；四是通过持续的贸易顺差聚敛金银财富的观点是错误的。

第二节 幼稚工业保护理论

一、幼稚工业保护理论的历史背景

保护幼稚工业（infant industry）的思想最先由美国第一任财政部部长亚历山大·汉

密尔顿（Alexander Hamilton）提出，后经弗里德里希·李斯特（Friedrich List）发展和完善。李斯特是德国政治家、理论家、经济学家，资产阶级政治经济学历史学派的先驱者。19世纪上半期英国已完成了工业革命、法国近代工业也有长足发展时，德国还是一个政治上分裂、经济上落后的农业国，英、法工业的发展，造成大量廉价商品冲击德国市场。与此同时，德意志境内小邦林立、关卡重重，严重阻碍了商品流通和国内统一市场的形成，这些情况都不利于德国资本主义的顺利发展。新兴的工业资产阶级迫切需要摆脱外国自由贸易的威胁，扫清发展资本主义的障碍。李斯特积极倡导并参与了取消德意志各邦之间的关税、组建全德关税同盟的活动，因此他触犯了政府当局，1825年年初，他被迫流亡美国。李斯特移居美国以后，受到汉密尔顿保护贸易思想的影响，并亲眼见到美国实施保护贸易政策的成效，转而提倡贸易保护主义。1832年，他以美国领事的身份返德驻莱比锡，并在德国积极宣传发展工业、反对自由贸易的主张，逐渐形成了自己的思想体系。1841年，李斯特的代表作《政治经济学的国民体系》一书出版。在此书中，他批判了古典学派的自由贸易理论，发展了汉密尔顿的保护关税说，提出了自己的以生产力理论为基础、以经济发展阶段论为依据、以保护关税制度为核心，为经济落后国家服务的幼稚工业保护理论。幼稚工业，是指处于成长阶段尚未成熟，但具有潜在优势的产业。

二、幼稚工业保护理论的主要内容

李斯特在《政治经济学的国民体系》一书中以生产力理论为基础，采用历史学派的历史发展阶段的方法，就国民经济发展列举史实，反复论证，认为德国所处的发展阶段，应采取保护关税抵御英国的廉价工业品，以保护德国的国内工业市场、发展德国的生产力。李斯特保护贸易理论主要有以下几方面内容。

（一）经济发展阶段论

李斯特反对不加区别的自由贸易，主张一定条件下的保护政策。他认为，各国的经济发展必须经过五个阶段，即原始未开化时期、畜牧时期、农业时期、农工业时期和农工商业时期，处于不同经济发展阶段的国家应实行不同的对外贸易政策。当一国处于未开化时期或以农业为主的发展阶段时，即第一阶段至第三阶段，应实行自由贸易政策，以利于农产品的自由输出和工业品的自由输入，并培育工业化的基础。处在农工业时期的国家，工业尚处于建立和发展时期，还不具备自由竞争的能力，故应实施保护贸易政策，使其避免外国竞争的冲击。而进入农工商业时期的国家，已具备对外自由竞争的能力，理应实行自由贸易政策，以享受自由贸易的最大利益，刺激国内产业进一步发展。

李斯特提出上述主张时，认为英国已达到第五阶段，法国处在第四阶段与第五阶段之间，德国和美国均处在第四阶段，葡萄牙和西班牙则处在第三阶段。因此，李斯特根据其经济发展阶段论，认为德国在当时必须实行保护贸易政策。

（二）生产力论

李斯特反对"比较成本论"关于当外国能用较低的成本生产并出口某种产品时，本国就不必生产该产品，而是通过对外贸易获得之，双方都能从贸易中获益的主张，因为贸易只是既定财富的再分配，它虽使一个国家获得了短期的贸易利益——财富的交换价值，却丧失了长期的生产利益——创造物质财富的能力。他认为："财富的生产力比之财富本身，不晓得要重要多少倍；它不但可以使已有的和已经增加的财富获得保障，而且可以使已经消失的财富获得补偿。"因为有了生产力的发展就有了财富本身。"生产力是树之本，可以由此而产生财富的果实，因为结果子的树比果实本身价值更大。"从国外进口廉价的商品，短期内看来是要合算一些，但是这样做，本国的工业就得不到发展，以致长期处于落后和依附的地位。如果采取保护关税政策，开始时国产工业品的成本要高些，消费者要支付较高的价格。但当本国的工业发展起来之后，生产力将会提高，生产商品的成本将会下降，本国商品的价格将会下降，甚至会降到进口商品的价格以下。古典派自由贸易理论只单纯追求当前财富交换的短期利益，而不考虑国家和民族的长远利益。

（三）保护程度有别论

李斯特受汉密尔顿启发认识到，实行保护贸易将使国民经济的某一部分遭到损失。因此，他主张实行保护贸易，并不是一切都保护，受保护的程度也应不同。对工业应有选择地加以保护，这样可以将实行保护贸易带来的损害降到最低限度，以便将来被保护的工业发展后所获得的利益，能补偿因实行保护政策所造成的损失。

三、幼稚工业保护理论的政策主张

（一）保护对象

李斯特认为，国家综合生产力的根本点在于工业成长，因此，保护关税的主要对象应当是新兴的（即幼稚的）、面临国外强有力竞争的并具有发展前途的工业。在李斯特看来，一个国家工业生产力发展了，农业自会随之发展。当然，农业不是绝对不需要保护，只有那些刚从农业阶段跃进的国家，距离工业成熟期尚远时，农业才适宜保护。他指出，着重农业的国家，人民精神萎靡，一切习惯与方法必然偏于守旧，缺乏文化福利和自由；而着重工商业的国家则全然不同，人民充满自信，具有自由的精神。从这一点看，也应该保护和提高国内工业生产力。

（二）保护目的

李斯特认为，保护关税政策的根本目的就是通过国家干预，保护和促进国内生产力的发展，最终仍然是进行国际贸易。

(三) 保护手段

李斯特认为,保护本国工业的发展,有众多手段可供选择,但保护关税制度是建立和保护国内工业的主要手段,应根据具体情况灵活地加以运用。一般来说,在从自由竞争过渡到保护阶段初期,绝不可把税率定得太高,因为税率过高会中断与外国的经济联系,如妨碍资金、技术和企业家精神的引进,这必然对国家不利。正确的做法是从国内工业起步开始逐步提高关税,并且应当随着国内或从国外吸引来的资本、技术和企业家精神的增长而提高。在从禁止政策变到温和的保护制度阶段的过程中,采取的措施则恰恰相反,应当由高税率逐渐降低而过渡到低税率。总之,一国的保护税率应当有两个转折点,即由低到高,然后由高到低。税率的升降程度,是不能从理论上来决定的,而要看比较落后的国家在它对比较先进的国家所处的关系中的特殊情况以及相对情况来决定。

(四) 保护程度

应区别不同对象并给予不同程度的保护。李斯特认为,那些有关国计民生的重要部门,保护程度要高一些。比如,需要大量资本、大规模机械设备、生产主要的生活必需品的工业部门,就应该特别保护。那些次要的工业部门,保护程度要相对低一些。

(五) 保护时间

李斯特认为,保护必须有一个时限,而不应该是永远的。保护的时间不宜过长,最多为30年。在此期限内,如受到保护的工业还发展不起来,表明其不适宜成为保护对象,就不再予以保护,换言之,保护贸易不是保护落后的低效率的工业。

(六) 保护的最终归向

保护关税并不是永久性的政策,它随着国内工业国际竞争力的逐渐提高而逐步降低,乃至取消。李斯特原则上承认自由贸易的合理性,他承认国内自由贸易的必要性,否认国际范围内自由贸易的现实可能性,即在国家间经济实力与地位极不均衡的条件下,贸易自由化不仅使落后国失去长期的经济利益——国家财富的生产力,而且动摇了长期的政治利益——国家的政治自主性和国防安全,基于此种认识,李斯特重视关税保护的适度性和暂时性。他认为,禁止性与长期性关税会完全排除外国生产者的竞争,但助长了国内生产者的不思进取、缺乏创新的惰性,如被保护的工业生产的产品,其价格低于进口同类产品,且在其能与对手竞争时,应当及时取消关税保护。当国家的物质力量与精神力量相当强盛时,应实行自由贸易政策。

四、幼稚工业保护理论的评析

(一) 贡献

幼稚工业保护理论的许多观点是有价值的,对经济不发达国家制定对外贸易政策具有较大的借鉴意义。例如,关于"财富的生产力比之财富本身,不晓得要重要多少倍"的思想是深刻的,具有较强的理论说服力;关于处于不同经济发展阶段的国家应实行不同的对外贸易政策的观点是科学的,为经济落后国家实行保护贸易政策提供了理论依据。同时,幼稚工业保护理论具有合理性,它在现实中有着广泛的影响力,世界贸易组织也以该理论为依据,列有幼稚工业保护条款,允许一国(地区)为了建立新工业或者保护刚刚建立、尚不具备竞争力的工业采取进口限制措施,对于被确认的幼稚工业,可以采取提高关税、实行进口许可证、征收临时进口附加税的方法加以保护。

(二) 缺点与不足

李斯特幼稚工业保护理论也存在一些不足之处:一是以经济部门作为划分经济发展阶段的基础;二是把他的生产力理论与古典学派的国际价值理论对立,片面强调国家干预对经济发展的决定性作用;三是该理论在实践中成效不大,发展中国家都很注重对幼稚工业的保护,但多数都未达到预期效果,反而付出了惨痛代价;四是具体操作中存在着困难,困难主要体现在保护对象和保护手段的选择上。

第三节 贸易条件恶化论

一、贸易条件恶化论的提出

贸易条件恶化论是阿根廷经济学家普雷维什针对1929年大危机后拉丁美洲国家初级产品的贸易条件不断恶化,于1949年5月向拉美经委会提交的一份题为《拉丁美洲的经济发展及其主要问题》的报告中提出来的。该理论提出后经过经济学家索洛的历史考查和辛格的进一步完善,得到了大多数发展经济学家的认同。贸易条件恶化论认为:由于技术变迁、市场容量以及需求弹性、收入弹性等一系列条件的变化对发展中国家的初级产品的出口产生不利影响,在国际市场上,存在着发展中国家初级产品价格相对于发达国家工业制成品的价格长期(下跌)恶化的趋势,这对发展中国家的经济发展十分不利。

二、贸易条件恶化论的发展

当普雷维什、辛格提出贸易条件恶化论时,发展中国家与发达国家之间的贸易方式主要是初级农矿产品与工业制成品之间的贸易,因此,当时的贸易条件的恶化主要是指初级农矿产品对工业品价格的恶化。

随着20世纪七八十年代大批发展中国家进入初级加工品生产领域,发展中国家与发达国家之间的贸易转变为劳动密集型产品和资本、技术密集型产品的交换。那么,是否也存在着劳动密集型产品与资本、技术密集型产品之间的贸易条件恶化呢？

对29个发展中国家和地区在1965—1985年的出口制成品贸易条件的变化情况进行的统计分析表明，这29个国家和地区出口制成品价格指数年均下降0.65%。不仅如此，研究人员还发现外围国家和地区的初级产品相对于中心国家和地区的初级产品来说，其贸易条件同样也在恶化。辛格指出，1954—1972年，发达国家的初级产品单位价格每年平均下降0.73%，而同期发展中国家的初级产品出口价格则年均下降了1.82%。[①] 联合国在2000年1月发布的统计材料中指出，1980—1999年第一季度，发达国家和发展中国家的初级产品出口价格指数分别下降了25%和58%。并且，在相同技术层次的工业品之间也存在着发展中国家的贸易条件相对于发达国家的贸易条件恶化的趋势。

国际贸易发展到今天，发达国家的经济已进入信息时代，作为后进国家又必然面临着劳动密集型、资本密集型产品相对于知识密集型产品的贸易条件的恶化。能否突破技术障碍，早日缩小两者之间的技术差距，决定新兴工业化国家的贸易条件是否能得到改善，也决定了它们的经济发展趋势。1997年东南亚金融危机在很大程度上就是发展中国家劳动密集型、资本密集型产品相对于发达国家的知识密集型产品的贸易条件恶化，从而造成严重的国际收支不平衡而引起的。

在贸易条件恶化论中还存在着一个问题，就是许多工业品价格下降的速度、幅度远远超过了初级产品价格下降的速度和幅度，能否用此否定贸易条件恶化论呢？比如电脑技术的更新速度非常快，一款新式电脑刚开发出来时价格非常高，但经过几年之后，它的价格就下降得非常厉害。如何解释这个问题呢？能否说明知识密集型产品相对于其他类型产品的贸易条件不断恶化？显然不能。这需要利用产品生命周期理论来解释，因为随着知识扩散、技术传播，一款新式电脑刚开发出时是知识密集型产品，但随着技术的成熟和标准化，它很快成为资本密集型产品，进行规模化生产，随着技术的进一步简化和标准化，其开始在许多发展中国家组装，进一步由资本密集型产品转变为劳动密集型产品。由此可见，随着技术的扩散，一台电脑逐渐由一种知识密集型产品变成一种劳动密集型产品，电脑价格的大幅下降不仅不能否定贸易条件恶化论，反而进一步证明了贸易条件不断恶化的理论。这说明了贸易条件恶化不仅在于生产什么产品，而且在于生产中所达到的技术水平。

贸易条件恶化论的提出是对正统的贸易理论的巨大挑战。如果国际贸易只是对发达国家有利，对发展中国家不利，比较优势论对发展中国家就毫无用处，必须抛弃。因此，这个新贸易理论受到经济学家尤其是发展经济学家高度、持续的重视。许多学者对普雷维什—辛格假说进行了多次验证，研究得出的结论基本上是一致的，即初级产品的贸易条件和发展中国家的贸易条件在长期呈下降趋势。因此，普雷维什—辛格假说至今仍然有它的意义。的确，发展中国家应该实行某种程度的进口替代和贸易保护，不过，用普雷维什—辛格假说来反对发展中国家积极地参与国际贸易和实行进口替代政策是不妥当的。

---

① 董国辉. "贸易条件恶化论"的论争与发展 [J]. 南开经济研究, 2001 (3): 11-14.

三、贸易条件恶化论的启示

通过对贸易条件恶化论的分析发现，由于技术水平的差距，对欠发达国家来说，贸易条件的长期恶化是客观存在的。它不仅存在于初级产品与工业制成品之间，而且存在于不同技术种类的产品之间；它不仅存在于不同技术要素种类的产品之间，而且存在于同一技术要素产品的不同技术层次之间。只有不断地提高自己的技术水平，加强产业结构的调整，努力缩小与发达国家之间的技术鸿沟，发展中国家才能改善自己的贸易条件。

第四节 战略性贸易政策理论

一、战略性贸易政策理论的历史背景

20世纪70年代中期，世界产业结构和贸易格局发生了重大变化，一些发展中国家和地区利用发达国家进行产业结构调整的有利时机，积极引进外资，促进本国（地区）民族工业发展。为了解决面临的经济困难，对抗工业发达国家所设置的贸易壁垒及其在高技术贸易与服务贸易方面的强大竞争优势，促进本国（地区）经济的发展，发展中国家（地区）也不得不采取相应的贸易保护措施。同时，石油输出国限产提价，导致世界产业结构和贸易格局出现重大变化，各国在工业品市场上的竞争越来越激烈。在这种形势下，一些经济学家力图从新的角度探寻政府干预对外贸易的理论依据，于是战略性贸易政策理论（Strategic Trade Policy Theory）便应运而生。

二、战略性贸易政策理论的主要内容

战略性贸易政策理论是20世纪80年代初期由加拿大经济学家詹姆斯·布兰德（James Brander）和美国经济学家巴巴拉·斯潘塞（Barbara Spencer）提出来的，后来经过巴格沃蒂、埃尔赫南·赫尔普曼（Elhanan Helpman）和克鲁格曼等的进一步研究，现已形成比较完善的理论体系。

（一）战略性贸易政策的含义

所谓战略性贸易政策，就是指一国政府通过生产补贴、出口补贴、关税等措施，扶持本国特定产业的成长，鼓励其产品出口，增强其在国际市场上的竞争能力，从而谋取规模经济之类的额外收益，并借机劫掠他国的市场份额和分享他国企业的垄断利润，使专业化分工朝着有利于自己的方向转化的政策。简单地说，战略性贸易政策就是通过政

府政策干预把市场竞争构造成市场博弈。

(二) 战略性贸易政策理论的主要论点

1. 政府干预是实现规模经济的最优途径

在非完全竞争及规模经济条件下，国际贸易中垄断利润普遍存在，一个企业的垄断实力越强，获得的垄断利润就越多。国家干预可以将国外企业的利润转移到国内企业。为此，对于各贸易国来说，如何扩大本国产品在国际市场上的份额，进而通过扩大生产规模降低生产成本，就成为取得市场竞争优势的关键。后起国家的企业靠企业自身去积累和成长，在强手如林、技术突飞猛进的今天，要成为国际市场上的真正挑战者十分困难。而借助政府力量作为"第一推动力"，选择有发展前景的产业在一定时期内给予扶助，使其尽快扩大规模、获得规模经济效益、降低成本便是最直接、最有效、最迅速的途径。

2. 外部经济效应方面的战略性政策干预

外部经济效应方面的贸易政策往往要和产业政策相配合才能达到预期效果，具体包括信贷优惠、国内税收优惠或补贴、对国内企业进口中间品的关税优惠、对外国竞争产品进口征收关税等措施。若某一产业发展的社会效益高于其个体效益，即具有外部经济效应，则通过政府扶持能使该产业不断获取动态递增的规模效益，并在国际竞争中获胜，结果企业所得的利润会大大超过政府所支付的补贴，而且该产业的发展能通过技术创新的溢出推动其他产业的发展。

3. 政府干预是"以进口保护促进出口"模型实施的基础

"以进口保护促进出口"是克鲁格曼在1984年提出来的重要理论。该理论有两个假设前提：一是市场由寡头垄断，并可有效分割；二是存在规模经济效应。当本国企业处于追随者地位，生产规模远没有达到规模经济的要求，边际生产成本很高时，本国政府通过贸易保护，全部或局部地封闭本国市场，阻止国外产品进入国内市场。随着国内市场需求的逐渐扩大，这类产业的规模经济效益便会出现，生产成本得以降低。同时，国外竞争对手由于市场份额的缩小而达不到规模经济，边际成本上升。此消彼长，国内企业就可能占有国外市场更大的份额，而销售额的扩大又进一步降低了边际生产成本，提高了企业的国际竞争力。第二次世界大战后，在日本、韩国的经济发展中，汽车、电器、计算机设备等的发展就经历了这样一个过程。

4. 政府干预作用是比较优势形成的关键因素

将政府干预作用作为国际贸易理论的一个重要因素，是战略性贸易政策理论的一大进步，而比较优势依然是国际贸易的基础。一方面，技术已成为现代企业和国家获得相对比较优势的关键，而技术的提升不管是来自引进还是来自研发，都与法律、投资激励等形成的经济环境密切相关，都需要政府的支持，即取决于政府的干预情况；另一方面，在经济全球化过程中，资源禀赋的内涵发生了变化，相对于"自然资源"而言，"创造型资源"（如信息、知识资本、制度、技术等）的作用越来越明显。企业以及一个国家越来越依靠这类资源来获得比较优势，因而政府干预也被内生为区位因素，成为直接影响这种"创造型资源"比较优势形成的关键变量之一。

5. 利润转移

传统贸易理论主张自由贸易政策，通过国际分工和专业化生产来进行国际贸易，使参与国双方的福利水平都提高，实现"双赢"。但是，战略性贸易政策理论却提出了利润转移的论点，即把垄断利润从外国公司转移给国内，从而在牺牲外国福利的情况下增加本国福利，利润转移理论的基本前提是国际竞争都具有寡头竞争的性质。

战略性贸易政策理论揭示了利润转移理论的三种类型。

（1）关税的利润转移效应。布兰德和斯潘塞提出的"新幼稚产业保护"模型中，假设一家国外寡头垄断企业独家向国内市场提供某种商品，正在享受垄断利润，且存在潜在进入的情况，则征收关税便能抽取外国寡头厂商的垄断利润，因为外国寡头厂商会吸收部分关税来决定"目标价格"，以阻止潜在进入，否则国内企业的进入将不可避免。特殊情形下，外国公司甚至会将关税全部吸收，国内既不会发生扭曲，又可以获得全部租金。税收收入就是转移了该厂商的垄断利润。该模型突破了传统最优关税理论关于只有大国才有可能通过关税来改善其贸易条件的限制，认为即使是贸易小国也同样可以通过征收关税来改善国民福利。

（2）"以进口保护促进出口"手段的利润转移效应。该观点来自20世纪80年代逐步形成的"新幼稚产业保护论"，认为一个有战略意义的行业在受保护的国内市场能迅速成长而达到规模经济的要求，从而相对于外国厂商具有规模竞争优势，增加在国内市场和没有保护的外国市场的份额，并且把利润从外国厂商转移到本国厂商，使本国福利增加。

（3）出口补贴的利润转移效应。布兰德和斯潘塞于1985年提出古诺双寡头国际竞争模型，认为向在第三国市场上同外国竞争者进行古诺双寡头博弈的国内厂商提供补贴，可以帮助国内厂商扩大国际市场份额，增加国内福利。古诺双寡头博弈的特征是，均衡产量水平由两个厂商反应曲线的交叉点所决定。通过补贴降低国内厂商的边际成本，使厂商有更高的反应曲线，获得更大的国际市场份额。总之，出口补贴降低了非完全竞争产业的垄断扭曲程度，使本国和消费国的总收益大于另一生产国的损失。

三、战略性贸易政策的扶持对象

战略性贸易政策只对具有市场垄断和规模经济效益的产业有效，因此，在现实经济中，其扶持对象也基本局限于高新技术产业。高新技术产业通常具有如下特点和优势。

（1）产生外溢效应。在供给方面，高科技产业通过产品和人员的流动可将先进科技传播到整个社会，从而使整个社会都从某一个或某几个高科技产业的发展中获益；在需求方面，高科技产业的发展将带动产业界对科技人才及研究成果的需要，进而带动对教育的投资。而教育所带来的技术及劳动力素质的提升是一国贸易条件改善的基本决定因素之一。高科技产业的这种外溢效应是政府实施战略性贸易政策的一个主要原因。企业在追求利润最大化的目标中，往往不考虑产业的外溢效应，即使其预见到高科技产业的外溢效应，也可能因为风险的考虑而不进行实际投资。因此，政府要实施战略性贸易政策来扶持高科技产业的发展。

（2）获得规模经济。高科技产业的平均成本往往具有随生产规模的扩大而下降的特点，即经济学上的"规模经济效应"。

（3）易于形成"自然垄断"。高科技产业的这一优势是由该产业的"规模经济"特点所决定的。规模经济意味着企业的利润会随生产规模的扩大而增加，先进入该产业从事生产经营的企业会获得较高的利润，而且比后进入者更有成本竞争优势，因而在自由竞争的市场上，先进入者很容易垄断市场。如果我们将先进入者的定义由个别厂商推广为国家，那么一国率先在某一高科技产业投资，在各国都实行自由贸易政策的情况下，该国就容易形成自然垄断。在这种情况下，如果后进入国不对该产业实施保护和补贴措施，那么它将很难获得发展。这也是高科技产业需要政府实行战略性贸易政策保护的主要原因之一。

四、战略性贸易政策的实施条件

战略性贸易政策在实施中必须满足一系列严格的条件。

（一）不完全竞争与规模经济

不完全竞争与规模经济是战略性贸易政策实施的前提条件，它是战略性贸易政策在实践中加以应用的基础。这种不完全竞争的市场结构要求行业具有较高的市场集中度、较大的市场规模、较高的行业进入壁垒、较旺盛的国内需求等。在这种情况下，政府才能产生单边干预的动机。

（二）对所扶持产业的要求

斯潘塞认为战略性贸易政策扶持的产业应具有以下特点：产业或潜在产业所获得的额外收益必须超过补贴的总成本；本国产业必须面临外国厂商的激烈竞争或潜在竞争；对本国产业的补贴要迫使外国竞争对手削减计划生产能力和产出；目标产业的国内企业的集中程度要比国外竞争对手高，或至少与竞争对手的集中程度相同；国内的扶持政策不应使要素价格上升得过高；本国产业相对外国竞争者有相对大的成本优势，增加生产会带来相当大的规模经济或外溢效应；具有研究开发补贴和扶持效果的产业，即国内新技术向外国竞争厂商的外溢量少，或政府干预政策有助于把本国技术转移给本国厂商；研究开发投入和资本投入比重高的产业，政府的补贴和扶持政策能够有效增强本国厂商的国际竞争力，或提高外国厂商进入该行业的壁垒。但是上述条件只是对战略性产业的特点给出了宽泛的阐释，在实践中的操作性比较有限。

（三）政府掌握充分的信息

政府在制定政策对特定行业进行干预的过程中，应掌握大量的有关厂商及厂商竞争的信息，并对所掌握的充分信息进行有效的处理和判断。如果信息不足，政府对产业的情况不能进行准确的判断,就盲目地采取保护措施,可能达不到预期的效果。此外,要求政府有独立决策的能力,不受特殊利益集团的控制和影响;政府的政策干预必须是有效的,政府必须有足够的能力和资源来使目标实现;受保护的产业或厂商应积极响应政府政策,在规定的保护期限内不断进取,提升自身的竞争能力,不能产生对政府政策的过度依赖,即要求企业不存在道德风险问题以及为寻求政府补贴而产生的非生产性寻租行为。

(四)对方国家的干预政策

本国推行的战略性贸易政策能否成功地实现政策目标,还取决于本国政府对特定行业的干预是否会引起贸易伙伴国的报复。还要注意的是,对方国家政府是否也产生了干预的动机,并采取了同样的干预政策,如果双方同时采用战略性贸易政策,将会导致"囚徒困境"局面的出现,这时贸易双方的福利都会下降。

(五)市场经济体制

在实践中,战略性贸易政策的实施必须在市场经济体制下进行。只有市场经济体制才能使价格机制真正引导厂商的行为与决策,才能使价格成为资源有效配置的信号,政府采取的各项干预性措施才能有效地发挥作用。政府还必须注意,在战略性贸易政策实施中,要避免在出口补贴资金的筹集、对特定行业予以的政府支持等方面可能产生对本国不利的收入再分配效应。

虽然战略性贸易政策的实施需要具备非常严格的条件,也有不少学者对其实用性和可操作性提出疑问,但是不可否认,该理论为政府在国际贸易领域进行干预提供了新的依据,无论是在理论上还是在政策实践上都有其积极意义和贡献。例如,现实中,欧盟各国对空客集团(以下简称"空客")的确给予了大量的补贴,补贴方式包括向空客及其子公司提供开发基金、资本投入、低息贷款、担保借款、开发及生产成本补贴、保障汇率和经营损失补贴等。如 A300 就是空客在法、德、英、荷兰和西班牙等各国政府支持下研制出来的双引擎宽体客机。在空客的发展过程中,英、法、德等国政府所提供的直接补贴达 260 亿美元,使空客迅速发展成为能与波音公司抗衡的世界第二大民航客机制造商。此外,日本对钢铁产业的支持、美国对农业的支持以及印度对软件业的支持等都表明,战略性贸易政策可以帮助一国建立战略性产业,并提高其国际竞争力。可以说,战略性贸易政策为一国的贸易政策和产业政策的制定提供了一种新的思路,当然这种政策是否适用于我国还有待进一步研究。

五、战略性贸易政策理论的评析

(一)主要贡献

战略性贸易政策理论是国际贸易新理论在国际贸易政策领域的反映和体现。与传统的自由贸易政策理论不同，该理论精巧地论证了在现实经济与自由贸易理论前提相背离的情况下，政府干预对外贸易的必要性，并强化了政府干预的理论依据。它对发达国家和发展中国家的贸易和产业政策都产生了较大的影响，美国克林顿政府的对外贸易政策就是战略性贸易政策，许多发展中国家的贸易保护也从该理论中得到了一定启示。在理论上，战略性贸易政策理论广泛借鉴和运用了产业组织理论与博弈论（Game Theory）的分析方法和研究成果，特别是对博弈论的运用，应该说是国际贸易理论研究方法上的突破。

（二）主要缺陷

该理论未就政府的干预给出任何总体通用的解决方法，其成立亦依赖一系列严格的限制条件，一旦这些条件得不到满足，战略性贸易政策的实施就不会取得理想的效果，甚至无效。战略性贸易政策常会因为贸易报复而导致两败俱伤。该理论背弃了自由贸易传统，采取富于想象力和进攻性的保护措施，劫掠他国市场份额与经济利益，这往往使它成为贸易保护主义者加以曲解和滥用的借口，恶化了国际贸易环境。

思考题

1. 重商主义主要的贸易思想有哪些？
2. 比较早期和晚期的重商主义贸易思想的异同点。
3. 简述幼稚工业保护理论的基本内容。
4. 战略性贸易政策的实施条件有哪些？

阅读材料

国际民用航空领域能形成 ABC 寡头市场吗

中国民航市场将超越美国成为全球最大市场，这是波音公司和业内专家的共识。这一预测基于中国经济的快速发展和庞大的人口基数，以及未来 20 年中国 GDP 年均增速、中等收入人群规模增加等因素的支撑。

2023 年 5 月 28 日上午 10 时 32 分，中国东方航空使用中国商飞全球首架交付的 C919 大型客机，执行 MU9191 航班，从上海虹桥机场飞往北京首都机场，这一机型全球首次商业载客飞行圆满成功。C919 大型客机是我国首次按照国际通行适航标准自行研制、具有自主知识产权的喷气式干线客机，从 2007 年 C919 项目立项，历经 10 年科技攻关，到 2017 年成功首飞，再到顺利完成首次商业航班飞行，C919 的一举一动都备受国人、世界关注。

大飞机重大专项是党中央、国务院建设创新型国家，提升我国自主创新能力和增强国家核心竞争力的重大战略决策。大飞机项目的突破，不仅增强了我国在航空领域的主动权与话语权，对整个高端装备制造业的带动也是显而易见的。据不完全统计，C919从设计研发到总装下线、实现首飞，有200多家企业、36所高校、数十万产业人员参与，70家企业成为C919的供应商或潜在供应商。按照当下大飞机投入产出比1∶80计算，国产大飞机有望为产业链企业带来万亿元量级的市场盛宴。

长期以来，美国波音和欧洲空客两家公司依赖深厚的技术积累、巨大的资本累积、稳健的盈利模式和成本控制、完善的产业链布局、强大的政治靠山，垄断了全球99%的民航大飞机（可搭乘百人以上飞机）订单，形成了"双寡头"格局。而C919商业首飞意味着波音和空客几十年来的"双头垄断地位"在中国市场受到了挑战，尽管这一挑战规模尚小，却颇具象征意义。首先，国产大飞机C919的机舱宽度比空客A320和波音737宽松，乘客体验感和座舱舒适性更佳，货仓体积更大，载货能力比波音和空客更好，或更具有商业空间。其次，国产大飞机C919采用的都是新技术、新材料，从安全性、气动性等角度来说，都要比传统型的波音737和空客A320更具优势。此外，在性能方面，国产大飞机C919相对波音737和空客A320来说更节能，噪声隔绝能力也更强，视野设计更宽，更能保证行驶安全。

C919的横空出世，意味着中国正向世界民用航空市场进军，未来将与空客A320和波音737等单通道客机进行竞争。这款飞机是中国商飞10多年来不懈努力的结果，将给空客和波音几十年来的"双寡头"垄断市场带来挑战。

资料来源：C919首次成功商飞是中国的骄傲［EB/OL］．（2023-06-02）．http：//m.haiwainet.cn/mip/345439/2023/0602/content_32611691_1.html.

问题： 当前国际民用航空市场主要包括哪些生产厂商？市场结构如何？中国商飞C919飞机如何提升国际竞争力？

即测即练

第七章 国际贸易政策的历史实践

学习目标
1. 了解不同历史时期主要发达国家贸易政策的演变;
2. 了解发展中国家贸易政策选择的影响因素;
3. 掌握进口替代战略;
4. 掌握出口导向战略;
5. 熟悉发展中国家贸易自由化的具体表现。

重要概念
对外贸易政策 自由贸易政策 保护贸易政策 超保护贸易政策 新贸易保护政策 二元经济结构 进口替代战略 出口导向战略 贸易自由化

第一节 对外贸易政策概述

一、对外贸易政策的概念

对外贸易政策是指一国政府根据本国的政治经济利益和发展目标而制定的在一定时期内的进出口贸易活动的准则,它集中体现为一国在一定时期内对进出口贸易所实行的法律、规章、条例及措施等。它既是一国总经济政策的重要组成部分,又是一国对外政策的重要组成部分。

在对外贸易政策的执行和贯彻方面,国家一般设立一系列专门机构,按照对外贸易政策的规定对进出口商品进行管理。例如,在政府中设立商业部或外贸部作为对外贸易的行政管理机构;在对外开放的口岸地点设立海关作为进出口商品的通道,对商品进行监督查验、征收关税、查禁走私;设立进出口银行,从金融上支持商品的进出口,发放出口信贷(export credit)、办理国际支付结算;设立商品检验局和卫生检疫机构,从进出口商品的质量、卫生和技术标准等方面进行把关。

二、对外贸易政策分类

(一)按对外贸易政策的构成划分

1. 对外贸易总政策

对外贸易总政策包括进口总政策和出口总政策,它是一国根据本国国民经济的总体情况，在世界舞台上所处的经济和政治地位，经济发展战略，产品在世界市场上的竞争能力以及资源、产业结构等情况，制定的在一个较长时期内实行的对外贸易基本政策。

2. 对外贸易国别（地区）政策

对外贸易国别（地区）政策，是根据对外贸易总政策、世界经济政治形势、本国与不同国别（地区）的经济政治关系，分别制定的适应特定国家（地区）的对外贸易政策。

3. 对外贸易具体政策

对外贸易具体政策，也称进出口商品政策，是指在对外贸易总政策的基础上，根据不同产业的发展需要，不同商品在国内外的需求和供应情况以及在世界市场上的竞争能力，分别制定的适用于不同产业或不同类别商品的对外贸易政策。

（二）按政府干预程度划分

1. 自由贸易政策

自由贸易政策是指国家对国际贸易活动采取不干涉或少干涉的基本立场，取消对进出口贸易的限制和障碍，取消对本国进出口商的各种特权和优惠，关税税率逐步降低，纳税商品项目减少，税法简化，使商品自由进出，在国内外市场上自由竞争的对外贸易政策。

2. 保护贸易政策

保护贸易政策是指国家对国际贸易活动采取干预和管制的基本立场，国家采取各种限制进口的措施，以保护本国的工业和市场免受外国商品的冲击，并采取各种政策手段，对本国的出口商品给予津贴和优惠，鼓励出口，以刺激本国工业的迅速发展的对外贸易政策。

三、制定对外贸易政策的依据

对外贸易政策既有一贯政策（即在一个较长时期内指导对外贸易的政策），也有根据实际情况的变化而制定，只在一定时间内生效的暂时性政策措施。制定一个国家对外贸易政策应当遵循以下依据。

（1）一国在世界经济中所处的地位、经济发展战略。

（2）一国的资源状况、产品、产业结构、市场经济地位。

上述两个因素是一个国家制定中长期对外贸易政策应当参考的主要因素，决定着一个国家是选择自由贸易政策，还是选择保护贸易政策。

（3）在总政策（即自由贸易政策或保护贸易政策）指导下，一个国家工业发展水平、技术水平、产品的竞争能力等，又是决定一国在不同时期制订相关政策措施的依据。例如，鼓励出口、限制出口、限制进口、保护民族工业、保护幼稚工业等政策。

（4）国家之间因政治环境变化，经济和外交关系发生重大改变，也可能引起一国对贸易政策的局部调整或重大调整。

（5）一国对外贸易政策应当与国内经济政策相适应。例如，产业调整政策、金融政策、外汇政策、外资政策。

第二节 发达国家贸易政策

发达国家贸易政策的历史演变与资本主义社会发展进程以及主要资本主义国家的经济实力变化密切相关。随着资本主义由萌芽进入原始积累时期、自由竞争时期和垄断时期，主要资本主义国家的经济越来越发达，同时其相互的经济实力对比不断变化，为维护自身利益，各发达国家在不同的历史时期实行了有利于本国的自由贸易政策或者保护贸易政策。从发达国家总体的国际贸易政策演变来看，实施保护贸易政策的时期要远远长于实施自由贸易政策的时期，保护贸易政策的实践与同期保护贸易理论相一致。

一、资本主义原始积累时期的贸易政策

重商主义是资产阶级最初的经济学说，产生和发展于欧洲资本原始积累时期，主要流行于英国、法国和西班牙。这些国家把重商主义作为国策，以促进国内经济的繁荣，其中英国是欧洲重商主义发展最为典型也最为成功的国家。重商主义成为最原始的贸易保护主义。

资本主义贸易的大发展主要是借助航海技术和工业发展。为了实现由商业向工业的转变，必须创造必要的技术条件，进行必备的资本积累。15世纪末，西欧封建经济体系逐渐瓦解，资本主义生产关系开始萌芽和成长。当时航海已得到很大的发展，哥伦布发现了新大陆，使欧洲商人可以在全球范围内进行贸易。而英国在航海方面有着得天独厚的条件，海岸线长，又拥有伦敦、利物浦等优良港口，因此对外贸易非常发达。从1610年到1640年，英国对外贸易额增长了10倍，商业贸易一派繁荣，国家财富迅速增加。"政治经济学之父"威廉·配第（William Petty）的论断"从业之利，农不如工，工不如商"充分反映了当时商业受重视的程度。

彼时的英国，商业资本居统治地位，社会经济生活的主题是商业活动。从对外贸易中获利颇丰的商人的社会地位上升，并在政坛取得发言权。为了更好地维护自身利益，他们需要一种理论来说明商业的重要性，并取得英国政府的支持。重商主义正是在这一背景下产生的。英国政府接受了重商主义的观点，并积极参与世界贸易竞争，为本国工商业者争取贸易利益，在此期间，实行限制进口、促进出口措施，并颁布《航海法》《谷物法》等法令。在重商主义理论的推动和政策支持下，英国农业生产完成了资本主义改造。同时，英国晚期重商主义理论与政策为工商业的发展营造了较为宽松的环境，使工商业的资本主义方式得到了巩固和发展。

二、资本主义自由竞争时期的贸易政策

从 18 世纪中叶到 19 世纪后期，资本主义进入自由竞争时期。这一时期，欧洲各国和美国先后完成工业革命，英国因工业革命发生较早而在工业化进程中领先于其他国家，因此，急于输出工业品，其贸易政策开始由重商主义保护贸易政策转向自由贸易政策；美国和德国的工业则相对落后，为避免外国工业品的竞争、使自身工业得到充分发展，而实行保护贸易政策。

（一）英国的自由贸易政策

自 18 世纪中叶，英国开始进入工业革命，由此确定了"世界工厂"的地位和相对于外国工业品的绝对优势。在此情况下，重商主义的保护贸易政策成为阻碍英国工业资产阶级对外扩张的一大障碍。英国工业资产阶级要求实行在世界市场上进行无限制的自由竞争和自由贸易政策，要求其他国家为英国提供粮食、原料和市场，而由英国向其提供工业制成品。自 19 世纪 20 年代起，英国工业资产阶级展开了大规模的自由贸易运动，运动以废除《谷物法》为核心，并要求废除代表土地贵族利益的保护关税政策，实行代表本阶级利益的自由贸易政策。最终，工业资产阶级取得了斗争的胜利，自由贸易思想战胜了重商主义思想，自由贸易政策逐步取代了保护贸易政策。当时，英国向自由贸易政策的转变主要表现在以下几个方面：

1. 废除《谷物法》《航海法》等有关旧法令

《谷物法》维持和提高了英国国内粮价，使地租增加，给土地所有者带来了利益。而粮价提高使货币工资上升，限制了利润的增长，而且《谷物法》的实施导致其他粮食输出国对英国工业品也提高关税，使英国工业资产阶级的利益受到了损害。为了防止因粮食价格上涨而引起的工资上涨，把工资压到最低水平，以及防止别国的关税报复，英国工业资产阶级强烈要求废除这一法令。

经过工业资产阶级的不懈斗争，1846 年英国废止了《谷物法》，结束了对谷物进口的限制和关税，这是工业资产阶级以自由贸易政策替代保护关税政策的一项重大胜利。1849 年，英国又废止了《航海法》，不再要求英国以及其殖民地的外贸运输必须由英国船队运送，从而结束了英国海运公司的垄断，使英国进入全面零关税时期，并在全球范围内推动自由贸易。《谷物法》的废除是英国确立自由贸易政策的标志。

2. 降低关税，减少纳税商品数目

英国的工业优势地位确立后，如果继续执行过去的保护政策则容易引起别国的关税报复，而且难以得到国外的廉价粮食和原料，不利于自身的经济发展和对外扩张，所以英国的工业资产阶级要求降低关税。

由于实行了几百年的重商主义保护贸易政策，19 世纪初英国有关关税的法令就达 1 000 条以上。1825 年英国开始简化税法，废止旧税率，建立新税率。1841 年英国进口纳税的商品项目为 1 163 种，1853 年减少到 466 种，1862 年减少到 44 种，1882 年进一

步减少到 20 种，所征收的关税全部是财政关税，税率大幅度降低，且禁止出口的法令完全废除了。

3. 取消特权公司

1600 年成立的东印度公司最初是一个单纯的海外殖民贸易机构，后来逐渐发展成为一个拥有军队、军舰和各种特权的政权机构。到了 19 世纪初，随着产业革命的发生，世界市场逐步扩大，为了适应新兴工商资本迅速发展的需要，英国分别于 1813 年和 1814 年废止了东印度公司对印度和中国贸易的垄断权，并将这种权利开放给所有的英国人。

4. 改变对殖民地的贸易政策

在 18 世纪，英国对殖民地的航运享有特权，殖民地的货物输入英国享受特惠关税（preferential duty）的待遇。在英国大机器工业的优势建立以后，英国对殖民地的贸易逐步采取自由放任的态度。1849 年《航海法》被废止后，英国殖民地已可以对任何国家输出商品，也可以从任何国家输入商品。通过关税法的改革，英国废止了对殖民地商品的特惠关税，同时准许殖民地与外国签订贸易协定，殖民地可以与任何外国建立直接的贸易关系，英国不再加以干涉。

5. 与其他国家签订优惠贸易协定

1860 年，英国与法国签订了世界上第一个贸易自由化双边协定——双边通商条约《科布登-谢瓦利尔条约》，标志着自由贸易政策在英国取得了决定性的胜利。根据这项条约，英国对法国酒类产品的进口税（import duties）予以降低，并承诺不禁止煤炭的出口，法国则降低从英国进口的煤、钢铁、机器、棉麻织物的关税，对于若干禁止输入的项目，双方宣布一概解除禁令，该协定还包括了现代模式的最惠国条款。英、法之间优惠贸易协定很快就通行于整个欧洲。仅在 19 世纪 60 年代，英国就缔结了 8 项这种条约。1882—1889 年，英、法分别与所有西欧国家以及美国签订了一大批"友好通商与航运"协定。由于最惠国机制的存在，有关协定迅速在所有条约缔约国范围内生效。如此，到了 19 世纪后半期，全球贸易额迅速增长，国际贸易进入第一个自由贸易时代。

从 19 世纪中后期一直到第一次世界大战以前，由于坚持自由贸易政策，英国一直都是世界头号强国。当时的自由贸易政策适合英国经济发展的需要，给英国带来了巨大的经济利益。1760 年英国占世界制造业的份额为 1.9%，到 1830 年上升至 9.5%，1860 年则高达 19.9%，其贸易额占整个欧洲的 20%，制造业出口量占世界制造品贸易的 2/3。英国学者还对不同部门的增长率做了统计，发现与对外贸易有关部门的生产增长率高于英国经济的增长率，更高于与贸易无关部门的增长率，由此他们得出结论，"对外贸易是英国经济增长的发动机"。

（二）美国的保护贸易政策

美国历史上贸易保护思潮占据主要地位。其建国后的一段时期内，在以英国为代表的欧洲国家自由贸易运动国际扩散过程中，美国也受到自由贸易理论的影响而出现了自由贸易的趋势。但从其整个贸易政策历史实践看，在大多数时期美国是一个奉行贸易保护主义的高关税国家。

1776 年，美国独立战争取得胜利，当时美国还是一个落后的农业国，虽然独立战争期间北美制造业得到了一定程度的发展，但在生产技术和产品质量方面仍远远落后于英国。战争结束后，英国利用强大的制造业和商业优势对美国的出口实施严厉的商业限制，同时向美国大量倾销（dumping）英国商品。在此情况下，美国在对外贸易政策方面有两个选择：一是实行关税保护政策，独立自主发展本国工业；二是实行自由贸易，继续输出小麦、棉花、烟草等农产品，换取英国的工业制成品，推崇自由贸易者多为南部的大种植园主，主张保护贸易者则多为工业资产阶级。美国第一任财政部部长汉密尔顿在《关于制造业的报告》中提出幼稚工业保护理论。

汉密尔顿认为制造业的发展对国际利益关系重大，关系国家的政治和经济独立，因此美国必须重视制造业的发展。而要发展制造业，则必须有政府保护，否则，新建立制造业的国家和制造业已经成熟的国家就无法在平等条件下进行竞争。因此，汉密尔顿极力主张关税保护制度，他提出为了使美国实现经济自立，应当保护美国的幼稚工业，而保护的主要方式是提高进口商品的关税。

高关税有力地保护了美国制造业的发展。在 1820 年之前，作为工业化最重要部门的钢铁业，美国的铁产量甚至比英国殖民时期还要少，铁矿的开采、冶炼和铁器业完全被英国主宰。然而在高关税的保护下，美国钢铁业发展迅猛。19 世纪 30 年代初，美国自由贸易集团曾控制政权并降低了关税，美国钢铁业生产很快就陷入停滞，直到 1842 年参议院决议恢复高关税之后，铁的产量又直线上升。

三、资本主义垄断初期的贸易政策

从 19 世纪六七十年代开始，各种垄断组织不断出现，并在各国逐渐取得主导地位，进而为国家垄断奠定了基础。19 世纪 20 年代初，资本主义社会进入垄断时期。这一时期由于各主要资本主义国家相继完成工业革命，生产力迅速增长，世界市场的竞争开始变得激烈，各国极力保护国内市场，并争夺外国市场，实现经济扩张。各发达国家所保护的产业已不再是幼稚产业，而扩展到国内高度发达或出现衰落的垄断产业，保护的目的由培养自由竞争能力转变为巩固和加强对外国市场的垄断，保护对象则由一般的工业资产阶级转向垄断资产阶级，保护手段也呈现多样化的趋势，不仅仅是高关税，还有其他各种奖出限入的措施。相对于以前的保护贸易政策而言，这种保护贸易政策由防御性转向侵略性，被称为"超保护贸易政策"。

超保护贸易政策的理论依据主要是凯恩斯主义的对外贸易乘数论。第一次世界大战和第二次世界大战之间，超保护贸易主义盛行于发达国家。第一次世界大战后，经济危机席卷世界，为了摆脱危机，各国纷纷设置贸易壁垒，用高关税封闭本国市场，并争相用货币贬值及降低工资等方法提高本国商品价格竞争力，最后连英国也放弃了已推行达半个世纪的自由贸易政策。受到经济危机打击，美国国内各行业普遍不景气。基于此，美国恢复了全面的高额保护关税。1921 年到 1922 年，美国国会分别通过了《紧急关税法》和《福特尼-莫肯堡关税法》，这些法规对进出口产品均制定了很高的税率。美国从债务国转为主导世界经济的债权国后，商业金融政策并没有随之调整，而是继续遵循其战前的经济国家主义政策，基本表现是实行关税壁垒、保护国家市场、对付外国竞争。1930年国会通过《霍莱-斯姆特法》，该法案在《福特尼-莫肯堡关税法》已经提高关税38%的基础上，又将美国关税提高50%，使关税达到历史最高水平。美国新税法成为各国制定保护性关税的导火索，加拿大、古巴、墨西哥、法国、意大利、西班牙等国立即开始提高进口关税。不久，英属印度、秘鲁、阿根廷、巴西、中国、立陶宛等国也宣布提高关税。1932年，世界贸易额降至1929年的1/3，主要资本主义国家工业生产锐减，世界经济严重衰退。

为了刺激国内工业的发展，防止世界贸易的进一步下滑，1934年罗斯福政府制定《互惠贸易协定法》，并最终获得国会批准。该法案授权总统在3年之内可以不通过国会同各国缔结贸易协定，并规定总统有权提高或降低关税到50%。虽然《霍莱-斯姆特法》仍然是美国的基本税则，但根据《互惠贸易协定法》，总统有权加以修改，以发展美国的出口贸易和缓和当时的经济萧条。美国同许多国家签订了互惠贸易协定，并相互给予最惠国待遇。虽然美国最惠国待遇只限定于少数国家，但"它是美国有史以来严厉贸易政策的放松"。根据美国政府的统计，从1934年到1939年，美国对与其缔结贸易协定国家的出口额增长了63%，对没有签订贸易协定国家的出口额仅增长了32%，相应地，进口额增长则分别为22%和13%。美国同各国签订互惠贸易协定后，部分贸易关税壁垒得以消除，各国政府鼓励并支持本国进出口贸易，世界各国货币趋于稳定。

四、第二次世界大战后到20世纪70年代的贸易政策

第二次世界大战使西欧各国实力受到严重削弱，美国远离战场，没有受到战争的破坏，而且在战争中通过贷款、出卖武器和后勤物资等，获取了大量财富，因此第二次世界大战结束后美国对欧洲、日本具备了绝对的竞争优势。到20世纪50年代中期，全世界一半以上的商品是美国生产的，其黄金储备也最丰富，占到资本主义世界的3/4。于是，以美国为世界经济核心的时代到来，此时的美国和当年的英国一样开始在世界范围内积极倡导和推行自由贸易，降低关税壁垒和给予无条件最惠国待遇是美国对外贸易政策的重要措施，这也成为关贸总协定成立的基石。这一时期的全球贸易自由化主要表现为以下几个方面。

（一）关贸总协定成立

1947年关贸总协定成立，它是包括一整套有关国际贸易的基本原则，各种规定、规章，允许实施的措施和禁令的法律文件，是第二次世界大战后贸易自由化运动的产物，其目的在于"大幅度削减关税和其他贸易障碍，取消国际贸易中的歧视待遇"，以"扩大世界资源的充分利用以及发展商品的生产和交换"，在GATT运行的47年中所进行的8个回合的贸易谈判都是多边谈判，所达成的贸易协定都是多边协定，1995年GATT被

世界贸易组织所取代，后者继续积极推动全球贸易自由化进程。

（二）关税水平大幅度降低

在 GATT 框架下进行的 8 轮多边贸易谈判使各国大幅削减了关税和各种贸易限制措施。在前 7 轮谈判中，发达国家和地区的平均关税从 20 世纪 40 年代的 40% 左右下降到 20 世纪 70 年代末的 4.7%，发展中国家和地区的平均关税下降到 13%，第 8 轮"乌拉圭回合"多边贸易谈判的结果使发达国家和地区与发展中国家和地区再平均降税 1/3。

（三）非关税壁垒减少

在关税水平不断下降的同时，非关税壁垒也逐渐减少。第二次世界大战后初期，发达国家和地区为保护国（地区）内经济而对很多商品实行严格的进口限额、进口许可证管理和外汇管理等措施，随着经济的逐步恢复和发展，有关国家（地区）放宽或取消了对商品贸易的数量限制，并放松外汇管制，实行货币自由兑换。到 20 世纪 60 年代初，参加 GATT 的经济合作与发展组织成员国之间进口数量的限制已取消了 90%，欧洲经济共同体（以下简称"欧共体"）成员国之间取消了工业品进口数量的限制，西方发达国家和地区在不同程度上放松了外汇管制。

（四）发达国家对发展中国家提供普惠制

普惠制（generalized system of preferences，GSP）又称普遍优惠制，产生于 1968 年，1971 年开始实行，它是 32 个发达国家对 170 多个发展中国家和地区提供的单方面的贸易优惠。发达国家承诺对发展中国家和地区输入的商品，特别是成品和半成品，给予普遍的、非歧视的和非互惠的关税优惠待遇。这种待遇使发展中国家和地区在将产品出口到发达国家时，可以享受比发达国家相互给予的优惠关税还要低的进口关税，因而可以起到鼓励发展中国家和地区产品出口的作用，在一定程度上促进了贸易自由化的发展。

另外，欧共体与非洲、加勒比和太平洋地区的 46 个发展中国家于 1975 年签订"洛美协定"（Lome Convention），欧共体对来自以上三个地区的全部工业品和 96% 的农产品进口给予免税待遇。欧共体还与地中海沿岸的一些国家、阿拉伯国家、东盟等缔结了优惠贸易协定。

五、20 世纪 70 年代后的新贸易保护主义

（一）新贸易保护主义的产生

第二次世界大战以后，资本主义国家经济发展不平衡，并导致国际经济形势的较大波动，20 世纪 70 年代发生的两次石油危机更剧烈地冲击了整个资本主义发达国家的经济，西欧国家凭借原有的经济技术基础大力发展本国经济，日本、德国的经济逐渐恢复并日益强大，资本主义国家出现了经济发展不平衡的局面。到 20 世纪 60 年代末 70 年代

初，欧共体国家和日本在许多领域赶上和超过美国，美国优势下降，并出现了不断扩大的贸易逆差。

以美国为首的发达国家对经济政策进行了调整，对内实行自由化和私有化的改革，对外则加强保护。美国政府开始中断第二次世界大战以后奉行的自由贸易政策，转而实行以非关税壁垒措施为主的贸易保护措施，通过干预本国对外贸易来加强对外贸易的管理，形成新贸易保护主义。20世纪70年代以来，美国先后制定了《1974年贸易法》《1988年综合贸易与竞争法》等法案，后者的出台从法律上标志着新贸易保护主义的形成。《1974年贸易法》首次规定了各种例外条款、反倾销、反补贴条款在法律上的地位，并在"301条款"中授权美国总统对那些对美国出口施以不公平待遇的国家进行报复。《1988年综合贸易与竞争法》授权美国政府对贸易对手不合理或不公正的贸易可采取必要的行动，以减轻国内产业的压力，从而加强了美国政府对外贸易调控的合法性。该法案包括了所谓"超级301条款"和"特别301条款"，前者授权美国贸易代表办事处对世界上美国认为"自由贸易"方面做得不够的国家和地区提出名单和报告，并在规定的时间内通过"谈判"迫使其采取符合美国要求的开放措施，否则将对其进行报复；后者授权美国贸易代表办事处，对未适当有效保护美国知识产权的国家以及未给予美国企业公平的市场准入机会的国家进行调查和实施报复。美国根据其"301条款"，对来自国外的"不公平"贸易活动采取单边贸易制裁，事实上形成了对世界贸易规则的挑战，严重损害了世界贸易组织的权威性，也因此增加了世界贸易组织争端解决相关案例的数量、提升了争端解决的复杂性。美国的保护贸易措施反过来遭到其他国家的报复，使贸易保护主义更加蔓延与扩张，从而掀起了全球新一轮的贸易保护主义风潮。由于这一轮的贸易保护在继承传统贸易保护主义理论基本思想的基础上，具备了自身新的特色，并且体现出鲜明的时代背景，因此被称为"新贸易保护主义"。

（二）新贸易保护主义的特点

新贸易保护主义没有一个统一、完整的理论体系，较多的是实用主义色彩。支持新贸易保护主义的主要理论观点有：新贸易保护主义可以改善国内市场扭曲、改善贸易条件、维护高水平工资、增加国内生产和就业、反倾销、改善贸易收支或国际收支、维护知识产权、作为报复手段与谈判手段、保护国家安全和生态环境、支持战略产业的发展等。

(1) 新贸易保护主义的主导国家是以美国、欧盟、日本为主的发达国家（地区）。与传统贸易保护主义下经济欠发达国家（地区）保护幼稚产业不同，新贸易保护主义是在国际市场竞争加剧的情况下，经济发达国家（地区）为保住经济优势地位，通过广泛地实行保护措施来维持其政治与经济利益的理论体系，保护的主要是陷入结构性危机的产业部门。尤其是当发达国家（地区）的经济不景气时，更加剧了对本国（地区）市场的保护。

(2) 新贸易保护主义的保护范围不断扩大。新贸易保护主义的保护范围不仅从传统产品、农产品转向高级工业品，还逐步延伸到服务贸易、投资、竞争、知识产权、汇率政策等领域。受保护的产品除以往的纺织品、鞋类、钢铁、汽车、化工产品、食品、家用电器以外，还涵盖了计算机、数控机床、民用飞机、卫星等新兴行业。在服务贸易领域，很多国家（地区）在签证申请、投资条例、利润汇回等方面也作出了保护性限制措施的规定。

（3）新贸易保护主义的保护措施以非关税壁垒为主。由于新贸易保护主义是出现在GATT/WTO主导的全球贸易自由化进程中，各国（地区）平均关税已下降到4%左右，关税的保护作用日益减弱，因而新贸易保护主义不能像传统贸易保护主义那样采用关税壁垒，而是主要采用非关税壁垒的形式，如反倾销和反补贴措施、自动出口限制、报关手续干扰、技术和卫生标准、劳工标准、绿色壁垒等，手段貌似合理，实际上更加隐蔽和灵活，且针对性更强。据估计，20世纪70年代的非关税壁垒达800多项，到20世纪90年代已发展到上千种。

（4）新贸易保护主义带有明显的歧视性。这种歧视包括国别歧视和区域歧视两方面。就国别歧视而言，非关税措施都是针对特定国家的，如发达国家相对发展中国家具有技术优势，因此它们大量运用严苛的技术标准限制发展中国家的产品对其出口。就区域歧视而言，传统贸易保护主义以国家贸易壁垒为基础，而新贸易保护主义趋向区域性贸易壁垒，即由一国贸易保护演变为区域性贸易保护，利用区域贸易组织保护成员国利益，通过歧视性的政策和集体谈判的方式，将非成员国的贸易排除在区域之外。作为欧盟前身的欧共体的贸易政策就是一个典型。欧共体通过关税同盟与共同的农业政策对外筑起贸易壁垒，使西欧工业品和农产品市场逐渐对外封闭，北美自由贸易区的建立则标志着美国由单方面的全球自由贸易退到强调"互惠"的区域自由贸易的市场上。

（5）新贸易保护主义下管理贸易盛行。管理贸易是"有组织的自由贸易"，介于自由贸易和保护贸易之间，是以协调为中心、以政府干预为主导、以磋商谈判为轴心，对对外贸易及贸易关系进行干预、协调和管理的一种国际贸易体制。管理贸易是保护措施的法律化、制度化和技术化，亦即一国政府对本国对外贸易的保护和干预更多、更有组织、更为系统和更加制度化，实行管理贸易的目的在于既为本国争取对外贸易发展的有利条件，又在一定程度上兼顾他国利益，最终达成贸易折中方案，以限制贸易摩擦，协调与其他贸易伙伴在经济、贸易方面的权利和义务，维护稳定的国际经贸秩序，实现一国对外贸易的有序、健康发展。20世纪七八十年代日本对美国实行的"自愿"出口限制，以及20世纪90年代以来日益增多的区域及多边贸易条约或协定都是这方面的实例。

第三节 发展中国家的贸易政策

一、发展中国家的对外贸易政策

20世纪五六十年代，许多从欧美殖民地独立出来的发展中国家，为了获取经济上独立，实现工业化，从根本上摆脱对西方发达国家的依附，也一直在寻求适合本国国情的对外贸易政策。但在具体通过何种方式实现工业化的问题上，不同的发展中国家作出了不同的选择，出现了两种差异巨大的对外贸易战略。

（一）发展中国家实现工业化的必要性

大部分发展中国家是从农业社会起步的，要实现经济的快速、长远发展，就必须走工业化的道路。首先，对发展中国家来说，固守农业难以获得劳动生产率的持续增长。农业部门的发展在很大程度上受到自然条件尤其是土地报酬递减规律的制约。从生产要素存量条件来看，土地作为农业的专门生产要素，其存量难以持续增加，所以其他生产要素在农业上的持续投入会造成土地报酬的递减，并会因此阻碍农业的技术进步和生产手段的更新。相反，工业部门使用的各种生产要素如劳动、资本等能够持续增长或积累，所以大多数工业部门能够通过各种手段提高劳动生产率，使劳动生产率持续增长。其次，社会对农产品和工业品的需求变动程度不同，一般而言，与工业品相比，农产品的需求弹性比较低，这导致了其存在着生产发展的市场潜力问题，农产品消费量是有限的，而对工业品的需求弹性比较大，这造成农产品生产增加的潜力远远小于工业品。最后，农业部门难以像工业部门那样形成垄断或者不完全竞争，经济学的知识表明，不完全竞争的市场结构能够为生产者带来"垄断利润"或额外利润，这种利润有利于企业扩大生产规模、获取最大限度的利润。但是在农业部门，由于农业经营的特点和自然条件的限制，很难形成卖方不完全竞争或垄断的市场结构，也就难以实现"垄断利润"。

上述三点理由表明，发展中国家要想发展经济、提高收入水平，就必然要实现工业化。而工业化可以通过不同的途径来实现，发展中国家根据各国实际情况，制定了不同的经济发展战略，主要有两种：进口替代（import substitution）战略（又称内向型经济）和出口导向（export orientation）战略（又称外向型经济）。

（二）进口替代战略

进口替代战略又称进口替代工业化战略，是内向型经济发展战略的产物，是指一国采取各种措施限制某些外国工业品进口，促进国内有关工业品的生产，逐渐以本国产品替代进口产品满足国内需求，以期节约外汇，积累经济发展所需资金，为本国工业发展创造有利条件，实现工业化的经济发展战略。

进口替代工业化大体可以分成两个阶段：第一个阶段是用国内生产的非耐用消费品代替进口的同类产品；第二个阶段是用国内生产的耐用消费品、重工业产品和化工产品代替进口品。其中，第一个阶段的非耐用消费品主要包括纺织品原料、服装、鞋类等劳动密集型产业。由于非耐用消费品不像重化工业那样要求雄厚的资金，技术含量比较低，可以进行小规模的生产，而且劳动力素质要求不高，所以对大多数发展中国家来说，进入第一个阶段相对容易，而且发展中国家往往工资水平低，可以低成本地生产这类产品，在这一阶段获得成功的把握也比较大。第二个阶段则要求发展中国家具备一定的工业基础，有比较雄厚的资金和一定的技术条件，所以进入的难度比较大。

1. 进口替代战略的政策工具

要保证进口替代战略的成功，发展中国家需要采取一系列对外贸易政策措施，包括对进口商品设置关税壁垒、非关税障碍、进行外汇管制以及高估本国货币的对外价值等。实施这些政策的目的在于以此来增加国外产品的进入成本，从而阻止其进入本国市场，使国内的进口竞争工业在竞争强度很小的条件下发育成长。

（1）进口限制和贸易保护。进口替代战略的核心工具是贸易保护，实施国一般要限制甚至禁止奢侈品的进口，对最终消费品的进口征收高关税，并采用进口许可证、进口数量限制等非关税措施；对原材料和机器设备等投入品实行较低的关税，甚至进口补贴，以降低国内生产的投入成本。例如，实行进口替代战略的智利在20世纪70年代初平均关税率高达94%，最高关税率达到500%。

（2）外汇管制和汇率高估。进口替代战略一般对外汇的供给实行较为严格的管制，以控制进口的总量和进口的商品结构、地理方向，以及保证重点项目的外汇需要，同时对汇率进行高估，以降低进口投入的生产成本。

（3）实施优惠投资政策。政府采取优惠投资政策，通过减免税收、提供优惠贷款、允许加速折旧等方式扶持本土幼稚产业，加速进口替代产业部门的资本积累，推进进口替代工业化。例如，在实行进口替代战略期间，新加坡先后颁布了《新兴工业法案》和《工业扩展法案》，制定优惠政策，鼓励发展民族工业。

2. 进口替代战略的实践与成效

适合实行进口替代战略的国家一般国内市场比较大，可以为其工业的发展提供市场保障，国内拥有一定的自然资源和丰富的劳动力并且存在二元经济。20世纪50年代初到60年代中期，许多发展中国家相继采用了进口替代型贸易发展战略，其中拉丁美洲的一些国家如阿根廷、巴西、墨西哥等广泛地运用这一战略，亚洲的韩国、新加坡及印度等国家也曾经采用过类似的发展战略。该战略的实施在以上国家取得了一定的积极成效，但也带来了不少负面影响。

从其产生的积极效果看，进口替代战略极大地加快了从殖民地中解放出来的发展中国家工业化的进程，并且奠定了发展中国家走向工业化的基础。实施进口替代战略在一定程度上刺激了民族工业中消费品工业的发展，加强了发展中国家独立发展经济的能力，降低了其经济的对外依赖程度。一些采取进口替代战略的国家逐步发展本国的轻纺工业、钢铁工业和化学工业，如巴西通过实施进口替代战略，在20世纪70年代末就已经建立较为完整的工业体系，制造业占工业总产值的3/4，拥有冶金、机械、纺织、食品、化工、电子、航空、军工、原子能等门类齐全的基础工业部门，一些工业产品如钢铁、汽车、水泥、烧碱等产量跃居世界前10位。实施进口替代贸易战略还使发展中国家培养出了一些专门的技术人才和熟练劳动力，同时，政府部门从中也获得了管理经济的经验和知识。

但进口替代战略的实施也给发展中国家带来了一系列的问题和进一步发展的困难。一些学者认为，进口替代战略违背比较利益原则，通过人为的干预，将资源或生产要素转向自己比较劣势的部门或产业，因而经济发展的速度非但不会加快，反而会减缓。从实践效果看,单纯地且长期地实行进口替代战略并没有创造出具有竞争力的国内工业,反而由于一贯的保护政策而造成实施国的工业技术落后、机器设备陈旧、产品质量差、成本高,难以参与国际市场竞争,而且实施进口替代的产业由于受国内市场制约,往往难以充分享受规模经济效果。同时,由于进口替代的产业往往属于资本密集型产业,所以无助于增加国内就业。此外,由于实现进口替代所需的机器设备大都要从国外进口,因而所花费的外汇不仅没有减少,反而增多了。在实施这一战略的过程中,发展中国家大量向外举债,结果造成了20世纪80年代初的债务危机。在实施进口替代贸易战略时,各国普遍高估本国货币的汇率,这就使得产业部门积极扩大进口,而不太愿意出口,并且使初级产品部门与工业制成品的贸易条件进一步恶化,从而阻碍了初级产品行业的良性发展,进而带来了出口潜力的低下,导致实施进口替代的发展中国家普遍存在着国际收入不断恶化、外汇收入不足的现象,总体上看,进口替代战略并没有使发展中国家实现经济腾飞。

(三) 出口导向战略

出口导向战略又称出口导向工业化战略,是外向型经济发展战略的产物,是指一国采取各种措施发展出口工业,以大量的商品出口为导向,把经济活动的重心从国内市场转向国际市场,通过扩大出口来积累资金,以实现工业化,带动经济发展的战略。如果说进口替代战略以保护为中心,那么出口导向战略则以贸易为中心。

出口导向战略一般经历两个阶段:第一阶段是以轻工业产品出口替代初级产品出口,以生产和出口一般消费品为主;第二阶段是以重化工业产品出口替代轻工业产品的出口,致力于发展资本密集型工业和技术密集型工业。其中,第一阶段的一般消费品主要包括食品、服装、纺织品、一般家电制造业等,这类产品生产技术要求不高,国际市场需求量大,起步容易,多数发展中国家已进入这一阶段。第二阶段由于要求一国生产和出口石化、电子仪器、机械设备等资本密集型产品或技术密集型产品,所以对资本存量和技术水平要求比较高,部分发展中国家已进入这一阶段。只有极少数发展中国家能够进入知识、信息密集型的高科技产业,在高科技产品的世界出口贸易中占有一席之地。

1. 出口导向战略的政策工具

实施出口导向战略的国家在对外贸易方面往往大进大出,外部市场至关重要,所以需要相对稳定和便利的市场环境,这就要求实施国制定适合的对外经济政策。一般来说,与出口导向战略配套的经济政策要求降低关税水平,实行均衡汇率或者低估汇率,同时需要政府补贴来促进出口产业的发展。

(1) 放宽进口限制,降低贸易壁垒。出口导向战略客观上要求实行自由的贸易体制,要求政府放松管制,取消贸易壁垒,特别是非关税壁垒。在关税水平上,出口导向战略要求较低的平均关税水平,以便降低进口投入品的成本。对出口行业从外国进口必需的原料、半成品、资本品、技术专利等实行减、免税,或者放宽进口配额 (import quotas)。例如,韩国从20世纪60年代末开始实施出口导向型贸易政策,主要措施包括出口补贴、关税减免和外汇管制等，鼓励企业在国际市场上争取更大的市场份额。这一政策的推动下，韩国的出口额从20亿美元迅速增长到千亿美元。

（2）采用适宜或低估的汇率政策。出口导向战略实行比较适当的均衡汇率，通常实行低估汇率，以促进和鼓励出口。例如，为了扩大出口，韩国在1961年将货币由1美元兑换65韩元贬值到1美元兑换127.5韩元，后来又多次进行货币贬值。又如，20世纪60年代，新加坡为了便利出口产业的成长而将差别汇率改革为统一汇率，并将原先高估的币值降低，有力地支持了出口的增长。

（3）鼓励出口产业发展。实施出口导向战略的政府往往对出口企业提供补贴，补贴的形式主要有出口退税、出口信贷、出口信贷担保等，目的在于提高出口企业在国际市场上的竞争力，增强企业的出口能力。此外，为了保持产品的出口竞争力，政府通常还会在价格、关税、利润、留汇等方面实行优惠政策。例如，韩国在实行出口导向战略期间几次提高出口信贷占银行信贷总量的比例；新加坡政府则通过财政和中央公积金等措施，对缺乏资金和技术的企业予以支持。

除鼓励本国出口企业发展外，还可以采用外商独资、合资办厂、补偿贸易、来料来样加工、建立出口加工特区、在境外办厂、劳务出口等多种涉外经济形式来促进本国出口产业的发展。例如，新加坡政府就向欧美国家强力招商引资，其面向出口的制造业主要是依靠外资建立的。

2. 出口导向战略的实践与成效

适合实行出口导向战略的国家一般国内市场比较小，需要依靠国外市场，同时国内资源比较稀缺，但工资水平相对比较低，具有劳动力比较优势。韩国和新加坡在20世纪60年代都先后由进口替代转向出口导向的经济发展战略。20世纪七八十年代后，部分拉丁美洲国家和非洲国家也从进口替代战略转向了出口导向的发展战略，但在运用出口导向战略方面最有成效的还是亚洲新兴经济体。

这些经济体较早地由进口替代战略转向出口导向战略，通过出口具有潜在比较利益的劳动密集的制成品带动了经济起飞，其出口导向战略体现了两方面的特点：一方面，这些国家和地区在利用市场价格机制有效配置资源、提供未经扭曲的市场变化信息方面遵循了正统的西方经济学的观点；另一方面，所实施的战略又体现了政府干预经济发展的积极作用，如政府在为企业寻找市场、提供资金来源、干预企业经营方向等方面的积极作用。出口导向战略使这些经济体充分发挥自身比较优势，通过扩大出口促进了经济的工业化，借助全球性的产业结构调整促进了产业结构的优化升级，还获取了因分工而产生的规模经济效益。出口产业的发展带动了这些经济体其他相关产业和部门的发展，扩大了就业量，缓解了外汇压力，并积累了发展所需的外汇资金，促使这些国家和地区实现了经济腾飞。

但出口导向战略也存在一定的缺陷。首先，出口导向战略在原料进口和产品出口方面都严重依赖国外市场，尤其是发达国家市场，因此极易受到国外市场状况的影响。如果发达国家由于经济不景气而对进口产品的需求发生波动，或者发达国家实行保护贸易政策，都会对实行出口导向战略的发展中国家产品出口造成大的冲击。其次，一些发展中国家对出口产业过度保护和扶持,可能造成这些部门产生过度的依赖性,缺乏进取精神,进步缓慢,出口竞争力下降,而政府对出口产业的政策倾斜还可能对其他产业形成排挤,造成部门或地区经济发展的不平衡,加剧二元经济结构的状况。

不过总体来看,出口导向战略的实施效果要优于进口替代战略。以韩国为例,韩国在20世纪50年代到60年代初一度实行进口替代战略,之后转向出口导向战略。美国经济学家巴拉萨通过计算韩国的有关数据发现,无论是对总产出还是对制造业的贡献,在绝大部分时期,韩国的出口扩张所起的作用都大于进口替代。

需要说明的是,进口替代战略与出口导向战略不是对立的,而是相辅相成的。如果一个发展中国家没有先通过进口替代战略建立一定的工业基础,就不可能在后来通过出口导向战略大量出口商品带动经济发展;但长期囿于进口替代战略是不可取的,在适当的时候实行出口导向战略可以为经济发展提供所需的外汇、资金和技术,为更好地实现工业化创造条件,使进口替代战略有一个更高的起点。两种战略在不同时期交叉使用,或在一定时期混合使用、取长补短(例如,对劳动密集型产品实行出口导向,同时对资本密集型产品实行进口替代),是比较合理的战略安排。

二、发展中国家的贸易自由化

第二次世界大战后,发达国家普遍推行贸易自由化,而同期的发展中国家则由于经济落后大多采取贸易保护政策。20世纪50年代后,发展中国家又纷纷通过进口替代战略或出口导向战略来推动工业化和经济发展。20世纪80年代初,由于实行出口导向战略的发展中国家成功经验的示范作用,以及世界银行等国际经济组织的大力推荐,大多数发展中国家放弃了进口替代工业化战略,转而实行更加开放的贸易政策,从而拉开了发展中国家贸易自由化的序幕。发展中国家进行贸易自由化的根本目的是提高资源配置效率,促进本国经济的发展。

由于非关税贸易壁垒对一国来说最容易产生贸易扭曲现象,所以国际组织支持的贸易自由化通常是以消除非关税贸易壁垒最为优先,然后再采取关税结构合理化的措施。在实践中,贸易自由化的一般表现是各国对实行的非关税壁垒予以关税化,而关税水平不断降低。根据世界银行的观点,发展中国家要从贸易保护走向贸易自由化,需要进行以下几方面的工作:

(一)取消商品进口数量限制,以关税作为贸易保护的唯一手段

在贸易保护的手段当中,数量限制是一种比较严厉的贸易保护措施。如果进口国实行进口配额等数量限制,那么进口的数量就是一定的,这种硬性的贸易量规定会造成价格扭曲,而无论出口商如何降低成本和价格,也难以进入该进口国的市场。与数量限制相比,关税是用价格来调节供求的,在贸易保护措施中的价格扭曲效应相对较小,是相对温和、透明的保护贸易手段,所以用关税代替数量限制是发展中国家实行贸易自由化的首要步骤。

（二）改革关税制度

关税制度改革包括两个方面的内容：一是降低进口关税的总水平，二是缩小不同商品间关税率的差异幅度。从各国的关税削减经验看，降低关税水平的操作方法主要有四种：①等比例地削减所有商品的关税水平，即将每种商品的关税都降低同样的比例；②等比例地削减某个指标之上的高关税；③较大幅度地削减较高水平商品的关税；④上述几种方法相结合。世界银行推荐的方法是"蛇腹式"削减关税的方法，即先将某个上限的关税降到这个上限以下，然后重新设定一个较低上限，再将在这个新上限以上的关税降到这个上限以下，依次不断进行下去。许多专家认为，这种方法带来的调整成本最低，同时能够保持原有的贸易保护结构。

（三）扩大出口

贸易自由化意味着发展中国家要逐步开放市场，这样必然会有大量的外国商品流入国内市场。如果在进口不断增加的同时，没有出口的增加，进口国为支付进口所需要的资金差额就会不断增加。而如果国际收支严重恶化，该国政府可能不得不限制进口，从而断送贸易自由化的连续性。另外，商品的大量进口可能会对国内竞争力比较弱的企业或产业造成冲击，使得失业人口增加，当这些失业人口不能被出口行业的扩展所吸收时，该国就会有退回保护贸易的社会压力。为使贸易自由化成为持久的政策选择，发展中国家政府应该在实施贸易自由化的过程中尽可能减缓自由化带来的冲击，因此在实行贸易自由化的过程中，要配合一些其他鼓励出口、限制进口的政策措施，其中最简便的是本国货币对外贬值。

1. 简述美国对外贸易政策的发展演变。
2. 一国制定对外贸易政策主要考量哪些因素？
3. 新贸易保护主义的主要特征是什么？
4. 什么是进口替代战略？什么是出口导向战略？
5. 根据世界银行的建议，发展中国家该如何从贸易保护转向贸易自由化？

阅 读 材 料

中国国际进口博览会

2018年，举世瞩目的第一届中国国际进口博览会（以下简称"进博会"）于11月5日如期举行。这是一个"不一样"的博览会，也是迄今为止第一个以进口为主题的国家级博览会,是国际贸易发展史上一大创举。中国设立进博会具有重要的时代背景和现实意义。

进博会是继"一带一路"倡议、亚洲基础设施投资银行(以下简称"亚投行")之后,国际合作的又一个重要支撑,是世界各国展示国家发展成就、开展国际贸易的开放型合作平台,是推进"一带一路"建设、推动经济全球化的国际公共产品,是践行新发展理念、推动新一轮高水平对外开放的标志性工程。

当前,我国居民消费需求发生了重大变化。中国拥有全球最多的人口,是全球第二大经济体、第二大进口国和消费国,中国已经进入消费规模持续扩大的新发展阶段,消费和进口具有巨大增长空间。主动扩大进口,是经济转向高质量发展的客观需要,有助于满足居民不断增长的高品质消费需求。主动扩大进口,也是逆全球化和美国推行"美国优先"贸易政策背景下我国的主动选择,为世界各国企业进入中国大市场提供了历史性机遇。进博会作为我国扩大进口的重要平台,与2018年年初的进口关税调降等措施一脉相承,是主动扩大进口政策的重要内容。

2018年11月5日至10日,第一届进博会在国家会展中心(上海)举行,有来自172个国家、地区和国际组织参会,中国国家主席习近平出席开幕式并举行相关活动。第一届进博会包括展会和论坛两个部分。论坛即虹桥国际经贸论坛,在首届虹桥国际经贸论坛上,举行了"贸易与开放""贸易与创新""贸易与投资"平行论坛,此外,还同期举办了虹桥国际财经媒体和智库论坛。展会即国家贸易投资综合展和企业商业展,共有3 600多家企业参展,超过40万名境内外采购商对接洽谈。

首届进博会达成578.3亿美元意向成交额,其中,智能及高端装备展区成交额最高,为164.6亿美元;其次是食品及农产品展区,成交126.8亿美元;汽车展区成交119.9亿美元;医疗器械及医药保健展区成交57.6亿美元;消费电子及家电展区成交43.3亿美元;服装服饰及日用消费品展区成交33.7亿美元;服务贸易展区成交32.4亿美元。此外,与共建"一带一路"国家累计意向成交47.2亿美元。

在当前保护主义、单边主义抬头的背景下,举办进博会是中国主动向世界开放市场的重大举措,也是中国推动建设开放型世界经济、支持经济全球化的实际行动。这有利于维护世界贸易多边体制、增强国际合作多元发展,对于国际贸易的稳定和发展具有重要意义。

资料来源:何树全. 中国国际进口博览会的战略意义[EB/OL]. (2018-11-08). http://guancha.gmw.cn/2018-11/08/content_ 31930150.htm.

问题: 在以"美国优先"为代表的保护贸易政策重新抬头的背景下,中国为什么要设立进博会?如何进一步扩大进博会的国际影响力?

即测即练

第八章 关税措施

学习目标
1. 掌握关税的分类；
2. 熟悉税收计征办法；
3. 熟悉普遍优惠制度；
4. 掌握关税水平、名义关税和有效保护关税的计算；
5. 掌握关税的经济效应分析。

重要概念
关税　从量税　从价税　混合税　选择税　滑动关税　差价税　最惠国税率
特惠税率　普惠制税率　毕业条款　关税保护　名义关税　有效关税　最适关税

第一节 关税的概念和种类

一、关税的概念

关税是进出口货物经过一国关境时，由政府所设置的海关向其进出口商所征收的一种税。关税与国家凭借政治权力规定的其他税赋一样，具有强制性、无偿性和固定性：①强制性是指关税是由海关凭借国家权力依法征收，纳税人必须无条件服从；②无偿性是指海关代表国家单方面从纳税人方面征收，而国家无须给予任何补偿；③固定性是指关税是由海关根据预先规定的法律与规章加以征收，海关与纳税人双方都不得随意变动。关税的纳税人即税收主体是本国（地区）进出口商，但最终是由国（地区）内外的消费者负担，它属于间接税的一种。进出口货物则是税收客体，即依法被征税的标的物。

关境是海关设置的征收关税的领域。一般来说，一国的关境是与其国境相一致的，但也有两者不一致的情况。当一些国家在国境以内设有自由港或自由贸易区等免税区域时，关境的范围小于国境；有些国家结成关税同盟，参加同盟的国家在领土基础上合成统一的关税，即对内免除相互间的关税，对外则统一关税，这时对某一国而言，关境的范围就大于国境。随着一国对外开放程度的提高和区域一体化发展，关境与国境不一致已经成为较普通的现象。

在不同时期和不同国家（地区），关税设置的目的和侧重点有所不同。在重商主义时代，保护关税盛行。18世纪中叶至19世纪中叶，自由贸易盛行，关税征收以获取财政收入为主。19世纪中叶以后，保护主义兴起，主要资本主义国家实行保护主义关税政策，加大了进口税率。第二次世界大战以后，关税保护作用逐渐削弱。保护关税的最初目的主要是保护幼稚产业。自20世纪30年代经济大萧条以来，保护关税已不仅用于保护国（地区）内幼稚产业，而且对成熟产业如纺织业、钢铁业等也加以保护，如运用关税以安定国民生活的社会政策。

要实现以增加政府收入为目的的财政关税，需要满足三个条件：一是关税负担全部转嫁给外国（地区），进口商品价格不因此而提高；二是进口量及进口消费不减少，甚至进口量增加而使关税收入增加；三是国（地区）内没有与进口产品相同的产品。而实现保护关税目标，也需要满足三个条件：一是进口税必须高于国（地区）内的消费税，以提高进口产品的价格，从而保护国（地区）内工业；二是进口量及进口消费减少，能够减轻外国（地区）商品对本国（地区）生产的压力；三是国（地区）内有与进口产品相同的产品存在。如今，各国（地区）所征的关税已经很难区分保护关税或财政关税，因为以财政收入为目的关税，客观上也可以产生保护作用；以保护为目的的关税，其税率只要不达到"禁止关税"的程度而使进口完全禁止，则仍然有财政收入。

二、关税的种类

关税可以按照征税商品的流向、计征方法、税率等不同标准进行分类。

（一）进口税、出口税和过境税

按照征税商品的流向，关税可分为进口税、出口税（export duties）和过境税（transit duties）三类。

1. 进口税

进口税是指进口国（地区）海关在外国（地区）商品输入时，对本国（地区）进口商所征收的关税。进口税是关税中最主要的税种，它一般是在外国（地区）商品［包括从自由港、自由贸易区或海关保税仓库等地提出，运往进口国（地区）国（地区）内市场的外国（地区）商品］进入关境、办理海关手续时征收。进口税可以是常规性的按海关税则征收的关税，也可以是临时加征的附加税。

2. 出口税

出口税是指出口国（地区）海关在本国（地区）商品输出时对本国（地区）出口商所征收的关税。出口税通常是在本国（地区）出口商品离开关境时征收。为了鼓励出口，追求贸易顺差和获取最大限度的外汇收入，许多国家（地区）特别是西方发达国家（地区）已不再征收出口税。征收出口税的主要是发展中国家（地区），多数以原料或农产品为对象。

征收出口税的目的主要有四个方面。

（1）增加财政收入。通过征收出口税可缓解政府资金短缺的矛盾，但财政性出口税的税率一般不高，如拉丁美洲一些国家的出口税税率一般在1%~5%。

（2）保护国（地区）内生产。一是针对某些出口的原料征收，以保证对国（地区）内相关产业的原材料资源供给；二是为了维护本国（地区）经济利益，限制外国（地区）跨国（地区）公司在国（地区）内低价收购；三是防止无法再生的资源逐渐枯竭。

（3）保障国（地区）内市场。通过减少出口，保障国（地区）内供给，抑制通货膨胀，稳定国（地区）内经济，对一些消费品征收出口税。

（4）转嫁开发费用。为了转嫁开发和生产垄断产品所需的费用，同时又不影响该产品出口，对独占产品的出口课征出口税。例如，巴西对咖啡、古巴对烟草、智利对硝石，都要征收相应的关税。如果贸易顺差过大，征收出口税也可以达到平衡国际收支的目的。出口税的作用是通过增加出口商品的负担来实现的。

3. 过境税

过境税也称通过税，是一国（地区）对于通过其领土（关境）运往另一国（境）的外国（境）货物所征收的关税。过境税最早产生于中世纪，并流行于欧洲各国，但作为一种制度，则是在重商主义时期确定的。征收过境税的条件是征税方拥有特殊的交通地理位置，征税方可以凭借这种得天独厚的条件获取一定的收入，既可以充足国库，又可以转嫁国（地区）内的某些经济负担。由于运输业的发展及运输竞争的加剧，货物过境对增加运输收入、促进运输业发展的作用日益增强，加上各国（地区）财政来源收入增加，从19世纪后半期开始，各国（地区）相继废止了过境税，代之以签证费、准许费、登记费、统计费、印花税等形式，鼓励过境货物的增加，以增加运费收入、保税仓库内加工费和仓储收入等。

（二）计税方法

1. 从量税

从量税（specific duties）是指以商品的重量、数量、长度、容积、面积等计量单位为标准计征的关税。从量税的征税额是商品数量与单位从量税的乘积。征收从量税大多以商品的重量为单位，但各国（地区）应税商品重量的计算方法各有不同，一般有毛重、净重和公量三种。

2. 从价税

从价税（ad-valorem duties）是指按进口商品的价格为标准计征的关税，其税率表现为货物价格的百分率。

3. 混合税

混合税（mixed or compound duties）又称复合税，是对同一种商品，同时采用从量、从价两种标准征收关税的一种方法。按从量税和从价税在混合税中的主次关系，混合税有的是以从价税为主，另加征从量税；有的是以从量税为主，另加征从价税。混合税应用于耗用原材料较多的工业制成品。美国采用混合税较多，如对大、小提琴除征收每把21美元的从量税外，另加征6.7%的从价税。混合税兼有从价税和从量税的优点，使税赋适度，当物价高涨时，所征税额比单一从量税多；当物价下跌时，其所征税额又比单一从价税要多，增强了关税的保护程度。但是，从价税与从量税之间的比例难以确定，且手续复杂、成本高，不易实行。

4. 选择税

选择税（alternative duties）是指对同一物品，同时设定有从价税和从量税两种税率，通常是按税额较高的一种征收。当高价商品市价上涨时，选择从价税；当廉价商品物价低落时，选择从量税。选择税具有灵活性，可以根据不同时期经济条件的变化、征收关税目的以及国别政策进行选择。选择税的缺点是征税标准经常变化，令出口国（地区）难以预知，容易引起争议。

5. 滑动关税

滑动关税（sliding duties）是根据商品的市场行情相应调整关税税率的一种方法。滑动关税的经济功能是通过关税水平的适时调节影响进出口价格水平，以适应现时国际、国（地区）内市场价格变动的基本走势，免受或少受国（地区）内外市场价格波动的冲击。滑动关税包括滑动进口税和滑动出口税。滑动进口税根据同类商品的国（地区）内市场价格水平确定该种进口商品的关税率。当国际市场价格较高时，相应降低进口税率；当国际市场价格较低时，相应提高进口税率以保持国（地区）内外价格水平大致相等。例如，2005年5月1日至2005年12月31日，中国海关对关税配额外报关进口的棉花，按暂定优惠关税税率以滑准税方式征收，税率滑动范围为5%~40%。按照这种税率办法，中国进口棉花的品质越差或价格越低，征收的关税也越多，且无论进口棉花的价格高低，其税后价格都将保持在一个预定的价格标准上。

6. 差价税

差价税（variable levies）又称差额税，是按照进口商品价格低于国（地区）内市场同种商品价格的差额征收关税。由于差价税随着国（地区）内外价格差额的变动而变动，因此，它是一种滑动关税。差价税的目的是，通过按差额征税削弱进口商品的竞争能力，保护国（地区）内同类产业的生产。对于征收差价税的商品，有的规定按价格差额征收，有的规定在征收一般关税以外另行征收，后者实际上属于进口附加税。

差价税的典型表现是欧盟对进口农产品的做法。欧盟为了保护其农产品免受非成员国低价农产品竞争，而对进口的农产品征收差价税。欧盟在征收差价税时，按照下列步骤进行：首先，在共同市场内部以生产效率最低而价格最高的内地中心市场的价格为准，制定统一的目标价格（target price）；其次，从目标价格中扣除从进境地运到内地中心市场的运费、保险费、杂费和销售费用后，得到门槛价格（threshold price），或称闸门价格；最后，若外国农产品抵达欧盟进境地的到岸价格低于门槛价格，则按其差额确定差价税率。实行差价税后，进口农产品的价格被抬至欧盟内部的最高价格，从而丧失了价格竞争优势。欧盟则借此有力地保护了其内部的农业生产。此外，对使用了部分农产品加工成的进口制成品，欧盟除征收工业品的进口税外，还对其所含农产品部分另征部分差价税，并把所征税款作为农业发展资金，资助和扶持内部农业的发展。因此，欧盟使用差价税实际上是其实现共同农业政策的一项重要措施，保护和促进了欧盟内部的农业生产。

7. 其他关税

指数税（index duties）是进口货物以市场价格指数的倍数为标准征收关税的一种方法。指数税的特点是税率不变，税额则随物价指数的变动而变动。

季节税（seasonal duties）是对那些具有明显季节性特征的农产品制定两种或两种以上不同水平的税率，在实际征税时，根据季节特征选择其中一种税率予以征收。季节税的目的是平衡国（地区）内市场供求关系，调节进出口规模。

（三）普通税和优惠税

1. 概述

普通税率适用于未签订贸易互利条约或协定国家（地区）的进口商品，通常是最高的税率。优惠税率适用于有经济贸易友好关系国家（地区）的进口商品。优惠税率有最惠国税率、普惠制税率、特惠税率等多种形式，这些都在一国（地区）的海关税则中列明。普通税率一般要比优惠税率高1～5倍，个别的甚至高达10倍。

最惠国税率也称协定税率，是根据所签订的贸易条约或协定的最惠国待遇条款所给予的优惠税率，如WTO成员之间相互适用最惠国税率。

普惠制税率是发达国家（地区）向发展中国家（地区）的工业品提供的优惠税率。这种税率是在最惠国税率的基础上进行减税或免税，并且是单向的、非互惠的。

特惠税率仅适用于与本国（地区）有特殊关系的国家（地区），如欧共体对"洛美协定"中的不发达成员国给予的特别优惠关税。中国为扩大从非洲国家的进口，促进中非双边贸易的进一步发展，自2005年1月1日起，对贝宁、布隆迪、赞比亚等非洲25个最不发达国家的部分输华产品给予特惠关税待遇。

我国海关税则采用普通税率和优惠税率两栏税率。美国采用普通税率、最惠国税率和普惠制税率三栏税率。日本将税率分为基本税率、协定税率、特惠税率、暂定税率四栏，其暂定税率相当于协定税率，适用于没有签订贸易协定但与日本友好的国家。例如，日本对地毯的四栏税率分别为30%、15%、免税、15%。欧共体（欧盟）对外实行统一关税，实行包括普通税率、最惠国税率、普惠制税率、协定税率和特惠税率在内的五栏税率。

2. 特惠关税

特惠关税又称优惠税，是对来自特定国家或地区的进口商品给予特别优惠的低关税或免税待遇。使用特惠税的目的是增进与受惠国（地区）之间的友好贸易往来。特惠税有的是互惠的，有的是非互惠的。

特惠税最早开始于宗主国与其殖民地及附属国之间的贸易。目前仍在起作用且最有影响的是欧盟向参加协定的非洲、加勒比海和太平洋地区的发展中国家（地区）单方面提供的特惠关税。因这一优惠关税协定是在西非多哥首都洛美签订的，所以又称"洛美协定"。第一个"洛美协定"签订于1975年2月，按照"洛美协定"，欧盟在免税、不限量的条件下，接受46个受惠国（地区）的全部工业品和94.2%的农产品，而不要求受惠国（地区）给予反向优惠，并放宽原产地限制。同时，欧盟还给予这些国家和地区由于一些产品跌价或减产而遭到损失时的补偿。

"洛美协定"国家（地区）间实行的这种优惠关税是世界上最优惠的一种关税：一是优惠范围广，除极少数农产品外，几乎所有工业产品和农产品都在优惠范围之列；二是优惠幅度大，列入优惠的产品全部免税进口。"洛美协定"有力地促进了欧盟和这些国家（地区）之间经济贸易关系的发展。

3. 普惠制关税

普惠制关税是发达国家（地区）给予发展中国家（地区）出口的制成品和半制成品（包括某些初级产品）普遍的、非歧视的、非互惠的一种关税优惠制度。普遍性、非歧视性和非互惠性是普惠制的三项基本原则：普遍性是指发达国家（地区）对所有发展中国家（地区）出口的制成品和半制成品给予普遍的关税优惠待遇；非歧视性是指应使所有发展中国家（地区）都无歧视、无例外地享受普惠制待遇；非互惠性即非对等性，是指发达国家（地区）应单方面向发展中国家（地区）作出特殊的关税减让而不要求发展中国家（地区）对发达国家（地区）给予对等待遇。

普惠制的目的是通过给惠国对受惠国（地区）的受惠商品给予减免关税的优惠待遇，使发展中的受惠国（地区）增加出口收益，促进其工业化水平的提高，加速国民经济的增长。

普惠制是发展中国家（地区）在联合国贸易和发展会议上长期斗争的成果，1971年开始实施。截止到2023年，全世界已有190多个发展中国家和地区享受普惠制待遇，给惠国达到31个，分别为：法国、联合王国、爱尔兰、德国、丹麦、意大利、比利时、荷兰、卢森堡、希腊、西班牙、葡萄牙、奥地利、瑞典、芬兰、挪威、瑞士、日本、加拿大、美国、澳大利亚、新西兰、俄罗斯、白俄罗斯、乌克兰、哈萨克斯坦、捷克、斯洛伐克、匈牙利、波兰和保加利亚。自1978年下半年以来，先后有21个工业发达国家宣布给予中国这一关税优惠待遇，美国是至今未给中国普惠制待遇的西方发达国家。

普惠制方案是给惠国为实施普惠制税率而制定的具体执行方法，各给惠国分别制定了各自的普惠制实施方案，而欧盟作为一个国家集团给出共同的普惠制方案。截止到2023年，全世界提供了17个普惠制方案，欧洲联盟15个成员国共用1个给惠方案，其他16国则各自单独提出给惠方案。希腊、西班牙、葡萄牙和保加利亚、波兰、匈牙利既是给惠国又是受惠国。从具体内容看，各方案不尽一致，但大多包括了给惠产品范围、受惠国家和地区、关税削减幅度、保护措施、原产地规则、给惠方案有效期六个方面。同时，各给惠国为了保护本国生产和国内市场，从自身利益出发，均在各自的普惠制方案中制订了程度不同的保护措施。保护措施主要表现在例外条款、预定限额及毕业条款三个方面。

普惠制实施40多年来，确实对发展中国家和地区的出口起了一定的积极作用。但由于各给惠国在提供关税优惠的同时，又制定了种种烦琐的规定和严厉的限制措施，建立普惠制的预期目标没有真正达到。

第二节 关税水平与保护程度

世界各国（地区）出于保护国（地区）内生产和市场的目的，对不同的商品规定了不同的关税税率。因此，关税水平与保护程度的高低成了世界各国（地区）在缔结贸易条约或协定谈判的主要内容。

一、关税水平

关税水平（tariff level）是指一个国家（地区）的平均进口税率。关税水平的高低基本上可以用来衡量一个国家（地区）进口税的保护程度，也是一国（地区）参加国际贸易协定进行关税谈判时首先面临的主要问题之一。例如，在关贸总协定关税减让谈判中，就经常将关税水平作为比较各国（地区）关税高低及削减关税的指标。关税水平的计算方法主要有两种：一种是简单平均法，另一种是加权平均法。

简单平均法是一国（地区）税则中各个税目的税率简单相加后再除以税目数。在这种方法中，不考虑每个税目实际的进口数量。由于税则中很多高税率的税目是禁止性关税，有关商品很少或根本没有进口，而有些大量进口的商品是零关税或免税的，将高税率和零关税进行简单算术平均，显然不能如实反映一国（地区）的真实关税水平，因此，在实践中很少使用。

加权平均法是用进口商品的数量或金额作为权数进行平均。按照统计口径或比较范围的不同，加权平均法又可分为全额加权平均法和取样加权平均法。

（一）全额加权平均法

全额加权平均法用一个时期内所征收的进口关税总金额占所有进口商品价值总额的百分比计算，计算公式为

$$关税水平 = \frac{进口税款总额}{进口总额} \times 100\%$$

在这种计算方法中，如果一国（地区）税则中免税的项目较多，计算出来的数值就偏低，不易看出有税商品税率的高低。因此，另一种方法是按进口税额占有税商品进口总值的百分比计算，这种计算方法比前一种方法相对合理一些，算出的数值比前一种方法高一些，计算公式为

$$关税水平 = \frac{进口税款总额}{征税商品进口总值} \times 100\%$$

因各国（地区）的税则并不相同，税则下的商品数目众多，这种方法使各国（地区）关税水平的可比性较差。

（二）取样加权平均法

选取若干种有代表性的商品，按一定时期内这些商品的进口税总额占这些代表性商品进口总额的百分比计算，计算公式为

$$关税水平 = \frac{若干种有代表性商品进口税款总额}{若干种有代表性商品进口总值} \times 100\%$$

现举例说明：假定选取 A、B、C 三种代表性商品计算，如表 8-1 所示。

表 8-1 三种代表性商品的进口值和税率

商　品	A	B	C
进口值/亿元	80	60	100
税率/%	20	30	10

则

$$关税水平 = \frac{80 \times 20\% + 60 \times 30\% + 100 \times 10\%}{80 + 60 + 100} \times 100\%$$
$$= 18.3\%$$

若各国（地区）选取同样的代表性商品进行加权平均，就可以对各国（地区）的关税水平进行比较。这种方法比全额加权平均法更为简单和实用。在关贸总协定肯尼迪回合的关税减让谈判中，各国（地区）使用了联合国贸易和发展会议选取的 504 种有代表性的商品来计算和比较各国（地区）的关税水平。

一般来说，上述计算出的百分比越大，说明该国（地区）的关税水平越高；关税水平越高，说明关税的保护程度就越强。

二、保护程度

一般来说，关税水平的高低大体上可以反映一国（地区）的保护程度，但两者并不能完全画等号，因为保护程度还与关税结构等其他因素有关。20 世纪 60 年代以后，西方经济学家对关税税率与保护程度进行了深入的研究，提出了名义保护率（nominal rate of protection，NRP）与有效保护率（effective rate of protection，ERP）的概念。

（一）名义保护率

根据世界银行的定义，一种商品的名义保护率是由于实行保护而引起的国（地区）内市场价格超过国际市场价格的部分占国际市场价格的百分比，可用公式表示为

$$名义保护率 = \frac{进口货物国内市场价格 - 国际市场价格}{国际市场价格} \times 100\%$$

与关税水平衡量一国关税保护程度不同，名义保护率是衡量一国（地区）对某一类商品保护程度的指标。由于在理论上，国（地区）内外商品的价格差与国（地区）外价

格之比就等于关税税率,海关根据海关税则征收的关税税率一般就可视为名义保护率。名义保护率的计算一般是把国(地区)内外价格都折算成本国(地区)货币价格进行比较,因此受外汇兑换率的影响较大。在其他条件相同的情况下,名义保护率越高,对本国(地区)同类商品的保护程度就越强。

(二) 有效保护率

名义保护率考察的是关税对某些进口商品价格的影响。征收名义关税的目的是提高国(地区)外商品在本国(地区)国(地区)内的销售价格,以削弱其在本国(地区)国(地区)内市场的竞争能力,从而达到保护国(地区)内生产的目的,这对于保护完全用本国(地区)原材料生产的产品是适用的,但对于用进口原材料生产的制成品则不能完全适用,因为名义关税率并没有将国(地区)内生产同类制成品所用进口原材料的进口税率包括在内,而有效保护率则考虑了这个问题。

有效保护率又称实际保护率,是指征收关税后使受保护行业每单位最终产品附加价值增加的百分比,具体来说,就是由于整个关税制度而引起的国(地区)内增值的提高部分与自由贸易条件下增值部分相比的百分比。由此,有效保护率被定义为:征收关税所引起国(地区)内加工增加值同国(地区)外加工增加值的差额占国(地区)外加工增加值的百分比,可用公式表示为

有效保护率=[(国(地区)内加工增值-国(地区)外加工增值)÷国(地区)外加工增值]×100%

或者

$$\mathrm{ERP} = \frac{V' - V}{V} \times 100\%$$

式中,ERP 为有效保护率;V' 为保护贸易条件下被保护产品生产过程的增值;V 为自由贸易条件下该生产过程的增值。

在实际生活中,由于一个产业部门的投入要素是多种多样的,因此,有效保护率也可用下列公式计算:

$$\mathrm{ERP} = \frac{t - a_i t_i}{1 - a_i}$$

式中,t 为进口最终商品的名义关税率;a_i 为进口要素投入系数,即无关税时进口要素成本在最终商品中所占的比重;t_i 为进口要素的名义关税率。

名义保护与有效保护的区别在于:名义保护只考虑关税对某种成品的国(地区)内市场价格的影响;有效保护则着眼于生产过程的增加值,考察了整个关税制度对被保护商品在生产过程中的增加值所产生的影响,它不仅注意了关税对制成品的价格影响,而且注意了原材料或中间产品由于征收关税而增加的价格。有效保护理论认为,对生产被保护产品所消耗的原材料或中间产品征收关税会提高产出品的成本、减少制成品生产过程的增加值,从而降低对最终商品的保护程度。因此,一个与进口商品竞争的行业中的企业,不仅要受到对进口商品征收关税的影响,而且要受到对所使用的原材料和中间产品征税的影响。

例如,在自由贸易条件下,1千克棉纱的到岸价格折成人民币为20元,其投入原棉价格为15元,占其成品(棉纱)价格的75%,余下的5元是国外加工增值额,即 $V=5$(元)。如果我国进口原棉在国内加工棉纱,原料投入系数同样是75%时,依据对原棉和棉纱征收关税而引起的有效保护率如下。

(1) 设对棉纱进口征税10%,原棉进口免税,则国内棉纱市价应为 $20\times110\%=22$(元)。其中,原棉费用仍为15元,则国内加工增值额为 $V'=22-15=7$(元),按上式计算,棉纱的有效保护率为

$$EPR = \frac{V'-V}{V}\times100\% = \frac{7-5}{5}\times100\% = 40\%$$

(2) 对棉纱进口征税10%,其原料原棉进口也征税10%,那么国内棉纱市价仍为22元,而其原料成本因原棉征税10%而增加为16.5元,国内加工增值 $V'=22-16.5=5.5$(元),则其有效保护率为

$$EPR = \frac{V'-V}{V}\times100\% = \frac{5.5-5}{5}\times100\% = 10\%$$

(3) 对棉纱进口征收8%的关税,而对原棉进口征税10%,则 $V'=20\times108\%-15\times110\%=5.1$,有效保护率为

$$EPR = \frac{V'-V}{V}\times100\% = \frac{5.1-5}{5}\times100\% = 2\%$$

(4) 若对棉纱免税,而对原棉进口征税10%,则 $V'=20-15\times110\%=3.5$,有效保护率为

$$EPR = \frac{V'-V}{V}\times100\% = \frac{3.5-5}{5}\times100\% = -30\%$$

根据上面公式的推导及其计算结果,我们不难发现有效保护率和最终商品的名义关税两者之间存在以下的关系:

(1) 当最终产品的名义关税税率高于原材料进口名义税率时,有效保护率高于名义关税税率。

(2) 当最终产品的名义关税税率等于原材料进口名义税率时,有效保护率等于名义关税率。

(3) 当最终产品的名义关税税率小于原材料进口名义税率时,有效保护率小于名义关税率,甚至会出现负的有效保护率,负的有效保护率是指由于关税制度的作用,对原料征收的名义税率过高,原料价格上涨的幅度超过最终产品征税后附加价值增加的部分,从而使国内加工增值低于国外加工增值。这意味着生产者虽然创造了价值,但由于不加区别地对进口成品和原材料征收关税,会使这种价值减少,生产者无利可图,因而鼓励了成品的进口。

第三节 关税的经济效应

关税的经济效应是指一国（地区）征收关税对其国（地区）内价格、贸易条件、生产、消费、贸易、税收、再分配及福利等方面所产生的影响。关税的经济效应可以从整个经济的角度来分析，也可以从单一商品市场的角度来考察，前者属于一般均衡分析，后者为局部均衡分析。为便于分析和理解，本节仅从局部均衡的观点分别讨论小国和大国征收关税所产生的经济效应。

一、小国征收关税的经济效应

小国的特点是征收关税以后既不影响世界价格，又不影响经济的其他部门，就好像完全竞争的企业一样，只是价格的接受者。这样，该国征收关税以后，进口商品国内价格上涨幅度等于关税税率，关税完全由进口国消费者承担。

小国的关税均衡效应可以用图8-1来进行分析：假设B国为小国，横轴表示商品X的数量，纵轴表示商品X的价格，S_O 和 D_O 分别代表商品X的供给曲线和需求曲线，两线的交点 E 为没有贸易时孤立均衡点，P_e 为国内均衡价格。在自由贸易条件下，当不考虑运输成本时，国内价格等于国际价格 P_1。在此价格下，该国对商品X的需求量为 AB，本国自行生产的数量为 AC，需要进口的数量为 CB。S_F 为该国进口所面对的出口供给曲线，平行于横轴，弹性无穷大。若该国对商品X的进口征收额度为 T 的关税（税率为 T/OP_1），则其进口面对的是包括关税在内的新的出口供给曲线 S_{F+T}，征收关税对国内经济产生了以下影响。

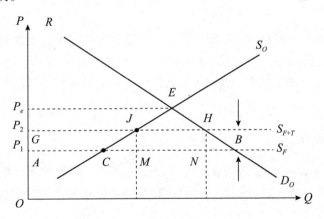

图8-1 小国征收关税的经济效应

（一）价格效应

价格效应（price effect）是指征收关税对进口国（地区）价格的影响。由于小国对商品的国际价格没有影响力,因此课征关税后,商品 X 的国际价格仍为 P_1,但其国内价格却升至 P_2,且 $P_2=P_1+T$,即小国征收关税使进口品及其进口替代品的国内价格提高了与所征税额相当的幅度。

(二) 贸易条件效应

贸易条件效应 (terms of trade effect) 是指征收关税对进口国 (地区) 贸易条件的影响。小国对进口商品征收关税使该商品的国内价格上升,从而使其国内生产扩张、消费减少、进口缩减,但小国进口量的减少并不会对国际市场的供求关系产生显著影响,不能影响该商品的国际价格,故小国的关税贸易条件效应并不存在。

(三) 消费效应

消费效应 (consumption effect) 即征收关税对进口商品消费的影响。某小国征收进口关税后,对可进口商品 X 的需求量因价格提高而由 AB 减至 GH,即减少 BN 数量的 X 商品消费。

(四) 生产效应

生产效应 (production effect) 即征收关税对进口国 (地区) 进口替代品生产的影响。某小国征收进口关税后,由于进口品价格提高了,因而刺激了进口替代品的生产扩张,直至生产者价格达到 (P_1+T) 的水平,即进口替代品的产量由 AC 增至 GJ,所增加的 CM 数量的进口替代品生产乃是关税的生产效应,又称替代效应 (substitution effect) 或保护效应 (protection effect)。关税越高,保护程度亦越高。当关税提高为 P_1P_e 或更高时,即为禁止性关税。

(五) 贸易效应

贸易效应 (trade effect) 即征税引起的进口量变化的影响。征收关税后,由于生产增加、消费减少,所以进口数量由 CB 减为 JH,其中因消费减少,导致进口数量减少 BN,减少 CM 数量的进口是由生产增加所致。因此,关税的贸易效应为消费效应和生产效应之和。

(六) 财政效应

财政效应 (fiscal effect) 即征收关税对国家 (地区) 财政收入产生的影响,某小国征收额度为 T 的关税后,政府取得了面积 MJHN 的关税收入,使财政收入增加,即为关税的财政效应。

(七) 收入再分配效应 (income-redistribution effect)

征税前,商品 X 的消费量为 AB,消费者剩余为面积 RAB;征收后,商品 X 的消费量为 GH,消费者剩余为面积 RGH,故消费者剩余减少了面积 AGHB。然而征收关税后,

生产者由于增加 CM 的进口替代品生产而增加了面积 $AGJC$ 的生产者剩余，政府由于征收关税而增加了面积 $MJHN$ 的财政收入。面积 $AGJC$ 和 $MJHN$ 实际上是社会收入由消费者负担增加而转移给生产者和政府的部分。

（八）福利效应（welfare effect）

根据以上的分析，征税后，消费者剩余减少面积 $AGHB$，其中面积 $AGJC$ 转移为生产者剩余增加的部分，面积 $MJHN$ 成为政府的关税收入，剩余的面积 CJM 和面积 HNB 是征税所致的福利净损失（net welfare loss）或无谓的损失（deadweight loss），即关税的社会成本。面积 CJM 代表生产的净损失，由增加 CM 数量的进口替代品生产使资源使用效率下降所致；面积 HNB 代表消费的净损失，是人为地抬高了进口品价格、进而扭曲消费所产生的消费效用的净损失。

以上所讨论的各种效应的大小，取决于征税商品的供给与需求弹性及关税税率的高低。对于相同的关税税率，需求曲线越富弹性，消费效应越大，同样供给曲线越富弹性，生产效应越大。因此，一国（地区）对某商品的供给与需求越有弹性，关税的贸易效应越大，而财政效应越小。

关税的负担取决于进口需求与出口供给的弹性大小，弹性越大者，关税的负担越轻；弹性越小者，关税的负担越重。由于小国进口所面对的出口供给弹性无限大，因此小国课征进口关税，关税完全由其本国消费者负担，而关税收入全部由小国的政府所获得。

二、大国征收关税的经济效应

大国与小国征收关税最主要的差异在于大国征收关税可以影响世界市场的价格，进而带来贸易条件的变化，小国则不然。现用图 8-2 对大国征收关税进行局部均衡分析。图中，S_H 表示某大国商品 X 的国内供给曲线，S_{H+F} 表示商品 X 的总供给曲线（由国内供给曲线和国外供给曲线合计而得），D_H 表示商品 X 的国内需求曲线，在自由贸易条件下：该国的国内需求曲线 D_H 与总供给曲线 S_{H+F} 相交于 B 点，价格为 P_h，该国对 X 商品的需求量为 AB，其中 AC 数量由国内生产者提供，CB 数量靠进口弥补。若该国对商品 X 征收额度为 T 的关税（税率为 T/OP_w），则对国内经济产生以下影响。

征税后，总供给曲线将上移为 S_{H+F+T}，D_H 与 S_{H+F+T} 相交于 H 点，故国内价格升为 P'_h，该国对 X 商品的需求量为 GH，其中 GJ 数量由本国提供，JH 数量通过进口来满足。征税所致的消费者剩余损失为 $(a+b+c+d)$ 部分，其中 a 为生产者剩余增加部分，c 为政府向国内消费者征收的关税收入，其余的 $(a+b)$ 部分为保护的成本或无谓的损失。但由于该国是大国，征收关税提高了国内价格，减少消费和进口，使国际价格下降（由 P_w 降至 P'_w），从而改善其贸易条件并从中获益，政府从外国出口商间接获得了面积 $MNIK$ 的好处，即 e 部分的关税收入。因此，征收关税引起的福利净变动是 $[e-(b+d)]$。如果贸易条件改善带来的利益大于保护的成本，即 e 大于 $(b+d)$，则该国从征收

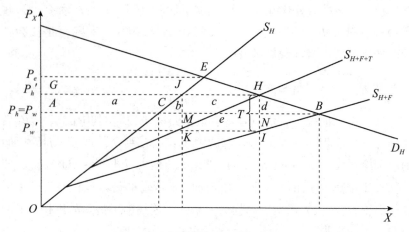

图 8-2 大国征收关税的经济效益

关税中获益,福利增加;如果 e 小于 $(b+d)$,则该国发生福利净损失;如果 e 等于 $(b+d)$,则该国既未从征收关税中获利,又未因征税而发生净损失。与小国相似,大国征收关税所产生的各种效应大小也取决于课税商品的供给和需求弹性及所征关税税率的高低。在一定的供给和需求条件下,一国政府可通过征收最适关税以使其福利最大化。

大国征收关税后,使其国内价格提高并使国际价格下降,表示关税由进出口国共同负担。如图 8-2 所示,进口国消费者负担 $P'_h P_w$ 的关税,出口国负担 $P_w P'_w$ 的关税,关税额为 $T = P'_h P_w + P_w P'_w = P'_h P'_w$。而关税负担的大小,取决于进出口国进口需求与出口供给弹性的大小。进口需求弹性越小,国内价格上涨幅度越大,则进口国的关税负担越重,出口国负担越轻;出口供给弹性越大,国际价格下跌幅度越小,则出口国的关税负担越轻,进口国的负担越重,反之亦然。

通过以上对小国和大国征收关税的局部均衡分析可见,征收关税虽然使本国(地区)供应商受益并对政府有利,但却极大地损害了消费者福利,最终使社会遭受无谓的损失。降低关税,则会增进国民福利和消费者利益,而仅对相关的部分生产者及国库收入不利,况且关税收入也不应该是政府财政收入的主要来源。在关税保护下的国(地区)内生产是低效率的生产,不利于资源合理配置,所以也不应该长期对其提供保护。因此,除了在少数情况下,进口大国只有用关税影响进口商品的价格,使其从中得到的利益超过保护的成本,或在本国经济存在其他办法能抵消这种扭曲时,才能考虑采取征收关税的手段,否则应尽量实行自由贸易政策。

三、最适关税

最适关税 (optimum tariff) 是指能使一国(地区)福利水平达到最大的关税水平,其税率称为最适关税税率。由于小国征收关税不能改变其贸易条件,而只会使贸易量下降,其福利水平下降,所以小国的最适关税为零,即实行自由贸易政策对小国而言是最为有利的。由于大国征收关税能够改善贸易条件,提高其福利水平,故只有大国存在最适关税。

大国的最适关税税率位于自由贸易和禁止性关税（prohibitive tariff）之间。从自由贸易开始，大国提高关税率、贸易条件改善带来的正效应将超过贸易量减少所致的负效应，使社会福利水平提高。当关税税率增至最适税率时，福利水平达到最大值。此后，若再进一步提高关税，则贸易条件改善的效果将会小于贸易量减少的效果，而使社会福利水平下降。

四、报复关税

大国课征关税使其贸易条件改善、福利水平提高，但却使其贸易伙伴的贸易条件恶化、福利水平下降，因此，贸易伙伴国很可能采取关税报复（tariff retaliation）。假设有A、B两个国家，由于B国贸易条件的改善、福利水平的提高是以A国的贸易条件恶化、福利下降换取的，故A国可能不甘于B国征收最适关税而使其福利下降，往往会对自己的产品也征收一个最适关税进行报复。在这种状况下，A国的贸易条件比自由贸易条件下更好，而B国的贸易条件则差于自由贸易时的情形，两国的贸易量进一步减少。此时，B国也许不甘示弱，再度提高关税予以报复，这样，一场关税战（tariff war）就难以避免。关税战使两国的贸易量急剧下降，双方的福利水平均低于自由贸易状况下的水平。在极端情况下，两国竞相采取报复关税直至回到原点，这样两国都会回到自给自足的状态，从而使得双方的贸易量为零，两国全部贸易所得都将丧失。

1. 简述名义保护率与有效保护率的联系与区别。
2. 什么是普遍优惠制？普惠制给惠方案主要包含哪些方面？
3. 什么是最适关税？什么是报复关税？
4. 论述小国征收关税的经济效应。
5. 论述大国征收关税的经济效应。
6. 某国进口一台设备的价格为100万元，征收20%的从价税，该设备的原材料价格为20万元。如果对进口设备的原材料免税，则该国此设备的有效保护率是多少？如果政府对此设备的原材料征收5%的从价税，则有效保护率又是多少？

阅 读 材 料

关税对进出口商品价格的影响

2018年7月6日，中美贸易战正式打响，自此日起，美中给对方商品加征关税的措施正式生效。美方将对中方千余个产品系列额外征收25%的从价税，总价值为340亿美元。同时，中方也将对原产于美国的545项约340亿美元进口商品加征25%的关税。

据统计，美方公布的340亿美元征税产品清单中，有200多亿美元，占比约59%的是在华外资企业的产品，其中美国企业占有相当比例，汽车类商品涉及28项，包括小客车、货车、越野车、汽车零部件等。中美贸易战自开打以来备受关注，汽车类产品的处境备受车企及消费者的关心。

2018年6月15日，美国政府发布了加征关税的商品清单，将对从中国进口的约500亿美元商品加征25%的关税。其中，自2018年7月6日起，对约340亿美元商品实施加征关税。而中国于同年7月1日正式降低汽车整车及零部件进口关税，汽车整车税率降至15%。随着双方较量升级，美国产的汽车关税从15%上涨到40%。

在中美贸易战中，中方为什么选择对美方汽车产业征收高关税？若中方对美国整车和汽车零配件进口有三种征收关税方案：

（1）对整车和汽车零配件都征收25%的进口关税；
（2）对整车征收25%的关税，并且对汽车零配件征收15%的关税；
（3）对整车征收15%的关税，并且对汽车零配件征收25%的关税。

资料来源：美国对中国价值340亿美元商品加征25%关税 专家称影响有限［EB/OL］．（2018-07-06）. http：//baijiahao.baidu.com/s？id=1605202205244380155&wfr=spider&for=pc.

问题：请比较三种方案征收关税后的结果，并思考如何保护我国国际贸易利益。

即测即练

第九章 非关税措施

学习目标

1. 了解非关税壁垒兴起的原因和特点；
2. 掌握非关税壁垒的分类；
3. 熟悉主要的直接限制进口的非关税壁垒措施；
4. 了解间接限制进口的非关税壁垒措施；
5. 熟悉非关税壁垒的经济效应分析。

重要概念

非关税壁垒　进口配额　关税配额　自动出口配额　进口许可证制　外汇管制　劳工标准　技术性贸易壁垒　绿色贸易壁垒

第一节 非关税措施概述

一、非关税壁垒的概念与演变

非关税壁垒，是指除关税措施以外的一切限制进口的措施，是一国（地区）政府为了调节、管理和控制本国（地区）的对外贸易活动，从而影响贸易格局和利益分配而采取的各种法律法规、行政措施和行政手段，它和关税壁垒一起成为政府干预贸易的政策工具。

各国（地区）经济发展不平衡，是非关税壁垒迅速发展的根本原因。早在重商主义时期，限制和禁止进口的非关税措施就开始盛行，但普遍建立却是在20世纪30年代。由于世界性经济危机的爆发，西方各国为了缓和国内市场的矛盾，对进口的限制变本加厉，一方面高筑关税壁垒，另一方面普遍采用进口配额、进口许可证和外汇管制等各种非关税壁垒措施阻止商品进口。第二次世界大战后，特别是20世纪60年代后期以来，在关贸总协定的努力下，许多国家（地区）参与签订了《关税与贸易总协定》，经过多次谈判，各国（地区）的关税总体水平大幅度下降，关税作为政府干预贸易的政策工具的作用已越来越弱。发达国家（地区）为了转嫁经济危机，实现超额垄断利润，转而主要采用非关税壁垒来限制进口。20世纪70年代中期以后，贸易保护主义重新抬头。据不完全统计，非关税壁垒从20世纪60年代末的850多项增加到20世纪70年代末的900多项，到20世纪90年代初已达3 000多项。

20世纪90年代以来，非关税壁垒呈现出形式更加隐蔽、技巧更高的特点，以致很难区分其保护是否合理，具体来看，大致有以下几方面的变化。

（1）传统制度化的非关税壁垒不断升级。如反倾销的国际公共规则建立后，在制度上削弱了其贸易壁垒的作用，但频繁使用反倾销手段又使其演化为新的贸易壁垒。

（2）技术标准上升为主要的贸易壁垒。由于各国的技术标准难以统一，技术标准成为最为复杂的贸易壁垒，并常常使人难以区分其合理性。

（3）绿色壁垒成为新的行之有效的贸易壁垒。一些国家，特别是发达国家，往往借环境保护之名，行贸易保护之实。

（4）政治色彩越来越浓。发达国家甚至利用人权、劳工标准等形成带有政治色彩的贸易壁垒，大肆推销其国内人权标准，干涉别国内政。

二、非关税壁垒的特点

与关税措施相比，非关税壁垒具有以下特点。

（1）有效性。关税措施主要是通过影响价格来限制进口，而非关税壁垒主要是依靠行政机制来限制进口，因而它更能直接、严厉且有效地保护本国（地区）生产与本国（地区）市场。

（2）隐蔽性。与明显提高关税不同，非关税壁垒既能以正常的海关检验和进口有关的行政规定、法令条例的名义出现，又可以巧妙地隐蔽在具体执行过程中而无须公开规定，人们往往难以清楚地辨识和有力地反对这类政策措施，从而增强了反贸易保护主义的复杂性和艰巨性。

（3）歧视性。一些国家往往针对某个国家采取相应的限制性非关税壁垒，更加强化了非关税壁垒的差别性和歧视性。例如，1989年欧共体宣布禁止进口含荷尔蒙的牛肉，其实针对的就是美国牛肉的出口。

（4）灵活性。关税是指通过一定立法程序制定的具有一定延续性的贸易政策，在特殊情况下进行灵活性调整比较困难。而制订和实施非关税措施，通常可根据需要，运用行政手段作出必要的调整，具有较大的灵活性。正因为如此，非关税壁垒已逐步取代关税措施，成为各国所热衷采用的政策手段。

三、非关税措施的分类

联合国贸易和发展会议将非关税壁垒措施分成三种类型：一是为保护国内生产不受外国竞争而采取的商业性措施；二是除商业性政策以外的用于限制进口和鼓励出口的措施；三是为促进国内替代工业的发展而实行的限制。前两种类型均包含A、B两组措施，其中A组为数量限制，B组为影响进口商品的成本，如表9-1所示。目前，传统的分类方法是将其分为配额、金融控制、政府参与贸易、海关与海关手段、对产品的要求五个大类。而从其限制进口的方法来看，可分为直接限制和间接限制两种。所谓直接限制方法，就是指进口国直接规定商品进口的数量或金额，或者通过施加压力迫使出口国自己限制商品的出口,如进口配额、自动限制出口、进出口许可证等。所谓间接限制方法,是指进口国利用行政机制,对进口商品制定苛刻的条例和技术标准,从而间接限制进口,如外汇管制、歧视性政府采购政策、海关程序、进出口的国家垄断、进口押金制、最低限价、国内税及有关卫生、安全、环境等技术性贸易壁垒等。

表9-1 联合国贸易和发展会议对非关税壁垒的分类

Ⅰ.为保护国内生产不受外国竞争而采取的商业性措施 A组: (1) 进口配额 (2) 许可证 (3) 自动出口限制 (4) 禁止出口和进口 (5) 国营贸易 (6) 政府采购 (7) 国内混合规定	Ⅱ.除商业性政策以外的用于限制进口和鼓励出口的措施 A组: (15) 运输工具的限制措施 (16) 对于进口商品所占国内市场份额的限制政策 B组: (17) 包装和标签的规定 (18) 安全、健康和技术标准 (19) 海关检查制度 (20) 海关估价 (21) 独特的海关商品分类
B组: (8) 最低限价和差价税 (9) 反倾销税和反补贴税 (10) 进口押金制 (11) 对与进口商品相同的国内工业实行优惠 (12) 对与进口商品相同的国内工业实行直接或间接补贴 (13) 歧视性的国内运费 (14) 财政部门对进口商品在信贷方面的限制	Ⅲ.为促进国内替代工业的发展而实行的限制 (22) 政府专营某些商品 (23) 政府实行结构性或地区性差别待遇 (24) 通过国际收支限制进口

资料来源:陈洁民,于岚. 国际贸易 [M]. 北京:化学工业出版社,2008.

第二节 直接限制进口的非关税壁垒措施

一、进口配额

(一) 进口配额的概念

进口配额,又称进口限额,是一国(地区)政府对一定时期内(通常为1年)进口的某些商品的数量或金额加以直接限制。在规定的期限内,配额以内的货物可以进口,超过配额不准进口或者征收较高关税或罚款之后才能进口。因此,进口配额制是限制进口数量的重要手段之一。

（二）进口配额的分类

根据控制的力度和调节手段不同，进口配额分为绝对配额（absolute quotas）和关税配额（tariff quotas）两种。

1. 绝对配额

绝对配额，即在一定时期内，对某些商品的进口数量或金额规定一个最高限额，达到这个限额后，便不准进口。绝对配额按照其实施方式的不同，又可分为全球配额（global quotas；unallocated quotas）、国别配额（country quotas）和进口商配额（importer quotas）。

（1）全球配额，又称总配额，即对某种商品的进口规定一个总的限额，对来自任何国家或地区的商品一律适用。主管当局通常按进口商的申请先后或过去某一时期内的实际进口额发放配额，直至总配额发完为止，超过总配额就不准进口。由于全球配额不限定进口国别或地区，因而进口商取得配额后可从任何国家或地区进口。这样，邻近国家或地区因地理位置接近、交通便捷、到货迅速，处于有利地位。这种情况使进口国家和地区在限额的分配和利用上难以贯彻国别政策，因而不少国家和地区转而采用国别配额。

（2）国别配额，即政府规定一定时期内的进口总配额，并将总配额在各出口国家和地区之间加以分配，超过规定配额的不准进口。为了区分来自不同国家和地区的产品，在按国别配额进口时，进口商必须提供进口商品的原产地证明书。与全球配额不同的是，实行国别配额可以很方便地贯彻国别政策，具有很强的选择性和歧视性。进口国家和地区往往根据其与有关国家或地区的政治经济关系分别给予不同的额度。

（3）进口商配额，是指进口国（地区）政府把某些商品的配额直接分配给进口商。进口国（地区）往往将某些商品的进口配额在少数进口厂商之间进行分配，以加强垄断资本在对外贸易中的垄断地位并进一步控制某些商品的进口。比如，日本食用肉的进口配额就是在29家大商社间分配的。

2. 关税配额

关税配额，即对商品进口的绝对数额不加限制，而对在一定时期内，在规定配额以内的进口商品，给予低税、减税或免税待遇，对超过配额的进口商品则征收较高的关税或征收附加税甚至罚款。

关税配额按征收关税的优惠性质，分为优惠性关税配额和非优惠性关税配额。

（1）优惠性关税配额，是对关税配额内进口的商品给予较大幅度的关税减让，甚至免税，对超过配额的进口商品则征收原来的最惠国税率。欧共体（欧盟）在普惠制实施中所采取的关税配额就属此类。

（2）非优惠性关税配额，是对关税配额内进口的商品征收原来正常的进口税，一般按最惠国税率征收，对超过关税配额的部分征收较高的进口附加税或罚款。例如，澳大利亚曾规定对除男衬衫、睡衣以外的各种服装，凡是超过配额的加征175%的进口附加税。如此高额的进口附加税，实际上起到了禁止进口的作用。

关税配额与绝对配额的不同之处在于：绝对配额规定一个最高进口额度，超过不准进口，而关税配额在商品进口超过规定的最高额度后，仍允许进口，只是超出部分被课以较高关税。可见，关税配额是将征收关税和进口配额结合在一起的进口管理措施。两者都是以配额的形式出现，可以通过提供、扩大或缩小配额向贸易对方施加压力，使之成为贸易歧视的一种手段。

（三）进口配额的经济效应

进口配额和关税一样，对贸易双方都有深刻的影响，这里仅分析配额对进口国的影响。配额所规定的进口量通常要小于自由贸易的进口量，所以配额实施后进口会减少，进口商品在国内市场的价格会上涨。如果实施配额的国家是一个小国，那么配额只影响国内市场的价格，对世界市场的价格没有影响；如果实施配额的国家是一个大国，那么配额不仅导致国内市场价格上涨，而且会导致世界市场价格下降。进口配额的经济效应可用图 9-1 进行说明。

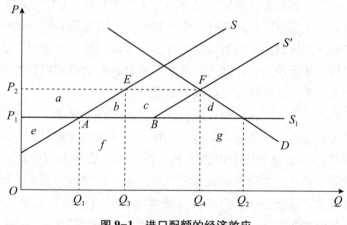

图 9-1　进口配额的经济效应

图 9-1 中，S、D 分别为某国某种进口商品的国内供给曲线和需求曲线，S_1 为出口国的商品供给曲线。P_1 为在自由贸易状态下的国际价格，此时该进口国内的供给量为 OQ_1，国内的需求量为 OQ_2，需求大于供给，供需之间的差额为 Q_1Q_2，只能通过从国外进口来弥补国内供给的不足。这时，该国政府对商品进口实行配额限制，即只允许相当于图中 Q_3Q_4，即线段 EF 所示的数量进口。由于供不应求，国内市场价格必然上升，当价格上升到 P_2 时，国内生产增加到 OQ_3，国内消费减少到 OQ_4，供求之间达到平衡，实行进口配额后的供求平衡点为 F。将实行进口配额后的状况与自由贸易时相比，可以看出该措施具有以下经济效应。

（1）消费效应。进口国消费者由于价格上涨，消费由 OQ_2 降至 OQ_4，损失了面积为 $(a+b+c+d)$ 的消费者剩余。

（2）生产效应。由于价格提高，本国生产者的供给量从配额前的 OQ_1 上升到 OQ_3，生产者剩余由 e 增加至 $(a+e)$，产生了相应的生产效应，即进口替代效应。

(3) 国际收支效应。进口价格不变而进口数量受限，使得外汇支出减少（$f+g$），国际收支得到改善。

(4) 配额利润效应。获得配额的进口商以 P_1 的价格进口 Q_3Q_4（即线段 EF）所示的数量（配额限量），但在国内却可以较高的价格 P_2 售出，可从中获得相当于长方形面积 c 的配额收益。

(5) 再分配效应。倒梯形面积 a 为进口国生产者因生产扩大而获得的生产者剩余，面积 b 为国内生产者低效率扩大生产而带来的损失，面积 d 为价格提高导致消费量减少带来的损失，而长方形面积 c 为配额收益，即价格上涨后得到的收益。可见，进口配额制增加了生产者剩余 a 和配额收益 c，却使消费者损失了（$a+b+c+d$）的经济福利。综合起来，配额的再分配效应＝生产者剩余增加＋进口商的配额收益－消费者剩余损失＝$a+c-(a+b+c+d)=-(b+d)$，这表明国民经济福利遭受了净损失，数量为（$b+d$）。

(6) 贸易条件效应。一个国家在实行进口配额后，其贸易条件的好坏主要取决于需求和垄断。当本国对外国产品有较强需求时，本国以更多产品换取配额进口的外国产品，本国的贸易条件就会恶化；相反，当外国对本国产品有较强需求时，本国的贸易条件就会趋于改善。如果本国出口商具有垄断性地位，他们就会利用其影响力，减少进口数量，抬高商品价格，从而使本国的贸易条件得到改善；而当外国出口商具有垄断性地位时，他们也会利用其影响力，抬高进口商品的价格，自动限制出口数量，从而造成进口国的进口商之间竞争，最终导致进口国贸易条件恶化。

总之，各国对进口商品实施配额管理，主要是出于以下顾虑：过量进口某商品会严重损害国内相关工业发展；会直接影响进口结构、产业结构的调整；危及国家外汇收支等。进口配额在发达工业国家的应用越来越广泛，其目的是利用配额来保护本国的生产，提高本国就业率和解决本国国际收支逆差等问题。而发展中国家广泛地实行进口配额制，为的是发展进口替代工业。但是实施配额也会给贸易国带来很大的影响：首先，配额对国内市场的保护使得国内的稀缺资源更加稀缺，从而带来低效率；其次，配额的发放过程容易滋生腐败；最后，由于进口配额是一种数量限制，其实施必然会直接导致国际贸易量的下降，从而带来配额在国际的"多米诺"效应。

（四）进口配额与进口关税的经济效应比较

虽然进口配额具有与关税相似的消费效应、生产效应、国际收支效应和再分配效应，但进口配额与关税相比，除了上文提到的关税壁垒与非关税壁垒的区别外，二者的经济效应也有明显的差异，具体表现在以下几个方面。

1. 垄断的影响程度

在征收关税的情况下，进口商品仍能够起到限制与进口商品竞争的国内生产者的垄断权利的作用。此时，国内市场价格为国际市场价格加关税，其仍由国际市场的供求决定，国内产业无法形成垄断；但配额的实施，使国内生产者面临的竞争要比征收关税时小得多。在实施配额的情况下，国内厂商可以垄断除配额以外的国内市场，此时国内市场的价格由垄断厂商的利润最大化原则决定，而与国际市场价格无关。

2. 收入效应及其归属

关税措施产生的收入为政府所有，可产生财政收入效应，任何人不得凭借手中的权力加以利用；而实行配额后，允许输入的进口商品的提价带来的垄断收益，其归属取决于进口国分配数额的方式和国际市场上该商品的出口状况。

3. 对进口数量的限制强度

在征收关税的情况下，国内价格与国际价格的差距是既定的（相当于关税），而且国内价格是固定的，当需求发生变动时，只要消费者愿意支付较高的价格，进口商就有利可图，即使关税再高，进口量仍可增加，这样由于进口状况的不易确定，关税效应难以预知；而在进口配额下，进口量是被限定的，进口需求的增加只会导致价格的变化，而不会带来进口数量的变化，可见配额对进口的限制更强、更确定。

4. 对生产者提供的保护是否确定

关税对生产者提供的保护不具有确定性。有时国外出口商为维持出口会承担部分或全部关税，使得进口商品的价格与征税前基本持平，这样关税的保护作用就大大降低了。另外，国内生产者也很难根据关税的征收状况来判断进口数量的多少，从而无法确定自己的生产目标，而在实施进口配额的情况下，进口量是确定的，国内的生产者可以根据国内的需求状况来确立其生产目标。

通过上述的分析可知，尽管配额比关税更灵活，各国也乐于采用，但在大多数的情况下，关税要优于配额，因为配额作为一种纯粹的行政干预手段，其对国内经济产生的副作用要远远大于关税（表9-2）。

表9-2 进口配额与关税政策的经济效应比较

经济效应	国内市场需求量增加		国内市场需求量减少	
	进口配额	关税	进口配额	关税
价格效应	增加	不变	减少	不变
生产效应	增加	不变	减少	不变
消费效应	增加	增加	减少	减少
贸易效应	不变	增加	不变	减少
配额租金	增加	增加	减少	减少
相对自由贸易的损失	增加	不变	减少	不变

二、自动出口配额

（一）自动出口配额的概念

自动出口配额（voluntary export quota），又称自动出口限制（voluntary export restraint），是指出口国在进口国的要求和压力下，"自动"规定某一时期内（一般为3~5

年）某些商品对该国的出口限额，在该限额内自行控制出口，超限额即禁止出口。

（二）自动出口配额的特点

自动出口配额和进口配额虽然从实质上来说都是通过数量来限制进口，但仍有以下不同之处。

（1）从配额的控制方面看，进口配额是进口国直接控制配额来限制商品进口，而自动出口配额则由出口国直接控制配额，限制一些商品对进口国的出口，因此是一种由出口国实施的为保护进口国生产者而设计的贸易措施。

（2）从配额表现形式看，自动出口配额表面上看是出口国自愿采取措施控制出口，而实际上是在进口国的强大压力下才采取的措施，并非真正出于出口国的自愿，进口国往往以某些商品的大量进口威胁到其国内某些工业，即以所谓的"市场混乱"（market disruption）为借口，要求出口国实行"有秩序增长"（orderly growth），"自动"限制出口数量，否则将采取报复性贸易措施。

（3）从配额的影响范围看，进口配额通常施行于一国进口货物的所有出口国，而自动配额仅应用于几个甚至一个特定的出口者，具有明显的选择性。那些未包括在自动配额协定中的出口者，可以向该国继续增加出口。

（4）从配额适用时限看，进口配额的适用时限相对较短，往往为1年，而自动出口配额时限较长，往往为3~5年。

（三）自动出口配额的主要形式

1. 非协定的自动出口配额

非协定的自动出口配额是指出口国政府并未受到国际协定的约束，自愿单方面规定对有关国家的出口限额，出口商必须向政府主管部门申请配额，在领取出口授权书或出口许可证后才能出口。也有的是出口厂商在政府的督导下，"自动"控制出口。

2. 协定的自动出口配额

协定的自动出口配额是指进出口双方通过谈判签订"自限协定"（self-restriction agreement）或"有秩序销售协定"（orderly marketing agreement），规定一定时期内某些商品的出口配额。出口国据此配额发放出口许可证或实行出口配额签证制（export visa），自愿限制商品出口，进口国则根据海关统计进行监督检查。目前，自动出口配额大多属于这一种。比如，1957年美国的纺织业因日本纺织品输入激增而受到损害，要求日本限制其对美国的出口，否则即实行更为严厉的进口限制。在强大的压力下，日本和美国签订了一个为期5年的"自动限制协定"，"自动"地把对美国的棉纺织品出口限制在2.55亿平方码（1平方码≈0.836平方米）之内。

（四）自动出口配额的发展

自动出口配额始于20世纪30年代，主要是针对纺织品。第二次世界大战之后，尤其是20世纪70年代以来，随着新贸易保护主义的兴起，用自动出口配额进行贸易保护的趋势日益加强,最广泛运用自动出口配额的行业是汽车、钢铁和家用电子产品,受自动限制出口影响的贸易覆盖率也呈增长趋势,至 20 世纪 80 年代中期,自动出口配额覆盖了超过 10%的世界贸易和大约 12%的非燃料品贸易。而纺织品超过 80%的贸易则受到《多边纤维协定》(*Multifiber Arrangement*,MFA)管制。受自动出口配额影响的大多是发展中国家,并呈现出增长势头。

三、进口许可证

(一)进口许可证的含义

进口许可证(import license),是指一国政府规定某些商品的进口必须申领许可证,否则一律不准进口。它实际上是进口国管理其进口贸易和控制进口的一种重要措施。许可证与进口配额一样,也是一种进口数量限制,是运用行政管理措施直接干预贸易行为的手段。大多数国家将配额和进口许可证结合起来使用,即受配额限制进口的商品,进口商必须向有关部门申请进口许可证,政府发放进口配额许可证,进口商凭证进口。

(二)进口许可证的分类

1. 有定额的进口许可证与无定额的进口许可证

按照进口许可证与进口配额的关系,可将进口许可证分为两种:有定额的进口许可证和无定额的进口许可证。

(1)有定额的进口许可证,即进口国预先规定有关商品的进口配额,然后在配额的限度内,根据进口商的申请对每笔进口货物发给一定数量或金额的进口许可证,配额用完即停止发放。这是将进口配额与许可证相结合的管理进口方式。此类进口许可证一般由进口国当局颁发给提出申请的本国进口商,也有将此权限交给出口国方自行分配使用,又转化为出口国根据配额发放的出口许可证。有的国家则要求进口商用出口国出口签发的出口许可证来换取进口许可证,即"双重管理"。

(2)无定额的进口许可证,即事先不公布进口配额,只在个别考虑的基础上颁发有关商品的进口许可证,这种许可证不与进口配额相结合。由于这种许可证的发放权完全由进口国主管部门掌握,没有公开的标准,因此更具有隐蔽性,在更大程度上限制了正常的国际贸易。

2. 公开一般许可证和特种许可证

按照进口商品的许可程度可将进口许可证分为公开一般许可证(open general license,OGL)和特种许可证(specific license,SL)两种。

(1)公开一般许可证,又称公开进口许可证、一般许可证或自动进口许可证。它对进口国别或地区没有限制,凡列明属于公开一般许可证的商品,进口商只要填写公开一般许可证后,即可获准进口。因此,这一类商品实际上是可"自由进口"的商品。填写许可证的目的不在于限制商品进口,而在于管理进口。比如,海关凭许可证可直接对商品进行分类统计。

(2) 特种许可证,又称非自动进口许可证。对于特种许可证下的商品,如烟、酒、军火武器、麻醉品或某些禁止进口的商品,进口商必须向政府有关当局提出申请,经政府有关当局逐笔审查批准后方能进口。特种进口许可证往往都指定商品的进口国别或地区。

第三节 间接限制进口的非关税壁垒措施

一、外汇管制

(一) 外汇管制的含义

外汇管制 (foreign exchange control) 也称外汇管理,是指一国政府通过法令对国际结算和外汇买卖加以限制,以平衡国际收支和维持本国货币汇价的一种制度。负责外汇管理的机构一般都是政府授权的中央银行(如英国的英格兰银行),但也有些国家另设机构,如法国设立外汇管理局担负此任。实行外汇管制的国家,大都规定出口商须将其出口所得外汇收入按官方汇率 (official exchange rate) 结售给外汇管理机构,而进口商也必须向外汇管理机构申请进口用汇。此外,外汇在该国禁止自由买卖,本国货币的携带出入境也受到严格的限制。这样,政府就可以通过确定官方汇率、集中外汇收入、控制外汇支出、实行外汇分配等办法来控制进口商品的数量、品种和国别。例如,日本在分配外汇时倾向于鼓励进口高、精、尖产品和发明技术,而不是鼓励进口消费品。

外汇管制从第一次世界大战期间开始出现,20世纪30年代大多数资本主义国家采用这种手段管理国际收支。20世纪50年代以来,随着资本主义国家经济的恢复和发展,国际收支状况改善,特别是国际货币基金组织的作用,大多数发达国家都不同程度地放宽了外汇管制。20世纪90年代以来,一些发展中国家也逐渐放宽了外汇管制。

(二) 外汇管制的种类

外汇管理和对外贸易密切相关,如果对外汇有目的地进行干预,就可直接或间接地影响进出口。利用外汇管制来限制进口的方式主要有以下三种。

1. 数量性外汇管制

数量性外汇管制,即国家外汇管理机构对外汇买卖的数量直接进行限制和分配。国家实行数量性外汇管制时,往往规定进口商必须获得进口许可证后,方可得到所需的外汇。

2. 成本性外汇管制

成本性外汇管制,即国家外汇管理机构对外汇买卖实行复汇率制 (system of multiple

exchange rates),利用外汇买卖成本的差异来间接影响不同商品的进出口,以达到限制或鼓励某些商品进出口的目的。所谓复汇率,也称多重汇率,是指一国货币对外汇率有两个或两个以上,分别适用于不同的进出口商品,其作用包括:根据出口商品在国际市场上的竞争力,为不同商品规定不同的汇率以加强出口;根据保护本国市场的需要为进口商品规定不同的汇率以限制进口。各国实行复汇率制不尽相同,但主要原则大致相似,在进口方面:对于国内需要而又供应不足或不生产的重要原料、机器设备和生活必需品,适用较为优惠的汇率;对于国内可大量供应和非重要的原料和机器设备适用一般的汇率;对于奢侈品和非必需品只适用最不利的汇率。在出口方面,对于缺乏国际竞争力但又要扩大出口的某些出口商品,给予较为优惠的汇率;对于其他一般商品的出口适用一般汇率。

3. 混合性外汇管制

混合性外汇管制,即同时采用数量性外汇管制和成本性外汇管制,对外汇实行更为严格的控制,以影响商品进出口。

一般来说,一国外汇管制的松紧,主要取决于该国的经济、贸易、金融及国际收支状况。一般情况是,发达国家外汇管制较松,发展中国家的外汇管制则松紧不一,以从紧者居多。近几年,国际金融形势动荡不安,对各国经济产生了或重或轻的影响,外汇管制呈现加强之势。根据 WTO 的规定,一国(地区)实施外汇管制应遵循适度、透明和公正的原则。缔约方实行外汇管制,不得通过控制外汇使用来限制商品的进口数量、种类和国别(地区),从而妨碍自由贸易。另外,各缔约方应加强同国际货币基金组织合作,协调处理有关国际收支、货币储备及外汇安排等问题。

二、歧视性政府采购政策

(一)歧视性政府采购政策的含义

歧视性政府采购政策(discriminatory government procurement policy),是指国家通过法令和政策明文规定政府机构在采购商品时必须优先购买本国货。有的国家虽未明文规定,但优先采购本国产品已成惯例。这种政策实际上是歧视外国产品,起到了限制进口的作用。

美国从 1933 年开始实行并于 1954 年和 1962 年两次修改的《购买美国货法案》就是一例,该法案规定:凡是美国联邦政府所要采购的货物,应该是美国制造的,或是美国原料制造的。其起初还规定,凡商品的成本有 50% 以上是在外国生产的,就称作外国货;接着修改为,在美国自己生产的数量不够,或者国内价格太高,或者不买外国货就会伤害美国利益的情况下,才可以购买外国货,优先采购美国商品的价格高于国际市场价格的 6%~12%。但美国国防部和财政部常常采购比外国货贵 50% 的美国货。显然,这是一种歧视外国产品的贸易保护主义措施,直到"东京回合",美国签订了《政府采购协议》后才废除《购买美国货法案》。许多资本主义国家都有类似的制度。英国限定通信设备和电子计算机要向本国公司采购。日本有几个省规定，政府机构需用的办公设备、汽车、计算机、电缆、导线、机床等不得采购外国产品。

（二）歧视性政府采购政策的种类

1. 直接歧视排除国外供应商

很多国家都明文规定，政府采购只准许采购本国货，直接完全排除购买国外产品。例如，美国法律要求在建筑、改造或维修公共建筑或公共工程时，只能使用本国的建筑材料。或者规定购买产品的本国原产地含量，如只有在外国企业承诺购买部分本国企业产品的前提之下，政府采购实体才将采购合同授予外国供应商。例如，法国和以色列要求外国供应商承诺从本国采购某些数量的产品，以保障国家进出口平衡，而不论这些产品与该采购项目是否有关系。

2. 对本国企业提供价格优惠政策

只要国内企业与国外企业投标的价格之差没有超过具体的优惠边际，采购实体就将合同授予本国企业。其具体做法是：将本国企业的投标价格乘以一定百分比，使其最后的价格低于外国企业的投标价。

另外，还有一些难以分辨的隐蔽的歧视性做法。例如，有目的地选择排除国外竞争者的谈判或单一招标程序；缩短递交投标的期限，使外国供应商不能及时投标；事先假设本国供应商能够比外国供应商拥有更好的运输条件，能够提供更加有效的服务；不透明的申诉机制，受到不公平对待的外国供应商提出申诉时，缺乏公平的审议机制等。

三、海关程序

海关程序（customs procedures）是指进口货物通过海关的程序，一般包括申报、征税、查验和放行四个环节。海关程序本来是正常的进口货物通关程序，但滥用却可以起到歧视和限制进口的作用。海关程序滥用限制进口主要体现在几个方面：①海关对申报表格和单证作出严格要求；②通过商品归类提高税率；③从进口商品查验上限制进口；④通过海关估价制度（customs valuation system）限制进口。

其中，海关估价制度原本是海关为了征收关税而确定进口商品价格的制度，但在实践中它经常被作为一种限制进口的非关税壁垒措施。进口商品的价格可以有许多种确定办法，如成交价，即货物出售给进口国后经调整的实付或应付价格；外国价，即进口商品在其出口国国内销售时的批发价；估算价，即由成本加利润推算出的价格等，不同计价方法得出的进口商品价格高低不同，有的还相距甚远。海关可以采用高估的方法进行估价，然后用征从价税的办法征收关税，这样一来就可提高进口商品的应税税额，增加其关税负担，以达到限制进口的目的。

为了消除各国海关估价制度的巨大差异、减少其作为非关税壁垒措施的消极作用，关贸总协定于"东京回合"达成了《海关估价协议》，形成了一套统一的海关估价制度。《海关估价协议》规定，海关估价的基础应为进口商品或相同商品的实际价格，而不得以本国产品价格或武断、虚构的价格作为计征关税的依据。该协议的目的是要制定一个公正、统一和中性的海关估价制度，使之不能成为国际贸易发展的障碍。

四、技术性贸易壁垒

技术性贸易壁垒（technical barriers to trade，TBT），是指一国以维护国家安全、保护人类、动植物生命及健康、阻止欺诈、保护环境、保证产品质量为由制定的一些强制性和非强制性的技术法规、标准以及检验程序所形成的贸易障碍，即通过颁布法律、法令、条例、规定，对进口商品建立各种严格、繁杂、苛刻而且多变的技术标准、技术法规和认证制度等方式，对外国进口商品实施技术、卫生检疫、商品包装和标签等标准，从而提高产品技术要求，增加进口难度，最终达到限制外国商品进入、保护国内市场的目的。

按照WTO《技术性贸易壁垒协议》的规定，技术性贸易壁垒主要表现为技术标准与法规、卫生检疫标准（health and sanitary regulation）和动植物卫生检疫措施、商品包装和标签的规定、合格评定程序、信息技术壁垒（information technology barriers）。

（一）技术标准与法规

技术标准（technical standard）是指经公认机构批准、非强制执行、供通用或重复使用的产品或相关工艺和生产方法的规则、指南或特性的文件。有关专门术语符号、包装、标志或标签要求也是标准的组成部分。技术标准包括行业标准、国家标准和国际标准。技术标准主要适用于工业制成品。

发达国家普遍规定了严格、繁杂的技术标准，不符合标准的商品不得进口。例如，联邦德国禁止在国内使用车门从前往后开的汽车，而这恰好是意大利菲亚特500型汽车的式样；法国严禁含有红霉素的糖果进口，从而把英国糖果拒之门外等。截止到2023年底，欧盟拥有的技术标准就有10万多个，德国的工业标准约有15万种，日本则有5 154个工业标准，美国的技术标准就更是不胜枚举。而且，这些发达国家和地区的技术标准大多数要求非常苛刻，让发展中国家和地区望尘莫及。

技术法规是指必须强制执行的有关产品特性或其相关工艺和生产方法，包括：法律和法规；政府部门颁布的命令、决定、条例；技术规范、指南、准则、指示；专门术语、符号、包装、标志或标签要求。技术法规具有强制性特征，即只有满足技术法规要求的产品方能销售或进出口。例如，欧盟安全委员会2001年通过了《儿童安全法案》（Child Resistance Law），要求低于某一价格的打火机必须安装防止儿童开启的装置。这种将商品价格和技术标准联系起来的做法缺乏科学性和合理性，从而构成了贸易壁垒。

（二）卫生检疫标准和动植物卫生检疫措施

卫生检疫标准和动植物卫生检疫措施是指为保护人类、动植物的生命或健康而采取的措施，包括：保护人类和动物的生命免受食品和饮料的添加剂、污染物、毒素及外来病虫害传入危害；保护植物的生命免受外来病虫传入的危害。但由于各国的文化背景、生活习惯、维护人身健康、安全及生活环境，特别是收入水平的差异，发展中国家的产品往往难以达到发达国家近乎苛刻的要求。

（三）商品包装和标签的规定

为防止包装及其废弃物可能对生态环境、人类及动植物的安全构成威胁，许多国家颁布了一系列商品包装和标签的规定，以保护消费者权益和生态环境。从保护环境和节约能源来看，包装制度确有积极作用，但由于技术要求各国不一、变化无常，出口商为了符合这些规定，不得不重新包装和改换标签，费时费工，增加了商品的成本，削弱了商品的竞争力，失去了不少贸易机会。以法国为例，法国1975年12月31日宣布，所有标签、说明书、广告传单、使用手册、保修单和其他产品的情报资料，都要强制性地使用法语或经批准的法语替代词。

在进口标签方面，美国是世界各国食品标签法规最为完备、严谨的国家，新法规的研究制定处于领先地位。美国食品及药物管理局（FDA）要求大部分食品必须标明至少14种营养成分的含量，仅在该领域，处于领先地位的美国制造商每年为此就要增加支出105亿美元，给欠发达国家出口商带来的成本压力可想而知，特别对那些没有条件进行食品成分分析的国家而言，构成了事实上的禁止进口措施。欧盟及其成员国一直通过产品包装、标签的立法来设置区域外产品的进口障碍。CE标志是欧盟（当时的欧共体）1985年开始制定的系列安全合格指令，世界上任何国家的产品要想进入欧盟市场就必须加贴CE标签，以证明产品已通过相应的安全合格评定程序，它成为产品进入欧盟市场的通行证。

（四）合格评定程序

合格评定程序是指任何直接或间接用以确定产品是否满足技术法规或标准要求的程序。国际社会越来越充分认识到质量认证和合格评定对于出口竞争能力的提升和进口市场的保护有很大作用。目前，国际社会最有影响的质量认定标准是ISO 9000系列标准。此外，美、日、欧盟等还有各自的技术标准体系。

合格评定程序是企业扩大对外出口、突破技术贸易壁垒的有效措施，可分为认证、认可和相互承认三种形式。

认证是由可以充分信任的第三方证实某一经鉴定的产品或服务符合特定标准或其他技术规范的活动。

认可是指一权威机构依据程序确认某一机构或个人从事特定任务或工作的能力，主要包括产品认证机构认可、质量和管理体系认证机构认可、审核机构认可、实验室认可、审核员或评审员的资格认可、培训机构的注册等。

相互承认是指认证或认可机构之间通过签署相互承认协议，彼此承认认证或认可结果。《技术性贸易壁垒协议》鼓励各成员方积极接受其他成员的合格评定程序，成员方应以不低于本国（地区）或其他国家（地区）合格评定的条件，允许其他成员的合格评定机构参与其合格评定活动。

（五）信息技术壁垒

信息技术壁垒，简言之，就是信息技术的使用所造成的贸易壁垒，是指进口国利用在信息技术上的优势，通过制定信息技术应用标准、信息技术应用的法规体系及合格评定程序，对国际贸易的信息传递手段提出要求，从而造成贸易上的障碍，以达到贸易保护的目的。从信息技术的使用角度来说，信息技术壁垒的内涵，也就是与贸易有关的信息技术发展不平衡或者信息传递标准不一致而产生的贸易障碍。

在电子商务作为全球商务主导模式的今天，发达国家在电子商务的主导技术、信息技术水平和应用程度上都明显超过发展中国家，并获得战略性竞争优势；而发展中国家，尤其是不发达国家，在出口时，因信息基础设施落后、信息技术水平低、企业信息化程度低、市场不完善和相关的政策法规不健全等而受到影响。在电子商务时代，发展中国家处于明显劣势：信息不透明，如合格认定程序；信息传递不及时，如技术标准更改、信息传递途径不畅通等。这样，在发达国家与发展中国家、不发达国家之间便形成了新的技术壁垒——信息技术壁垒。

作为非关税措施的一个很重要的组成部分，技术性贸易壁垒对当今国际贸易产生的影响越来越大。由于技术性贸易壁垒涉及面非常广，有些还相当复杂，加上其形式上的合法性和实施过程中的隐蔽性，不同国家从不同角度有不同的评定标准，因而国与国之间相互较难协调，容易引起争议，并且解决争议的时间较长。20 世纪 70 年代后，国际经济领域贸易战主要集中于一般商品贸易领域，但 21 世纪的国际贸易战将逐步集中在技术性贸易壁垒方面。

五、绿色贸易壁垒

绿色贸易壁垒（green trade barriers）是一种新型的非关税壁垒措施，指一国以保护有限资源、生态环境和人类健康的名义，通过制定苛刻的环境保护标准，来限制国外产品的进口。

（一）绿色关税和市场准入

发达国家以环境保护为名，对一些污染环境和影响生态环境的进口产品征收进口附加税，或限制、禁止其进口，甚至对其进行贸易制裁。

（二）绿色技术标准

绿色技术标准是指通过立法手段制定严格的强制性环保技术标准，以使有形产品在使用时成功满足用户需要。以环境保护为目的的绿色技术标准都是根据发达国家（地区）的生产和技术水平制定的，发展中国家（地区）的技术力量很难达到这些严格的环保标准，这就导致了发展中国家（地区）的产品被排斥在发达国家（地区）市场之外。例如，欧盟启动的 ISO 14000 环境管理系统，要求欧盟国家的产品从生产前到制造、销售、使用以及最后的处理阶段都达到规定的技术标准。而其他国际性组织，如 IEC（国际电工委员会）、ITU（国际电信联盟）等亦在大力推行产品品质方面的统一规范。

（三）绿色环境标志

绿色环境标志是由政府管理部门或民间团体按严格的程序和环境标准颁发"绿色通行证"，并要求印于产品包装上，以向消费者表明，该产品从研制开发到生产使用直至回收利用的整个过程均符合生态环境要求。例如，德国的"蓝色天使"、加拿大的"环境选择"、日本的"生态标志"、欧盟的"欧洲环保标志"等，要将产品出口到这些国家，必须经审查合格并拿到"绿色通行证"。

（四）绿色包装制度

绿色包装是指能节约资源，减少废弃物，用后易于回收再用或再生，易于自然分解、不污染环境的包装。例如，德国的《德国包装物废弃物处理法令》、日本的《回收条例》和《废弃物清除条件修正案》等对此均有规定。又如，丹麦要求所有进口啤酒、矿泉水、软饮料都使用可再灌装容器，虽然这些"绿色包装"法规有利于环境保护，但却为发达国家（地区）制造"绿色壁垒"提供了可能。因为这些规定是按照发达国家（地区）资源条件、消费偏好等因素确定的，发展中国家（地区）必须适应，这在一定程度上限制了发展中国家（地区）的出口贸易。

（五）绿色卫生检疫制度

绿色卫生检疫制度是指为了保护人类与动植物的生命与健康、保护生态与环境而制定的所有有关法律、行政法规、规章、要求和程序，特别包括最终产品标准、工序和生产方法、检验检疫、认证和批准程序以及与产品安全直接有关的包装和标签要求等。例如，欧盟从 2000 年 7 月起，提高了进口茶叶的安全及卫生标准，对其中的农药残留检查极其严格，比原标准高出 100~200 倍。又如，日本、英国、加拿大等国要求进口花生中黄曲霉素含量不得超过 0.02‰ 等。

（六）绿色补贴制度

绿色补贴制度，即国家对生产绿色产品，将资源、环境成本内在化的企业给予财政补贴，鼓励出口。这主要是由于发达国家（地区）将严重污染的产业转移到发展中国家（地区）以降低环境成本，造成发展中国家（地区）环境成本上升所致。但发达国家（地区）同时又以此为由，认为发展中国家（地区）政府的这种"补贴"违反了 WTO 规定，并以此限制其产品进口。按 WTO 修改后的国际补贴与反补贴规则，这类补贴属于不可申诉补贴范围，因而为越来越多的国家（地区）所采用。

间接限制进口的非关税壁垒措施种类繁多，除了上述贸易壁垒外，还有反倾销、反补贴、保障措施、预付进口押金制、有秩序的销售安排、劳动标准、最低限价、各种国内税、进出口国家垄断等。这些非关税贸易壁垒成为一国（地区）调节、管理和控制对外贸易活动的工具，阻碍了国际贸易的发生。

1. 非关税壁垒兴起的原因是什么？
2. 绿色贸易壁垒的含义和表现是什么？
3. 外汇管制有哪些方式？
4. 歧视性政府采购有哪些表现？
5. 关税和进口配额的经济效应有哪些不同？

阅读材料

所谓"国家安全"实为贸易绊脚石

美国多次以"国家安全"为由限制对中国信息技术产品的进口，用歧视性措施刁难中国相关企业，伤害中美经贸合作，为其他行业和其他国家树立了负面标杆。中国需警惕美国的"国家安全"贸易壁垒，世界也需防范"国家安全"贸易壁垒的传播与泛滥。

美国国会通过并由奥巴马总统签署了《2013年合并与进一步持续拨款法案》，该法案第516条要求美国各政府机构考虑购买信息技术系统时，必须咨询执法部门，并就"网络间谍活动或破坏"的风险进行正式评估，评估必须包括"信息技术系统由中国拥有、主导或资助的一个或多个实体生产、制造或组装相关的任何风险"。该法案还规定，美国商务部、司法部、国家航空航天局和国家科学基金会不得利用任何拨款采购由中国政府拥有、管理或资助的一个或多个机构生产或组装的信息技术系统。

事实上，美国以"国家安全"的名义设限阻碍中国信息技术产品出口和投资的行为绝非偶然。全球金融危机以来，中国华为和中兴在美国就屡遭"国家安全"贸易壁垒的侵扰。

2008年，华为试图收购美国一家电信企业，但最终因美国政府的"国家安全"担忧而被迫放弃。2010年8月，华为向美国电信运营商斯普林特公司供应设备的项目，招致8名共和党参议员致信奥巴马总统及盖特纳财长，要求评估其可能的"国家安全"威胁；同年，华为收购两个美国公司的计划受阻于"国家安全"担忧。2011年，华为收购美国通信技术公司3Leaf的计划也以失败告终。从2011年2月开始，美国国会就针对华为和中兴的产品和服务是否威胁了美国的国家通信安全展开调查。2012年9月13日，美国众议院举行听证会，就所谓的"威胁美国国家安全"进行质询。

中国的信息技术产品凭借其安全性已经出口到世界很多国家和地区。以华为为例，其在全球150多个国家和地区与500多家运营商展开合作,但唯独在美国遭遇了"侵害国家安全"的指控。

金融危机以来,美国等发达国家的经济遭受重创,其反倾销、反补贴等贸易救济措施的发起数量明显增多,针对"中国制造"的贸易壁垒更是愈演愈烈。但美国针对华为和中兴信息技术产品发起的多起调查均未有实质结果,而历次调查无疑都将中国企业阻挡在收购美国公司或大型合同招标的市场之外,并让美国本土企业获益。

美国在信息技术产品创新方面的优势有目共睹,而中国出口的信息技术产品多是标准化的设备,在核心技术仍被美国等主要发达国家控制的前提下,指责中国产品危害了美国的国家信息安全,显然缺乏公信力。

仅仅针对中国信息技术产品的歧视性措施难掩其贸易保护主义的实质,这种针对某一特定国家的维护"国家安全"的歧视性做法是难以让人信服和接受的。

资料来源:美国遏制华为背后:多个国家均接纳华为5G技术![EB/OL].(2019-05-16).https://www.sohu.com/a/314436256-387251.

问题:对于以"国家安全"为由而采取歧视性措施以限制进口或者兼并重组的行为是否成立?为限制歧视性政策采购行为,WTO做了哪些规定?

即测即练

第十章 出口鼓励和出口管制措施

学习目标

1. 熟悉各种出口鼓励措施;
2. 熟悉各种出口管制措施;
3. 掌握出口补贴的含义和形式;
4. 掌握商品倾销的含义与分类;
5. 熟悉出口补贴的经济效益分析。

重要概念

出口补贴 直接补贴 间接补贴 禁止性补贴 可申诉补贴 不可申诉补贴
买方信贷 卖方信贷 出口信贷国家担保制 商品倾销 外汇倾销 出口管制

第一节 出口鼓励措施

各国在制定和实施贸易政策时,除了利用关税和非关税壁垒限制进口外,还采取各种鼓励出口的措施扩大商品的出口。鼓励出口的政策一般也被视为保护贸易政策的一种表现,与进口限制不同的是,其隐蔽性更强。出口鼓励经济措施主要分为财政政策措施、金融政策措施与货币政策措施三类,其中,财政政策措施直接借助政府财政支持来实施;金融政策措施借助官方银行信贷支持来实施;而货币政策措施则借助货币汇率杠杆来实施。此外,还有支持出口的各种行政措施,如设立出口加工区、进口商品交易会等。

一、出口补贴

(一)出口补贴的概念及其分类

出口补贴又称出口津贴,是指一国政府为了降低本国出口商品的价格,增强其在国外市场上的竞争能力,在出口某种商品时给予出口厂商以现金补贴或财政上的优惠待遇。出口补贴可以分为直接补贴(direct subsidies)和间接补贴(indirect subsidies)两种方式。

1. 直接补贴

直接补贴是指在出口商品时,政府直接给予本国出口商品以现金补贴,其目的是降低本国出口商品的成本和价格。由于关贸总协定和世界贸易组织禁止对工业品的出口进行直接补贴,因此这种形式的补贴主要存在于农产品贸易中。第二次世界大战后美国和一些西欧国家对某些农产品的出口,就采取了直接补贴。这些国家农产品的国内价格一般比国际市场价格高,按国际市场价格出口时就会出现亏损,这种差价或亏损部分由该国政府给予补贴。这种补贴的幅度和时间的长短,往往随着国内市场与世界市场之间差价的变化而变化。有时为了鼓励某种商品出口,直接补贴金额甚至大大超过实际差价。除了农业外,航空业也是发达国家实施直接补贴的行业之一。但是为了避免其他国家反对,发达国家对农业和航空业的保护也逐渐从直接补贴转为间接补贴。

2. 间接补贴

间接补贴是指政府对某些出口商品给予财政上的优惠。由于有关国际条例限制直接对工业品的出口进行补贴,各国纷纷采取各种优惠政策和措施对其进行变相补贴。这些优惠政策和措施按照WTO《补贴与反补贴措施协议》的规定包括以下几种:政府为出口企业提供优惠贷款;政府潜在的直接转让资金和债务,即提供贷款担保;政府财政收入的放弃或不收缴,即减税、免税或退税;政府提供货物、技术等中介服务,或购买货物;政府向基金机构拨款,或委托、指令私人机构代替政府履行某些职能;其他任何形式的对出口产品的价格和收入的支持。

(二) 出口补贴的具体形式

出口补贴的具体形式多种多样,概括如下。

(1) 政府直接向公司或企业提供无偿援助以促进出口。

(2) 实行出口的外汇留成方案或类似的政府行为。

(3) 政府给予出口商品廉价运输待遇的政策。

(4) 退还出口商品所用原材料或半制成品的进口税。

(5) 政府减免或退还生产出口产品的国内税收,或对社会保险费的征收。

(6) 在计算征收标准时,政府允许企业在交纳税款时扣除出口产品部分或与出口有关的费用。

(7) 在生产或销售方面,政府免除或退还对出口产品所征收的间接税。

(8) 政府减、免、退还或缓征与出口有关的累计间接税。

(9) 政府提供出口贷款、出口保险以防止出口成本提高或汇率变动等。

(10) 政府向生产出口产品的企业提供低息贷款,利息低于向其他企业提供贷款的水平。

(11) 政府对出口产品的技术研发给予援助或直接组织有关研究工作。

(12) 对出口产品开发国际市场提供补贴。

(13) 建立工业区,在区内以优惠价提供土地与电力,加强基础设施建设。

(14) 财政鼓励,诸如免税期、提高折旧率等。

(三) WTO对于补贴的规定

为了消除各国由于滥用出口补贴措施而扭曲国际贸易格局和利益分配,保证国际贸易的公平性和效率性,关贸总协定与世界贸易组织的各成员就补贴达成了相关协议。

世界贸易组织成员经过长期谈判最终达成《补贴与反补贴措施协议》,将出口补贴分为禁止性补贴(prohibited subsidies)、可申诉补贴(actionable subsidies)和不可申诉补贴(non-actionable subsidies)三种。禁止性补贴是指不允许成员政府实施的补贴,如果实施,有关利益方可以采取反补贴措施;可申诉补贴指一成员所使用的各种补贴如果对其他成员内的工业造成损害,或者使其他成员利益受损,该补贴行为可被诉诸争端解决机制;不可申诉补贴即对国际贸易的影响不大,不可被诉诸争端解决机制,但需要及时通知成员。实施不可申诉补贴的主要目的是对某些国家或地区的发展给予支持,或对研究与开发、环境保护及就业调整提供援助等,同时该协议还明确列出了出口补贴清单,以规范成员的出口行为,具体包括如下十个方面。

(1)政府按出口实绩对企业或产业实行直接补贴。

(2)外汇留成制度或其他类似的出口奖励措施。

(3)政府提供或授权的使出口商品在国(地区)内享有更优惠的交通运输费用。

(4)政府或其代理机构直接或间接地通过计划方式对出口产品的生产提供该生产所需的进口或国产产品或服务,同时这些条件比该国(地区)出口商通过商业上通用的从世界市场取得的条件更优惠。

(5)出口直接税,或者工业或商业企业已支付或应支付的社会福利费的全部或部分豁免、退税或缓缴优惠;与出口或出口实绩直接相关的特殊税收减让,其优惠超过以直接税为基础而计算的国内消费品生产费用;对出口产品的生产与销售的间接税的免除程度超过对用于国内消费的相同产品的生产与销售,用于出口产品生产的货物或服务的前期累计间接税的免除或延期,超过用于国(地区)内消费的相同产品的生产或服务的前期累计间接税的免除或延期。

(6)进料加工时,退还的进口税额超过原材料、零配件等在进口时已交纳的进口税额。

(7)出口退税超过已征收的金额。

(8)由政府(或政府控制的特殊机构)提供优惠的出口信贷担保或保险。

(9)政府(或政府控制的特殊机构)所给予的出口信贷利息低于市场实际资金利率。

(10)其他构成出口补贴的公共支付。

二、出口信贷

出口信贷是一种国际信贷方式,是一国为了支持和扩大本国大型机械成套设备、大型工程项目等出口,加强国际竞争能力,以对本国的出口给予利息补贴并提供信贷担保的办法,是鼓励本国银行针对本国出口商资金周转困难,或满足国外进口商对本国出口商支付货款需要的一种融资方式,是促进资本货物出口的一种手段。2000年,美国进出口银行大约贷出130亿美元,支持了大约160亿美元的出口。

(一) 出口信贷的特点

出口信贷相对于其他出口补贴方式而言,具有如下主要特点。

1. 目的限制性

出口信贷以出口项目为前提,以促进本国商品出口为目的,故贷款的全部或大部分必须用于购买提供贷款国家的出口货物、技术及有关劳务等。

2. 期限长期性

出口信贷以 1 年以上的中长期为主,为配合周转期长、成交金额大的出口项目的实施,出口国常常向本国出口商或国外进口商提供期限在 3~5 年或 5 年以上的对外贸易中长期贷款,给予资金融通,以促进出口。

3. 利率优惠性

出口贷款的利率一般低于相同条件资金贷放的市场利率,利差由出口国政府给予补贴。

4. 金额受限性

出口信贷的贷款金额,通常只占买卖合同的 80%~85%,其余金额要由进口商支付现汇。

5. 信贷担保配合性

出口信贷的发放往往与出口信贷担保相结合。各国为了鼓励出口,避免或减少信贷风险,一般都设立专门的政策性银行来办理此项业务,如美国的进出口银行、日本的进出口银行、法国的对外贸易银行、加拿大的出口开发银行等。除此之外,这些机构同时向商业银行提供低息贷款补贴,支持它们的出口信贷业务。中国在 1994 年 7 月 1 日正式成立了中国进出口银行,以支持国内的商品出口。

(二) 出口信贷的主要类型

1. 按时间的长短划分

按时间的长短,出口信贷可分为短期信贷、中期信贷和长期信贷。

短期信贷的期限一般不超过 1 年,主要用于原材料、消费品及小型机器设备的出口;中期信贷的期限通常为 1~5 年,常被用于中型机器设备的出口;长期信贷的期限一般在 5~10 年,或者更长的时间,一般用于成套设备、船舶、飞机等交易金额大,从生产到交货需要较长时间的产品。

2. 按借贷的关系划分

按借贷的关系,出口信贷可分为卖方信贷(supplier's credit)和买方信贷(buyer's credit)。

(1) 卖方信贷。卖方信贷是指出口方银行向本国出口厂商(即卖方)提供的贷款,是银行为了促进商品出口,特别是金额大、期限长的项目出口,资助本国出口厂商向外国进口厂商延期付款方式的一种出口信贷。由于采取延期付款方式,出口厂商为加速资金周转而向银行贷款,再用分期收取的货款偿还银行贷款。卖方信贷实际上是出口厂商由出口方银行取得中、长期贷款后,再向进口方提供的一种商业信用。

卖方信贷的一般做法是:进出口双方签订买卖合同后,进口商先支付合同金额的 5%~15%作为履约保证金,分批交货时再支付 10%~15%的货款,其余货款则由卖方凭出口单据和进口商开出的汇票,向本国信贷机构申请贷款。在进口商按合同规定的延期付款时间付讫余款和利息时,出口厂商再向出口方银行偿还所借款项和利息。据测算,利用卖方信贷进口机器设备等,与用现汇进口相比,其价格可能要高 3%~4%,个别情况下甚至可能高达 8%~10%。

(2)买方信贷。买方信贷是指出口方信贷机构直接向外国进口商(即买方)或进口方信贷机构提供的贷款。这种贷款的前提条件是贷款必须用于购买债权国的商品,以起到促进商品出口的作用,故亦称为约束性贷款(tied loan)。买方信贷的方式主要有两种:一是出口方信贷机构直接贷款给进口商由进口方信贷机构进行担保;二是出口方信贷机构将贷款发放给进口方信贷机构,再由进口方信贷机构贷款给进口方。

①出口方贷款给进口方的买方信贷。出口方贷款机构直接贷款给外国进口方时,进口方需自筹资金交纳 15%左右的订金,其余货款则由信贷机构将提供的贷款以即期付款方式一次性地支付给出口商,然后按贷款协议所规定的条件向出口方信贷机构还本付息。这种买方信贷实际上是银行信用。

②出口方贷款给进口方银行的买方信贷。若出口方信贷直接向进口方信贷机构贷款,进口方信贷机构以即期付款方式代进口方支付货款,并按贷款协议向信贷机构偿还贷款和利息,进口方与其本国信贷机构则按事先商定的办法在国内结算清偿,在这种方式下,进口方仍应以自身资金向出口商支付买卖合同的 15%左右作为订金。

买方信贷的贷款币种为美元或经信贷机构同意的其他货币。贷款金额一般不超过贸易合同金额的 80%~85%,贷款期限根据实际情况而定,一般不超过 10 年。贷款利率一般低于市场利率,但各国有所不同,主要有经济合作与发展组织确定的综合利率类型(目前已经停止使用)、伦敦银行同业拆放利率(LIBOR)类型、美国类型(一部分由进口方银行提供,一部分由商业银行提供,前者利率较低)等。

买方信贷不仅使出口厂商能够较快地得到货款和减少风险,而且使进口商对货价以外的费用比较清楚,便于进行讨价还价,一次性付款使货价相对于延期付款的货价更低廉。此外,对于出口方银行来说,贷款给国外的买方银行,还款风险也大大降低,故这种方式较为流行。

三、出口信贷国家担保制

出口信贷国家担保制(export credit guarantee system)是指一国为了扩大出口,由政府设立专门机构,对本国出口商或商业银行向国外进口商或银行提供延期付款商业信用或银行信贷进行担保,当外国债务人因政治原因或经济原因不能按期付款或拒绝付款时,由这个专门的国家机构按照承保的数额给予补偿。出口信贷国家担保制是国家替代出口商承担商业保险公司所不承担的出口风险,支持出口商争夺国外市场,扩大出口的措施之一。

世界上最早开办出口信贷国家担保业务的机构是 1919 年成立的英国出口信用担保局，以鼓励英国出口商向当时出口风险最高的东欧地区出口商品。此后，世界各国相继开办出口信贷担保业务，而且形式多种多样。例如，日本的外贸机构通产省直接提供出口保险，美国由政府机构和私人保险公司联合组成的对外信用保险协会提供出口保险。

（一）出口信贷国家担保制的承保范围

在国际贸易中，只要和一般商业保险公司签订好保险合同，在遇到一般事故而遭受损失时，保险公司都会给予赔偿。但有些风险，保险公司是不愿意给予承保的。而出口信贷国家担保制的业务项目，一般都是商业保险公司所不愿承担的出口风险，这些风险主要有两类：一是政治风险，二是经济风险。政治风险是由于进口国发生政变、革命、暴乱、战争以及因特殊原因使政府实行禁运、冻结资金或限制对外支付等政治原因造成的损失，经济风险是进口商或借款银行倒闭破产无力偿还、货币贬值或通货膨胀等原因所造成的损失。一般来说，国家担保机构对于因政治风险所造成损失的补偿金额为 85%～95%，经济风险所造成损失的承保金额一般为贸易合同金额的 75%～85%。有些国家为了刺激出口，承保金额会高达 100%。

出口信贷国家担保的期限分为短期、中期和长期，短期一般是 6 个月左右，中长期担保时限从 2 年到 15 年不等。短期承保适宜于出口厂商所有的海外短期信贷交易。为了简化手续，有些国家对短期信贷采用"综合担保"（comprehensive guarantee）方式，出口厂商一年只需办理一次投保，即可承保这一年中对海外的一切短期信贷交易。中长期信贷担保的金额都比较巨大，适用于大型成套设备、船舶等资本性货物出口及工程技术承包服务输出等方面的中长期出口信贷。这种担保由于金额大、时间长，一般采用逐笔审批的特殊担保。出口信贷国家担保制是一种国家出面担保海外风险的保险制度，收取费用一般不高，保险费率根据出口担保的项目、金额、期限长短和输出国别或地区而有所不同。此外，各国保险费率不一样，如英国为 0.25%～0.75%，德国为 1%～1.5%。

（二）出口信贷国家担保制的担保对象

1. 对出口厂商的担保

出口厂商输出商品时所需的短期或中长期信贷均可向国家担保机构申请担保。有些国家的担保机构本身不向出口厂商提供出口信贷，但可为出口厂商取得出口信贷提供有利条件。例如，有的国家采用保险金额的抵押方式，允许出口厂商所获得的承保权利，以"授权书"方式转移给供款银行而取得出口信贷，这种方式使银行提供的贷款得到安全保障，一旦债务人不能按期还本付息，银行可直接从担保机构得到补偿。

2. 对银行的直接担保

一般来说，只要出口国银行提供了出口信贷，都可以向国家担保机构申请担保，这种担保是担保机构直接对供款银行承担的一种责任。许多国家对银行的担保提供很多优惠的条件，有的甚至给予银行 100% 的偿付。

四、商品倾销

商品倾销是指商品以低于本国国内市场价格在国外市场上大量抛售,以打击竞争对手,占领或巩固国外市场的贸易行为。商品倾销通常由私营垄断企业进行,但随着贸易战的加剧,一些国家设立专门机构直接对外倾销商品。

(一) 倾销的目的及构成要素

实行商品倾销的具体目的在不同情况下有所不同:有时是为了打击或摧毁竞争对手,以扩大和垄断其产品销路;有时是为了建立新的销售市场;有时是为了阻碍当地同种产品或类似产品的生产和发展,以继续维持其在当地市场上的垄断地位;有时是为了推销过剩产品,转嫁经济危机;有时是为了打击发展中国家的民族经济,以达到在经济、政治上控制的目的。如果一国产品的销售行为符合以下几个条件,即可认定其销售行为为倾销。

(1) 产品以低于正常价值或公平价值甚至低于成本的价格销售。

(2) 这种低价销售的行为对进口国产业造成损害,包括实质性损害、实质性威胁和实质性阻碍。

(3) 损害是由低价销售造成的,两者之间存在必然的因果关系。

(二) 倾销的补偿方式

由于倾销是以低于正常价格或国内市场价格甚至低于生产成本的价格进行商品销售,在短期内必然造成倾销商利润的减少,即产生倾销成本。对于此利润损失,倾销商通常采用以下方法来进行补偿。

(1) 维持国内市场或其他市场的高价。

(2) 用倾销手段夺取国外市场获得垄断地位后,再抬高价格以获取垄断利润。

(3) 扩大生产规模以获得规模效益。

(三) 商品倾销的种类

按照具体目的和时间的不同,商品倾销可分为以下三种。

(1) 偶然性倾销(sporadic dumping; occasional dumping),因销售旺季已过,或公司改营其他业务而在国内市场不能售出的货物,为了避免存货的过量积压,生产商于短期内向国外市场大量低价抛售。这种倾销方式一般是偶然发生的,无占领国外市场、打击竞争者的目的。由于其持续时间短,不会打乱进口国的市场秩序,对其工业也不会造成损害,同时进口国消费者可以从中获取低价消费的好处,故一般来说被倾销国不会对其采取反倾销措施。

(2) 间歇性倾销(intermittent dumping),又称掠夺性倾销(predatory dumping),是以低于国内价格甚至低于成本的价格在国外市场销售产品,在打败竞争对手、夺取和垄断市场后再提高价格，以谋取暴利。这种倾销的目的是占领、垄断和掠夺国外市场，最终获取高额利润，它会严重地损害进口国的利益，因而许多国家都会采取各种反倾销措施来进行抵制。

(3) 长期性倾销（long-run dumping），又称持续性倾销（persistent dumping），是指生产商长期地以低于国内市场的价格在国外市场销售产品，其目的在于通过规模经济的效益来降低生产成本。这种倾销具有长期性，其出口价格不低于边际成本，否则长期出口就会使其出现亏损。此外，还有一些出口厂商通过获取本国政府的出口补贴来进行这种倾销。

（四）商品倾销的条件

在国外市场，倾销商品的原理与国内市场价格歧视的原理是相同的，都必须在一定的条件下才能实施倾销。出口厂商从商品倾销中获利的条件有以下三个。

(1) 垄断经营地位。出口商要进行商品倾销，其所在的行业必须是不完全竞争的行业，并在本国市场上有一定的垄断地位，是国内市场价格的制定者，而不是市场价格的接受者。

(2) 国内外市场对该产品的需求价格弹性的差异。如果国内市场对倾销商品的需求价格弹性较小，那么厂商从倾销中获利的可能性就较大；如果倾销商品在国外市场的需求价格弹性较大，那么厂商从倾销中获利的可能性也就较大。

(3) 倾销商品重新进入出口国市场的障碍。如果倾销到国外的商品不存在重新进口的障碍，则价格歧视在本国很难长久持续下去，因为倾销到国外的商品会重新进入本国市场，使倾销商的国内市场遭到破坏。因此，倾销的先决条件是国内外市场是分割开的。

五、外汇倾销

外汇倾销（exchange dumping），是指一国降低本国货币对外国货币的汇价，使本国货币对外贬值，从而达到提高出口商品价格竞争力和扩大出口的目的。外汇倾销是向外倾销商品和争夺国外市场的一种特殊手段，实行外汇倾销会同时起到扩大出口和限制进口的双重作用。外汇倾销不能无限制和无条件地进行，必须具备以下条件才能起到扩大出口和限制进口的作用。

(1) 本国货币对外贬值的幅度大于国内物价上涨的幅度。本国货币对外贬值，必然引起进口原料和进口商品的价格上涨，由此带动国内物价普遍上涨，使出口商品的国内生产价格上涨，当出口商品价格上涨幅度与货币对外贬值幅度相抵时，因货币贬值而降低的出口商品外汇标价会被因生产成本增加引起的该商品的国内价格上涨所抵消。由于货币对外贬值可以使出口商品的外汇标价马上降低，而国内物价上涨却有一个时滞，因此外汇倾销必须在国内价格尚未上涨或上涨幅度小于货币贬值幅度的前提下进行。由此可见，外汇倾销所起作用的时间是有限的，或者说外汇倾销的作用是暂时的。

（2）其他国家不同时实行同等程度的货币贬值和采取其他报复性措施。换言之，外汇倾销措施必须在国际社会认可或不反对的情况下才能奏效。

（3）不宜在国内通货膨胀严重的背景下贸然采用。一国货币的对内价值与对外价值是相互联系、彼此影响的。一国货币汇价下跌（即对外价值下跌）迟早会推动其对内价值的下降，从而给已经严重的通货膨胀局面火上浇油。

（4）必须注意实行外汇倾销的代价十分昂贵。由于外汇倾销的实质是以降低出口商品的外汇标价来换取出口数量的增加，从而达到增加外汇收入的目的。因此，外汇倾销实际上会使同量出口商品所能换回的进口商品数量减少、贸易条件趋于恶化。这就是说，外汇倾销可以推动商品出口的大量增加，但并不等于出口额必然随之增加。此外，它有时会引起国内经济的混乱，甚至出现得不偿失的结果。

六、出口退税

出口货物退税，简称出口退税，是指对出口产品退还其在国内生产和流通环节实际交纳的产品税、增值税、营业税和特别消费税。出口退税制度是一个国家税收的重要组成部分，是国际贸易中通常采用的，并为世界各国普遍接受的用于鼓励各国出口货物公平竞争的一种退还或免征间接税的税收措施。

就国际贸易而言，国际税收差异必然造成各国出口产品成本的含税量不同，因而使各国产品在国际市场上无法公平竞争。要消除此不利影响，就须对出口产品实行退税，主要是避免对本国出口商品实行双重征税，使本国出口产品以不含税价格进入国际市场，与国外产品在同等税收条件下进行竞争，从而创造公平的国际贸易环境。同时，退税款可直接冲减出口换汇成本，增加企业盈利和减少出口亏损，以调动企业出口的积极性，从而增加出口创汇。

一般情况下，出口企业在向税务机关申请办理退免税的货物时，必须具备四个条件：一必须是增值税、消费税征收范围内的货物；二必须是报关离境出口的货物；三必须是财务上做出口销售处理的货物；四必须是已经收汇并经核销的货物。但是，生产性企业申请办理出口货物退免税时还必须增加一个条件，即申请退免税的货物必须是生产企业的自产货物。

七、经济特区

经济特区（special economic zone）是指一些国家或地区为了促进本国或本地区经济和对外贸易的发展，吸引外资和国（地区）外先进技术，在其关境内划出一定的区域，新建或扩建良好的基础设施，实行特殊的优惠政策和管理办法，吸引外商到此从事外贸、生产加工和金融服务等活动，这些区域即为经济特区。

建立经济特区的作用体现在：扩大本国对外贸易；引进更多的国外资金、技术和管理经验；增加国内的就业机会，降低社会失业率；加快当地经济发展和经济开发的速度，有助于当地产业结构和经济结构的转变；使当地获得更多的土地出售、出让和出租收益。目前，开设经济特区已成为世界各国促进本国出口贸易和经济发展的重要措施之一。

世界上最早的经济特区是 1547 年意大利在里窝那设立的免税自由港。第二次世界大战后至今，全世界各种经济特区有近 400 个，分布在近 80 个国家和地区。目前，中国有 6 个经济特区，分别是深圳、珠海、汕头、厦门、海南岛和喀什。常见的与经济特区类似的形式有自由贸易区或自由港、出口加工区、综合性经济特区、保税区、高新技术产业开发区、自由边境区和过境区等。

深圳是我国最成功的经济特区。曾经的深圳只是一个毗邻香港的小渔村，1980 年深圳市的 GDP 为 2.7 亿元，常住人口为 32.29 万人。设立经济特区后，深圳成为中国经济改革和对外开放的"试验场"，率先建立起比较完善的社会主义市场经济体制，创造了世界工业化、城市化、现代化史上的奇迹。如今的深圳是中国经济中心城市，也是"全球最具经济竞争力城市"，被誉为"改革开放的窗口"、中国最年轻的城市、经济增速最快的城市、营商环境最好的城市、最善待民营企业家的城市、最鼓励创业者的城市……在众多领域成为中国城市的样板或标杆。截至 2023 年，深圳拥有常住人口 1 766.18 万人，经济总量 3.46 万亿元，是广东省经济第一大城市、全国经济第三大城市。

从先行先试到先行示范，新时代的深圳被赋予新的使命。2019 年 8 月，党和国家作出重要决定，支持深圳高举新时代改革开放旗帜、建设中国特色社会主义先行示范区。《中共中央 国务院关于支持深圳建设中国特色社会主义先行示范区的意见》中提出深圳的发展目标：到 21 世纪中叶，成为竞争力、创新力、影响力卓著的全球标杆城市！深圳建设中国特色社会主义先行示范区将在更高起点、更高层次、更高目标上推进改革开放，形成全面深化改革、全面扩大开放新格局；有利于更好实施粤港澳大湾区战略，丰富"一国两制"事业发展新实践；有利于率先探索全面建设社会主义现代化强国新路径，为实现中华民族伟大复兴的中国梦提供有力支撑。

八、其他鼓励和促进出口的措施

除上述的财政、汇率、金融等方面的出口鼓励和促进措施外，还可运用其他方面的专门或特殊措施来鼓励与促进商品出口。许多国家成立专门的组织机构，研究和制定商品出口的发展战略和具体的贸易政策，指导本国对外贸易的发展，如美国国际贸易委员会、中国国际贸易促进委员会等。各个国家还建立各种商业情报机构，如在海外建立商业情报网，以收集各种商业信息并加以分析，将其及时提供给出口商以促进商品的出口，如英国的出口情报服务处。各国还建立各种贸易中心和举办各种贸易展览会，为国内外客商提供陈列展览场所、办公地点及咨询服务，如中国国际展览中心、中国进出口商品交易会（即广交会）、上海进口国际博览会、美国的世界贸易中心、德国的汉诺威世界博览会等。同时，各国为了发展对外贸易，经常组织贸易代表团出访，其出国费用大部分由政府补贴。许多国家还专门设立机构接待来访团体。例如，英国海外贸易委员会设有接待处，专门接洽外国官方代表团，并协助本国的公司、社会团体接待来访的工商界人士，从事贸易活动。此外，各国还采取评奖活动、外汇分成、多重汇率等其他措施来促进本国出口贸易的发展。

第二节 出口补贴的经济效应

出口补贴是一种典型的贸易保护政策。出口补贴会给出口国、进口国乃至整个世界的生产、消费、资源配置等方面带来一系列的影响。

一、小国出口补贴的经济效应

由于小国的出口量不大，对国际市场价格影响甚微，只能被动接受国际市场价格，出口补贴不能影响国际市场价格，其效应可用图10-1加以说明。

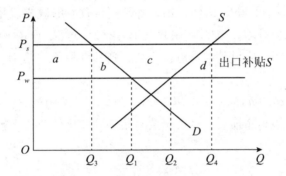

图10-1 小国出口补贴局部均衡分析

如图10-1所示，D和S分别为小国国内需求和供给曲线。当不存在补贴时，国内市场价格等于国际市场价格P_w，国内供给量为Q_2，需求量为Q_1，出口量为Q_1Q_2。现假设政府为鼓励本国出口，对每单位出口产品提供补贴S。由于小国的出口量并不能影响国际市场价格，故其出口价格仍然为P_w。但因政府对每出口单位提供补贴S，故生产商每出口单位商品获得的收益为P_w+S。如果国内市场价格低于该收益，则生产商就不会在国内市场销售，故使国内市场价格亦上升到P_w+S。因生产者每单位产品价格上升，收益增加，所以厂商会增加供给量，使得生产量由Q_2增加到Q_4，生产者剩余增加面积（$a+b+c$）。因国内市场价格上升所具有的替代效应和收入效应致使消费量由Q_1降至Q_3，消费者剩余减少面积（$a+b$）。因出口单位收益增加，使得出口量由Q_1Q_2上升到Q_3Q_4。出口补贴使得政府财政支出增加，总额为单位出口补贴S乘以新出口额Q_3Q_4，即图中的面积（$b+c+d$），小国实行出口补贴的总效应为：$-(a+b)+(a+b+c)-(b+c+d)=-(b+d)$，表明存在社会福利净损失。

二、大国出口补贴的经济效应

由于大国出口量在国际市场占有较大市场份额和产生较大影响,其出口补贴导致出口增加可能会使世界市场价格下降,从而出口商不能获得所有出口补贴收益,与小国的经济效应有所不同。

图 10-2 中,D 和 S 分别为大国国内需求和供给曲线,当不存在补贴时,国内市场价格等于国际市场价格 P_w,国内供给量为 Q_2,需求量为 Q_1,出口数量为 Q_1Q_2。因该国是出口大国,其出口对世界市场价格能够产生影响,所以出口补贴使出口价格跌至 P_s。但因政府对每出口单位提供补贴 S,故生产商每出口单位商品获得的收益为 P'_s,如果国内市场价格低于该收益,则生产商就不会在国内市场销售,故使得国内市场价格亦上升到 P'_s,生产者因每单位产品价格上升,收益增加,故增加供给量,使得生产量由 Q_2 增加到 Q_4,生产者剩余增加面积 ($a+b+c$)。因国内市场价格上升所具有的替代效应和收入效应致使国内消费量由 Q_1 降至 Q_3,消费者剩余减少面积 ($a+b$)。因出口单位收益增加,使得出口量由 Q_1Q_2 上升到 Q_3Q_4。出口补贴使得政府财政支出增加,总额为单位出口补贴 S 乘以新出口额 Q_3Q_4,即政府财政支出总额为:$-(b+c+d+e+f+g+h+i)$。大国补贴使得其出口价格下降,假设其进口价格不变,则其贸易条件趋于恶化。该大国出口补贴的总效应为

$$(a+b+c)-(a+b)-(b+c+d+e+f+g+h+i) = -(b+d+e+f+g+h+i)$$

其结果说明存在社会福利净损失,且由于贸易条件的恶化效应,净损失增加面积 ($e+f+g+h+i$)。

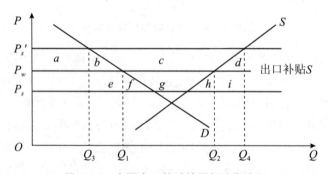

图 10-2 大国出口补贴的局部均衡分析

三、出口补贴对进口国的经济效应

出口补贴除影响出口国本身的福利水平外,还会对进口国的福利水平有一定的影响。图 10-3 描述了出口补贴对进口国的经济效应。由于进口产品受到补贴,在进口国国内市场的价格由原来的 P_w 下降到 P_s,进口量由原来的 Q_1Q_2 上升到 Q_3Q_4。因为进口产品价格的降低,进口国消费者花费同样多的成本可以享受到更多的商品,进口国消费

者剩余增加面积（a+b+c+d）。由于大量低价进口产品的涌入，进口国生产者的国内市场份额从 OQ_1 下降到 OQ_3，进口国生产者剩余损失面积 a。出口补贴对该进口国的总效应为：$(a+b+c+d)-a=b+c+d$，表明存在社会福利净增加。

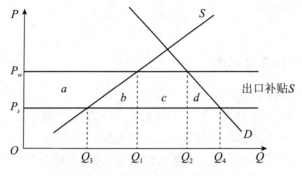

图 10-3　出口补贴对进口国的效应分析

第三节　出口管制措施

出口管制措施是指出口国政府通过各种经济的和行政的措施对本国出口贸易管制行为的总称。一国政府所采取的出口管制措施，有的针对贸易商品，有的针对国家或地区。因此，出口管制措施常常也是贸易国家实施歧视性出口政策的手段。

一、出口管制的目的

（一）经济目的

出口国为了保护国内稀缺资源或非再生资源，维持国内市场的正常供应，促进国内有关产业部门或加工工业的发展，防止国内出现严重的通货膨胀，保护国际收支平衡，以及稳定国际市场商品价格，防止本国贸易条件恶化等，常常需要对有关商品的出口进行适当控制，甚至禁止出口。

（二）政治目的

出口国为了干涉或控制进口国的政治经济局势，在外交活动中保持主动地位，遏制敌对国或臆想中的敌对国的经济发展等，往往以出口控制手段给进口国施加压力或对进口国进行经济制裁，逼其在政治上妥协或就范。

（三）军事及其他目的

如各国都有义务对可能用于核武器制造的技术、装置、原料的出口实施管制；国际社会对化学武器及其原材料的出口实施管制；以保护人权为目的，禁止劳改产品的出口。

二、出口管制的对象

（一）战略物资和先进技术

各国尤其是发达国家，对军事设备、武器、军舰、飞机、先进的电子计算机和通信设备等商品出口的管制措施十分严厉，主要是从所谓的"国家安全"和"军事防务"的需要出发，防止它们流入政治制度对立或政治关系紧张的国家。此外，从保持科技领先地位和经济优势的角度看，对一些最先进的机器设备及其技术资料也严格控制出口。

（二）国内紧缺物资

国内紧缺物资即国内生产迫切需要的原材料和半制成品，以及国内供应明显不足的商品，如西方各国往往对石油、煤炭等能源实行出口管制。这些商品在国内本来就比较稀缺，倘若允许自由流往国外，可能加剧国内的供给不足和市场失衡，严重阻碍经济发展。

（三）实行自动出口限制的商品

为了缓和与进口国的贸易摩擦，在进口国的要求下或迫于对方的压力，不得不对某些具有很强国际竞争力的商品实行出口管制。例如，根据纺织品"自限协定"，出口国必须自行管理本国的纺织品出口。日本对出口美国汽车、钢铁等实行限制，以符合自动出口限制协议的规定。与上述几种情况不同，一旦对方的压力有所减缓或者基本放弃，本国政府自然会相应地放松管制措施。

（四）历史文物、艺术珍品、贵金属等特殊商品

各国出于保护本国文化艺术遗产和弘扬民族精神的需要，一般都要禁止该类商品输出，即使可以输出，也会实行较严格的管理。例如，英国政府规定，古董和艺术品的生产制作年代比出口日期早100年以上者，必须申领出口许可证方能出口，但这类出口许可证的申领特别困难，基本上等于禁止出口。

（五）被列入对进口国或地区进行经济制裁范围的商品

例如，美国对中国出口的先进计算机、有关空间技术和设备等被列入1989年开始的美国对中国的经济制裁范围内，因而被禁止出口。

（六）出口国垄断的部分商品

控制这种商品出口的目的在于保持垄断商品的垄断高价，如石油输出国对出口石油

的联合控制有效地抬高了国际市场的石油价格。

（七）跨国公司的某些产品

跨国公司在发展中国家的大量投资，虽然会促进东道国经济的发展，但同时也可能利用国际贸易活动损害后者的对外贸易和经济利益。例如，跨国公司实施"转移定价"策略，就是一个典型的例子。因此，发展中国家有必要利用出口管制手段来制约跨国公司的这类行为，以维护自己的正当权益。

三、出口管制的形式

（一）单边出口管制

单边出口管制即一国根据本国的出口管制法案，设立专门的执行机构，对本国某些商品的出口进行审批和颁发出口许可证，实行出口管制。例如，美国长期以来就推行这种出口管制战略。早在1917年，美国国会就通过了《1917年与敌对国家贸易法案》，禁止所有私人与美国敌人及其同盟者在战时或国家紧急时期进行财政金融和商业贸易上的交易。第二次世界大战结束后，为了对当时存在的社会主义国家（如苏联）进行禁运，又于1949年通过了《出口管制法案》，以禁止和削减全部商品和技术资料经由贸易渠道出口。该法案几经修改，直至《1969年出口管理法》出台才被取代，此后，美国国会又颁布了《1979年出口管理法》《出口管理法1985年修正案》等，这些法案或修正案一次比一次宽松，但主要规定不变。

1989年冷战结束后，世界政治经济形势发生了巨大的变化，商业利益已越来越和国家安全利益并驾齐驱。一方面，威胁世界安全的军事存在并没有消除，因此有必要对出口技术和设备继续实施严格的单方面出口管制，以防止核武器、生化武器的扩散；另一方面，由于出口管制，美国的出口商丧失了世界市场份额，而让外国竞争者乘虚而入。据估计，美国在制造业每年出口损失高达300亿美元，计算机业每年也不得不损失102亿美元的海外订单。例如，美国休斯敦公司曾试图与中国合作建造卫星项目，但终因美国政府对中国实行技术制裁而失掉数亿美元的生意。又如，美国对中国实行高新技术控制，迫使英特尔公司、美国电报电话公司、国际商用机器公司等只能将它们最好的技术束之高阁，眼睁睁地看着中国有关市场的贸易额每年以30%的高速发展而一筹莫展。显然，这大大损害了美国的贸易和经济利益。在这种背景下，美国在1995年推出了新的出口管制法案，尽量使美国国家安全和出口商的商业利益达到更好的平衡。

（二）多边出口管制

多边出口管制即几个国家的政府，出于共同的政治和经济目的，通过统一的方式建立国际性的多边出口管制机构，商讨和编制多边出口管制货单（commodity control list）和出口管制国别，规定出口管制的办法等，以协调彼此的出口管制政策和措施，然后由各参加国依据上述精神,自行办理出口商品的具体管制和出口申报手续。

过去的巴黎统筹委员会就是这样一个典型的国际性多边出口管制机构。巴黎统筹委员会本名为输出管制统筹委员会(Coordinating Committee for Multilateral Export Control,COCOM),简称"巴统"。它是在美国操纵下,由17国(美国、英国、法国、意大利、加拿大、比利时、卢森堡、芬兰、丹麦、葡萄牙、挪威、联邦德国、日本、希腊、土耳其、西班牙、澳大利亚)组成的常设多国出口管制机构,其总部设在巴黎,故而得名巴黎统筹委员会。该机构于1949年11月成立,其目的就是共同防止战略物资和先进技术输往社会主义国家(主要是苏联和中国),对它们实行出口管制,以遏制社会主义的发展。1952年又增设了一个所谓"中国委员会"(China Committee,CHICOM),负责对中国的禁运。然而,随着苏联的解体和冷战的结束,"巴统"逐渐放宽了对社会主义国家的出口管制,其作用日渐减小,至1994年4月1日正式解散。但是,以先前"巴统"17个国家为主组成的一个"新机制"继续对其确定的所谓危险地区、敏感地区、核不扩散地区、遭受贸易制裁的国家与地区实行高、精、尖技术及设备的出口管制。

四、出口管制的程序

一般而言,西方国家出口管制的程序是,其有关机构根据出口管制的有关法案,制定出口管制货单和输往国别分组管制表(export control country group)。对于列入出口管制的商品,必须办理出口申报手续,在获取出口许可证后方可出口。

以美国为例,美国商务部贸易管理局是办理出口管制工作的具体机构,它负责制定出口管制货单和输往国别分组管制表。在管制货单中列有各种需要管制的商品名称、商品分类号码、商品单位及其所需的出口许可证类别等。在输往国别分组管制表中将商品输往国家或地区分成Z、S、Y、P、W、Q、T、V八个组,实行从严格到宽松不同程度的管制。

对出口管制的商品,出口必须向贸易管理局申领出口许可证。美国出口许可证分为两种。

(一) 一般许可证

一般许可证(general license),也称普通许可证。这种许可证的管理十分宽松。一般而言,出口这类商品时,出口商在出口报关表上填写管制货单上这类商品的普通许可证编号,再经海关核实就算办妥出口许可证。

(二) 特种许可证

特种许可证(validated license)必须向有关机构专门申请。出口商在许可证上要填写商品的名称、数量、管制编号以及输出用途,再附上有关交易的证明书和说明书,呈送有关机构审批,获准后才能出口商品。那些涉及所谓"国家安全"的商品,还要提交更高层的机构审批,如不予批准则禁止出口。可见,出口管制成了美国等西方国家对外实行政治歧视和贸易歧视的重要工具。

总之，西方国家的出口管制，不仅是国家管理对外贸易的一种手段，也是对外实行差别待遇和歧视政策的政治工具。20世纪70年代以来，各国的出口管制有所放松，特别是出口管制的政治倾向有所减弱，但它仍作为一种重要的经济手段和政治工具而存在。

五、出口管制的具体措施

（一）国家专营

对一些敏感性商品的出口，由政府指定的专门机构和组织直接控制和管理，如澳大利亚和加拿大对小麦出口实行国家专营。

（二）实行出口配额制

结合出口许可证有效地控制出口商品规模，如美国对糖、日本对小麦都实施这种数量控制措施。

（三）征收出口关税

政府对管制范围内的产品出口课征出口税，并使关税税率保持在一个合理的水平，以达到控制的目的。

（四）对出口工业征收产业税

对出口工业征收产业税，即不仅对出口产品征税，在国内销售的产品也要征相同的税收，那么国内出口工业的实际成本就相应提高了。

（五）商品清单与国别分组

商品清单与国别分组即将商品按照技术水平、性能和用途的不同，编制清单，明确规定某类商品出口到不同国家所要求的许可证。

（六）出口禁运与进口抵制

出口禁运是指制裁国停止向被制裁国出口特定或全部商品。这是一种最严厉的控制措施，一般将国内紧缺的原材料或初级产品列入禁运之列。

进口抵制是指制裁国停止从被制裁国进口特定或全部产品，其效果与出口禁运很相似。

思考题

1. 简述世界贸易组织对补贴的规定。

2. 分析出口补贴对小国的经济效应。
3. 分析出口补贴对大国的经济效应。
4. 出口管制有哪些具体措施？

阅读材料

加入WTO第一案：温州打火机打赢反倾销诉讼

2001年，中国加入WTO，中国产品在卸去关税压力后，低成本优势得到极大发挥，但随之而来的是大量非关税壁垒，如知识产权、技术环保标准等。其中最频繁发生的是反倾销。喧嚣一时的温州打火机的CR案和反倾销案，揭示了中国走向制造业大国仍有巨大的障碍要克服。

从1991年开始，全球打火机产地开始从日本转向中国温州，原因很简单，温州的价格实在便宜，一只打火机，日本生产的价格相当于人民币300~500元，温州只要10元人民币，到了欧洲市场，温州价格最高的也只有七八欧元，日本的价格要几十欧元甚至上百欧元。于是，欧美商人都开始到温州下订单了。

从打火机生产转移到中国以后，销售纠纷就没断过。中国加入WTO以前，欧盟分别在1995年和1999年两次对一次性打火机的进口加税；美国在1994年全面实行CR法案，当时几乎把所有温州打火机逐出美国；1998年，欧盟仿照美国提出CR法案，到2003年底进入实施阶段；2002年，欧盟又提出对中国出口的打火机进行反倾销立案调查。

所谓的CR法案指的是在打火机销售中，普及率高的打火机必须加装安全锁装置，以防儿童玩耍。而普及率高的定义，就落在销售价格上，2欧元以下的打火机落入套中。CR法案对温州打火机有相当针对性，因为大部分温州打火机的价格都在这个范围之内。而法案中的安全锁装置专利多为国外公司控制，对温州打火机的成本有很大的影响。

在欧洲，BIG公司是生产一次性打火机的霸主，虽然温州打火机厂商生产的都是可充气的金属外壳打火机，但由于价格相对来说过于便宜，温州的金属外壳打火机在欧洲售价最低的只有3欧元，而欧洲市场上一次性打火机的出厂价为0.5欧元，销售价要1欧元，这已经影响到一次性打火机的销售。BIG公司推动欧盟提出CR法案和反倾销案的目的，就在于提高温州打火机的成本和价格，扩大自己的市场空间。

欧盟的CR案是温州商人们集体行动的第一个案例。在获知欧盟动向后，温州商人通过媒体在国内掀起了影响很大的新闻波，同时组成申诉团，会同政府的对外经济贸易部公平贸易局的政府官员，在欧洲巡回访问，试图推动法案变动。最终，温州打火机厂商试图推动法案变动的努力没见效。

2002年6月，欧盟的CR法案通过后一个月，欧盟决定对中国出口欧盟的打火机进行反倾销立案调查。而在这场官司中，温州打火机协会取得了全胜。

CR 法案虽然失利，但它对温州商人的影响却非常之大。它使商人们对贸易法规的重视程度空前提高，与美国 CR 案温州无人应诉、欧盟 CR 案 3 年之后才为温州人所知不同，欧盟反倾销案几乎一出现就为温州商人高度重视。

CR 法案是政府案，厂商只起到申诉作用。反倾销案是一个民间案，起诉的对方是欧洲打火机生产商协会，温州方必须有人应诉，否则过了诉讼期将做自动放弃论。但是单个温州厂商的实力都不足以担当这样的诉讼，因为总费用是 200 多万元，这还是对方放弃诉讼的结果，真打起来，费用可能还要翻倍。

直到反倾销案的开始几天内，虽然商人们在大小聚会中不断谈起此事，却没有人出头应诉。谁应诉？怎么应诉？

最后，温州烟具行业协会担负起应诉责任。协会牵头的含义有两个：一个是钱，一个是组织。钱由温州烟具行业协会向骨干企业募捐，首次募集 100 万元，总共募集 200 多万元。组织有两重含义：首先是组织会议，2002 年 7 月 5 日，协会召集各个打火机厂商在温州开会。对外经济贸易大学的相关专家组织现场讲座，通报情况和 WTO 规则。因为会议上还有不少律师赶到，所以当晚协会定下要应诉的同时，还把应诉的代理律师也定下来了。组织会议的同时，协会还组织应诉企业以东方打火机有限公司申请市场经济地位、以大虎等 15 家企业进行无损害抗辩。

反倾销案起诉的要件有两条：一是对方价格有倾销嫌疑，二是对己方的相应厂商造成损害。而应诉的要点同样是在这两点上做文章：其一要证明产品价格完全是由市场形成的，其二是证明自己的产品并未对相应的厂商造成损害。应诉时只要证明其中一点就可以证明自己没有构成倾销。而市场经济地位的确认通常更容易操作。

2002 年 9 月和 12 月，欧盟官员两次到温州调查，调查官员到温州以后才宣布随机抽取的调查企业。调查的内容包括企业财务、销售和成本，查看所有账目，一直查到原材料的入库单、房产的契约和水电费账单。

在温州企业完整地证明了它们的产品与欧洲厂商的产品之间有巨大差别之后，现在轮到像 BIG 这样的厂商拿出它们被损害的证明了。而就在此时，它们选择了撤诉。最终，温州打火机企业在反倾销案中胜诉。

资料来源：入世第一案：中国打火机打赢反倾销官司台前幕后［EB/OL］．（2003-10-31）．https：//news.sina.com.cn/w/2003-10-31/09021027809s.shtml.

问题： 自加入 WTO 后，我国出口产品遭受频繁的反倾销和反补贴调查，其原因有哪些？我国政府可以有哪些作为？

即测即练

第十一章 区域经济一体化

学习目标

1. 了解区域经济一体化的概念与主要形式；
2. 熟悉世界主要区域经济一体化组织；
3. 掌握区域经济一体化理论及效应分析；
4. 理解区域经济一体化对国际贸易产生的积极与消极影响。

重要概念

区域经济一体化　优惠贸易安排　自由贸易区　关税同盟　共同市场　经济同盟　贸易创造　贸易转移　大市场理论　协议性国际分工理论

据世界银行统计，全球只有12个岛国和公国没有参与任何区域贸易协议（RTA）。而其他每个国家和地区至少参加了一个（最多达29个）区域贸易协议，平均每个国家或地区参加了5个。全世界近150个国家和地区拥有多边贸易体制和区域经济一体化（regional economic integration）的"双重成员资格"。[①] 区域经济一体化的内容不断深入，形式与机制越来越灵活，跨洲、跨区域合作不断兴起和发展。

第一节　区域经济一体化概述

区域经济一体化是指两个或两个以上的国家或地区，为了共同的经济利益，在一定区域范围内，通过相互协商制度经济政策和措施，缔结经济条约或协定，消除国家或地区之间阻碍经济贸易发展的障碍，实现区域内互利互惠、协调发展和资源优化配置，最终形成一个政治、经济高度协调统一的有机体。

一、区域经济一体化的主要形式

按照区域经济一体化由松散到紧密的发展程度，或者贸易壁垒的强弱划分，区域经济一体化表现为六种形式。

（一）优惠贸易安排

优惠贸易安排是指成员国之间，通过协定或其他形式，对全部商品或部分商品规定

[①] 蒋玲媛，朱彤. 区域经济一体化与世界多极化 [EB/OL]. (2006-07-15). http://app.reformdata.org/print.php?contentid=19707.

较为优惠的关税，对非成员国之间的贸易则设置较高的贸易壁垒，这是区域经济一体化的最初级和最松散形式。

最为典型的就是 1932 年英国与一些大英帝国以前的殖民地国家之间实行的英联邦特惠制。该优惠贸易安排旨在防止其他国家势力渗入英联邦市场，直至 1973 年英国加入欧洲共同市场后被逐步取消。

（二）自由贸易区

自由贸易区是指由签订自由贸易协定的国家组成的贸易区。各成员国在区域内取消关税和非关税壁垒，但各个成员国保持独立的对非成员国的贸易壁垒。有些自由贸易区实行部分商品自由贸易，有些则实行全部商品自由贸易。

举例来说，英国、丹麦、挪威、葡萄牙、瑞士、瑞典、奥地利七国根据 1960 年 1 月签订的《建立欧洲自由贸易联盟公约》组成了欧洲自由贸易联盟，亦称"小自由贸易区"。这一自由贸易区旨在实现区域内部分商品，即工业品的自由贸易。芬兰于 1961 年 6 月成为该联盟成员国，冰岛于 1970 年 3 月加入联盟。由于联盟实力不及欧共体，英国和丹麦于 1972 年底退出联盟，加入欧共体，其余成员国也纷纷与欧共体国家签署建立自由贸易区的协定。

北美自由贸易区则是全部商品自由贸易的典型代表。NAFTA 成立于 1994 年 1 月 1 日，由美国、加拿大和墨西哥三国共同组成，三个成员国彼此必须遵守协定规定的原则和规则，如国民待遇、最惠国待遇及程序上的透明化等来实现其宗旨，以消除贸易障碍，而贸易区以外的国家则仍然维持原关税及壁垒。

（三）关税同盟

关税同盟是指在自由贸易区基础上，两个或两个以上成员方通过签署协议，彼此减免关税，并对非成员方实行统一的进口关税或其他贸易措施的一种区域经济一体化组织。关税同盟除了包括自由贸易区的基本内容外，成员国对同盟外的国家建立了共同的、统一的关税税率，具有一定的超国家性质，是实现全面经济一体化的基础。

最早由坦桑尼亚、肯尼亚和乌干达三国建立的东非共同体在 2004 年签订关税同盟，并于 2005 年 1 月正式生效。随后，布隆迪、卢旺达和南苏丹相继加入。

（四）共同市场

共同市场是指除了在成员国内完全废除关税与数量限制并建立对非成员国的共同关税外，还取消了生产要素流动的各自限制，允许劳动、资本等在成员国之间自由流动。共同市场的建立需要成员国让渡多方面权利，包括进口关税制定权、技术标准制定权、干预资本流动权等。

举例来说，"欧洲共同体"在 1992 年底建立的统一大市场就是典型的共同市场，实现了商品、人员、劳务和资本在成员国之间的自由流动。

(五) 经济同盟

经济同盟 (economic union) 是指成员方之间不仅废除了贸易壁垒,建立了统一的进口关税制度,实现了商品、生产要素的自由流动,而且各成员方还协调制定和执行了许多共同经济政策,并采取某些社会政策和政治纲领,从而将经济一体化程度从商品交换扩展到生产、分配乃至整个国民经济的一种区域经济组织。

欧洲联盟即为此类经济一体化组织。欧盟由欧共体发展而来,创始成员国有6个,分别为德国、法国、意大利、荷兰、比利时和卢森堡。该联盟现拥有28个会员国。其中,2017年3月29日,英国首相特雷莎·梅启动《里斯本条约》第50条,正式启动"脱欧"程序;2017年12月8日,英国与欧盟达成历史性脱欧协议,从而为贸易谈判铺平道路;2018年6月26日,英国女王伊丽莎白二世批准脱欧法案成为法律,允许英国退出欧盟;2020年12月24日,距离英国脱欧过渡期最后期限仅剩一周时,英国与欧盟就英国脱欧后的贸易问题达成协议,最终实现了有协议的脱欧。

(六) 完全经济一体化

完全经济一体化 (complete economic integration) 是区域经济一体化的最高组织形式,是指成员国之间在实现经济同盟的基础上,进一步实现经济制度、政治制度和法律制度等方面的协调,并最终形成统一经济体。

区域经济一体化有六种形式 (表11-1),从松散的优惠贸易安排到紧密的完全经济一体化,主要涉及三个层级的制度安排:货物自由贸易、生产要素自由流动和经济政策协调,这种制度安排由初级逐渐向高级发展,不同阶段的安排造就不同水平的一体化组织形式,最高形式是完全经济一体化。目前,世界上没有经济组织达到完全经济一体化水平,而处于经济同盟阶段的欧盟在为实现这一目标而努力。

表11-1 区域经济一体化形式的比较

区域经济一体化组织	一体化制度					
	关税减让	货物自由贸易	统一对外关税	生产要素自由流动	经济政策协调	经济政策统一
优惠贸易安排	√					
自由贸易区	√	√				
关税同盟	√	√	√			
共同市场	√	√	√	√		
经济同盟	√	√	√	√	√	
完全经济一体化	√	√	√	√	√	√

除上述划分外,根据参加国经济发展水平的不同,可将区域经济一体化分为水平一体化 (horizontal economic integration) 和垂直一体化 (vertical economic integration) 两种。水平一体化又称横向经济一体化,是指由经济发展水平大致相同或相近的国家所组成的

区域经济一体化组织，如欧盟、东非共同体等。垂直一体化又称纵向经济一体化，是指由经济发展水平不同的国家所组成的区域经济一体化组织，如北美自由贸易区等。

此外，基于一体化范围，区域经济一体化可以分为部门一体化（sectoral economic integration）和全盘一体化（overall economic integration）。部门一体化是指区域内各成员国就一个或几个商品或产业，达成合作协定而产生的区域经济一体化组织。全盘一体化是指区域内各成员国所有经济部门一体化的形态。

二、主要区域经济一体化组织

区域经济一体化发展是一个动态的过程，通常地缘相邻或相近的国家或地区集团，为了获得最大利益，组合成为更大规模的经济集团或共同体区域。经济一体化组织的主要形式是自由贸易区，其数量在不断增加，一个国家可能同时是若干个一体化组织的成员。区域经济一体化的覆盖面不断扩大，合作也日渐深入，对本地区的影响日益明显。当前，世界主要的区域经济一体化组织如表 11-2 所示。

表 11-2 世界主要区域经济一体化组织

名 称	成立年份	形式/目标	总部所在地	成员（国家或地区）
欧洲				
欧洲自由贸易联盟（EFTA）	1960	自由贸易区	日内瓦	冰岛、列支敦士登、挪威、瑞士
欧洲联盟（EU）	1958	经济联盟	布鲁塞尔	奥地利、比利时、保加利亚、塞浦路斯、克罗地亚、捷克、丹麦、爱沙尼亚、芬兰、法国、德国、希腊、匈牙利、爱尔兰、意大利、拉脱维亚、立陶宛、卢森堡、马耳他、荷兰、波兰、葡萄牙、罗马尼亚、斯洛伐克、斯洛文尼亚、西班牙、瑞典
独联体经济联盟（CIS）	1993	自由贸易区	莫斯科	俄罗斯、白俄罗斯、哈萨克斯坦、乌兹别克斯坦、吉尔吉斯斯坦、摩尔多瓦、塔吉克斯坦、亚美尼亚
北美洲、中美洲及加勒比海地区				
北美自由贸易区（NAFTA）	1994	自由贸易区	墨西哥城	美国、加拿大、墨西哥
加勒比共同体（CARICOM）	1973	关税同盟	乔治敦	安提瓜和巴布达、巴哈马、巴巴多斯、伯利兹、多米尼克、格林纳达、圭亚那、海地、牙买加、蒙特塞拉特（英属）、圣基茨和尼维斯、圣卢西亚、圣文森特和格林纳丁斯、苏里南、特立尼达和多巴哥

续表

名　称	成立年份	形式/目标	总部所在地	成员（国家或地区）
中美洲共同市场（CACM）	1993	关税同盟	圣萨尔瓦多	伯利兹、哥斯达黎加、多米尼加、危地马拉、洪都拉斯、尼加拉瓜、巴拿马、萨尔瓦多
南美洲				
南方共同市场（MERCOSUR）	1991	关税同盟	蒙得维的亚	阿根廷、巴西、巴拉圭、乌拉圭、玻利维亚
安第斯共同体（CAN）	1969	共同市场	利马	玻利维亚、哥伦比亚、厄瓜多尔、秘鲁
拉丁美洲一体化协会（ALADI）	1981	共同市场	蒙得维的亚	阿根廷、玻利维亚、巴西、哥伦比亚、智利、厄瓜多尔、墨西哥、巴拉圭、秘鲁、乌拉圭、委内瑞拉、古巴和巴拿马
亚洲及环太平洋地区				
东南亚国家联盟（ASEAN）	1967	自由贸易区	雅加达	文莱、印度尼西亚、老挝、马来西亚、缅甸、菲律宾、新加坡、泰国、越南、柬埔寨
区域全面经济伙伴关系协定（RCEP）	2012	自由贸易区	雅加达	日本、中国、韩国、文莱、印度尼西亚、马来西亚、菲律宾、新加坡、泰国、澳大利亚、新西兰、越南、柬埔寨、缅甸、老挝
南亚区域合作联盟（SAARC）	1985	优惠贸易安排	加德满都	孟加拉国、不丹、印度、巴基斯坦、马尔代夫、尼泊尔、斯里兰卡、阿富汗
海湾阿拉伯国家合作委员会（GCC）	1981	关税同盟	利雅得	阿联酋、阿曼、巴林、卡塔尔、科威特、沙特阿拉伯
非洲				
东非共同体（EAC）	2001	关税同盟	阿鲁沙	肯尼亚、乌干达、坦桑尼亚、布隆迪、卢旺达、南苏丹、刚果（金）、索马里
西非国家经济共同体（ECOWAS）	1975	自由贸易区	阿布贾	贝宁、布基纳法索、多哥、佛得角、冈比亚、几内亚、几内亚比绍、加纳、科特迪瓦、利比里亚、马里、尼日尔、尼日利亚、塞拉利昂、塞内加尔
阿拉伯马格里布联盟（UMA）	1989	自由贸易区	摩洛哥	阿尔及利亚、利比亚、毛里塔尼亚、摩洛哥、突尼斯
南部非洲发展共同体（SADC）	1980	关税同盟	哈伯罗内	南非、安哥拉、博茨瓦纳、津巴布韦、莱索托、马拉维、莫桑比克、纳米比亚、斯威士兰、坦桑尼亚、赞比亚、毛里求斯、刚果（金）、塞舌尔、马达加斯加、科摩罗

续表

名称	成立年份	形式/目标	总部所在地	成员（国家或地区）
东部和南部非洲共同市场（COMESA）	1994	共同市场	卢萨卡	隆迪、科摩罗、刚果民主共和国、吉布提、埃及、厄立特里亚、埃塞俄比亚、肯尼亚、利比亚、马达加斯加、马拉维、毛里求斯、卢旺达、塞舌尔、苏丹、斯威士兰、乌干达、赞比亚、津巴布韦、突尼斯、索马里
跨区域				
亚太经济合作组织（APEC）	1989	自由贸易区	新加坡	中国内地（大陆）、日本、韩国、文莱、印度尼西亚、马来西亚、菲律宾、新加坡、泰国、加拿大、美国、墨西哥、澳大利亚、新西兰、中国香港、中国台湾、巴布亚新几内亚、智利、俄罗斯、秘鲁、越南
全面与进步跨太平洋伙伴关系协定（CPTPP）	2017	自由贸易区		日本、加拿大、澳大利亚、智利、新西兰、新加坡、文莱、马来西亚、越南、墨西哥、秘鲁、英国

（一）欧洲联盟

1. 欧盟的发展演变

1939 年至 1945 年的第二次世界大战所造成的人力与经济损失，给欧洲带来了巨大打击。其后，欧洲统一思潮进入高潮。1946 年 9 月，英国首相温斯顿·丘吉尔曾提议建立"欧洲合众国"，其他人士的类似声明也不断提出，1949 年成立的欧洲委员会成为第一个泛欧组织。1950 年 5 月 9 日，法国外交部部长罗伯特·舒曼提出欧洲煤钢共同体计划（即舒曼计划），整合欧洲煤钢工业，旨在约束德国。1951 年 4 月 18 日，法国、意大利、比利时、荷兰和卢森堡以及西德签署为期 50 年的《关于建立欧洲煤钢共同体的条约》（又称《巴黎条约》），1952 年成立欧洲煤钢共同体，接管鲁尔区的管理权并取消部分德国工业生产的限制，同时合作推动煤与钢铁的生产销售。1955 年 6 月 1 日，参加欧洲煤钢共同体的六国外长在意大利举行会议，建议将煤钢共同体的原则推广到其他经济领域，并建立共同市场。1957 年 3 月 25 日，六国外长在罗马签署建立欧共体与欧洲原子能共同体的条约，即《罗马条约》，于 1958 年 1 月 1 日生效，欧共体和欧洲原子能共同体正式成立，其目的旨在创造共同市场，取消会员国间的关税，促进会员国间劳力、商品、资金、服务的自由流通。同时，欧洲投资银行成立，并于 1959 年正式开业。

1965 年 4 月 8 日，德国、法国、意大利、荷兰、比利时、卢森堡六国签订《布鲁塞尔条约》，决定将欧洲煤钢共同体、欧洲原子能共同体和欧共体统一起来，统称欧共体。

该条约于 1967 年 7 月 1 日生效，欧共体总部设在比利时布鲁塞尔。

1973 年，丹麦、英国、爱尔兰加入欧共体。1981 年，希腊加入欧共体。1986 年，西班牙、葡萄牙加入欧共体。1987 年 7 月 1 日，欧洲单一法案生效。1991 年 12 月 11 日，马斯特里赫特首脑会议通过了建立"欧洲经济货币联盟"和"欧洲政治联盟"的《欧洲联盟条约》（通称《马斯特里赫特条约》，简称"马约"）。1992 年 2 月 7 日，《马斯特里赫特条约》签订，设立理事会、委员会、议会，逐步由区域性经济共同开发转型为区域政经整合的发展。1993 年 11 月 1 日，《马斯特里赫特条约》正式生效，欧洲联盟正式成立。1998 年 1 月，欧洲中央银行成立，1999 年，欧元开始运作，2002 年 1 月 1 日，硬币与纸币开始流通，并代替旧有货币。在此期间，欧洲多国签署《申根公约》，规定从 1990 年 6 月起，消除过境关卡限制，使成员国间无国界，1995 年 3 月 26 日，《申根协定》正式生效。

1995 年 1 月 1 日，瑞典、芬兰、奥地利正式加入欧盟，欧盟成员国扩大到 15 个。2004 年 5 月 1 日，马耳他、塞浦路斯、波兰、匈牙利、捷克、斯洛伐克、斯洛文尼亚、爱沙尼亚、拉脱维亚、立陶宛 10 国正式加入欧盟。2007 年 1 月 1 日，罗马尼亚和保加利亚正式成为欧盟成员国。2013 年 7 月 1 日，克罗地亚正式成为欧盟第 28 个成员国。

2. 欧盟一体化的特点

欧盟作为世界上一体化程度最高的区域经济组织，其发展演进过程具有以下特点。

（1）欧盟的一体化过程循序渐进。从欧洲煤钢共同体到欧共体，再到欧盟这一政治、经济、军事一体化的区域经济组织，从最初 6 个成员国到今天 27 个成员国，这一过程并非一蹴而就。

（2）欧盟具有超国家性质。欧盟从关税减免到申根协定，再到统一使用欧元，成员之间交易成本不断降低，这一超国家特质极大地促进了欧洲经济发展。

（3）欧盟一体化进程受世界外部环境影响。从最初第二次世界大战结束后试图对德国的制约，到与美、苏竞争，再到受难民危机影响的英国脱欧，世界形势与各成员的不断协调、妥协与反对，共同影响欧盟的一体化发展进程。

（二）美墨加协定

1. 北美自由贸易区的诞生

20 世纪 80 年代以来，欧盟经济实力日益壮大，亚洲的日本经济也急剧膨胀。美国急需创建以自身为核心的、能与其他经济集团和经济强国抗衡的区域经济集团，以巩固美国的世界经济地位。同时，加拿大经济一直严重依赖于美国，墨西哥作为经济相对落后的发展中国家，虽然由于一些历史原因曾长期拒绝与美国在经济上结盟，但 20 世纪 80 年代中期以来国内不断恶化的经济形势使得与美国合作成为唯一的选择。因此，北美自由贸易区的建立也符合加拿大和墨西哥的利益。

1988 年 1 月 2 日，美国国会和加拿大联邦议会正式签署了《美加自由贸易协定》，并于 1989 年 1 月生效。在此基础上，美国、加拿大和墨西哥三国于 1991 年 6 月 12 日在加拿大的多伦多举行首轮谈判，经过 14 个月的磋商，最终于 1992 年 8 月 12 日达成《北美自由贸易协定》，该协定于 1994 年 1 月 1 日正式生效，北美自由贸易区宣告成立。

2. 美加墨协定的内容

《美国-墨西哥-加拿大协定》（United States – Mexico – Canada Agreement，USMCA，简称《美墨加协定》），前身是于 1994 年 1 月生效的《北美自由贸易协定》。美国总统特朗普上任后，多次批评北美自由贸易协定造成美国制造业岗位流失，要求重新谈判。经过一年多马拉松式的谈判，2018 年 11 月 30 日，美国、墨西哥、加拿大三国领导人在阿根廷首都布宜诺斯艾利斯签署《美墨加协定》，替代《北美自由贸易协定》。

《美墨加协定》保留了原北美自由贸易协定中的大部分内容，但在以下几个方面有所变化。

一是产业布局转变。《美墨加协定》在汽车、乳制品等条款上有较大更新。协定将原先的原产地规则进一步提升，即整车中 75% 的汽车零部件必须在三国生产，才能享受零关税，高于此前 62.5% 的标准；到 2023 年，零关税汽车 40%~45% 的零部件必须由时薪最低 16 美元的工人所生产。同时，墨西哥和加拿大获得美国对两国汽车关税豁免的"单边保证"。此外，加拿大在乳制品条款上作出让步，同意取消"7 级"的乳品定价协议，向美国开放约 3.5% 的乳品市场份额。

二是对非市场经济国家具有排他性。新协定中有一项"毒丸条款"，即协定第 32 章第 10 条规定，若三方中任何一方与非市场经济国家达成自贸协定，另外两方可将其踢出协定。分析认为，美国意在借此条款来约束墨西哥、加拿大两国与第三方非市场经济国家进行自贸合作，有意针对中国。

三是争端解决机制。争端解决机制允许第三方投资者直接对东道国提起仲裁，该机制将投资者与东道国置于平等地位，可以保护投资者利益。但新协定对三国之间的争端解决机制进行了实质性限缩，也是一种排他性的体现。

四是"公平贸易"原则。《美墨加协定》充分体现了美国政府"自由、公平且对等"的国际贸易价值导向。此外，《美墨加协定》也被认为是目前涵盖面最广的贸易协定。除了 20 世纪 90 年代就存在的劳工、环境、竞争政策等议题，该协议还包括 21 世纪开始进入讨论范围的数字贸易、国有企业、中小企业等议题。

3.《美墨加协定》的特点

一是进一步提升了国际贸易规则水平。就议题而言，USMCA 增加了诸多新议题，扩大了规则的管辖范围。就提高已有议题的标准而言，USMCA 的诸多标准更为严格。以知识产权领域为例：①延长了保护期限，如生物制药的保护期限由 8 年延长为 10 年；②扩大了受保护的范围，如扩大了生物制药的保护范围，扩大了可注册商标的客体范围；③加强了对特定对象知识产权的保护，如加强地理标志保护；④规定了非常全面的商业秘密保护措施。

二是强化区域价值链。USMCA 并没有进一步推动全球价值链分工，反而通过畸高的原产地标准割裂了全球价值链，使得这一分工体系逐渐向区域价值链收缩。畸高的原产地标准主要表现为以下两个条款：① USMCA 中成套货物或组装品中非原产地货物的价值不超过该货物价值的 7%，则该货物仍被认定为原产地货物。②汽车原产地规则：

除汽车部件在美、墨、加三国生产比例提高外，使用的钢和铝必须有70%以上原产于北美地区，生产乘用车的高工资（指每小时工资至少16美元）劳动占比需从2020年以前的30%逐步增加到2023年的至少40%，才能享受关税减免待遇。

三是具有"单边主义"倾向。USMCA中贸易救济章节的保障措施条款体现出架空WTO的态势。USMCA绕过了WTO贸易救济的正常程序，即受到影响的国家（地区）如果没有获得贸易补偿，就可以直接采取任意报复措施进行报复。此外，在争端解决章节中USMCA也有进一步削弱WTO的规定，比如争端解决的决策中，减少了对WTO上诉机构报告的参考。上述种种新规与美国对WTO的不信任有关。美国认为在WTO框架下，其利益不能得到很好的保障，因此需要绕过WTO，采取"单边主义"的做法来直接调整美国与其他国家（地区）之间的贸易关系。

四是实现了实体性规则与程序性规则的深度融合。USMCA中很多章节规定了更高水平的实体性规则，而且对程序性规则进行了深度完善。以劳工为例，在该协定里，除了结社自由、集体谈判权、禁止强迫劳动、禁止童工、同工同酬条款之外，还增加了对工作场所条件、移民劳工权利保障以及劳工权利实现中不应使用暴力的规定。这些都是实体性规则，USMCA对工人权利的维护力度超过了《国际劳工公约》以及NAFTA。另外，USMCA还花了大量精力完善程序性规则。建立美国—墨西哥、加拿大—墨西哥的"便捷具体、快速反应的劳工机制"，进一步完善了劳工强化执行机制。这种安排相当于给墨西哥拧上了"紧箍咒"，最大限度地从程序上保证了墨西哥对条款的履行。

（三）区域全面经济伙伴关系协定

1. 协定的产生

《区域全面经济伙伴关系协定》是2012年由东盟发起，历时8年，于2020年11月15日在以视频方式举行第四次区域全面经济伙伴关系协定领导人会议的后由15个亚太国家正式签署。《区域全面经济伙伴关系协定》的签署意味着世界上最大自由贸易区诞生。其15个成员国包括中国、日本、韩国、澳大利亚、新西兰和印度尼西亚、马来西亚、菲律宾、泰国、新加坡、文莱、柬埔寨、老挝、缅甸、越南。

2021年3月，中国完成RCEP核准，成为率先批准协定的国家，4月15日，中国向东盟秘书长正式交存《区域全面经济伙伴关系协定》核准书，11月2日，《区域全面经济伙伴关系协定》保管机构东盟秘书处发布通知，宣布文莱、柬埔寨、老挝、新加坡、泰国、越南6个东盟成员国和中国、日本、新西兰、澳大利亚4个非东盟成员国已向东盟秘书长正式提交核准书，达到协定生效门槛。2022年1月1日，《区域全面经济伙伴关系协定》正式生效，首批生效的国家为上述10国。2022年2月1日起，RCEP对韩国生效，3月18日起对马来西亚生效，5月1日起对缅甸生效。2023年1月2日起，对印度尼西亚生效，6月2日，对菲律宾生效。

RCEP涵盖全球约23亿人口，约占全球人口的30%；GDP总和超过25万亿美元，是世界上涵盖人口最多、成员构成最多元、发展最具活力的自由贸易区。RCEP的签署让中国和日本首次达成了双边关税减让安排，实现了历史性突破。RCEP 各成员之间关税减让以立即降至零关税、10 年内降至零关税的承诺为主，自由贸易区有望在较短时间内取得显著效果，还将实现地区各国间货物贸易、服务贸易和投资高水平开放，极大提升区域贸易投资自由化、便利化水平，提升地区吸引力和竞争力。

2. 协定的特点

RCEP 不仅是目前全球最大的自贸协定，而且是一个全面、现代化、高质量和互惠的自贸协定。

（1）RCEP 是全面的协定。它涵盖 20 个章节，既包括货物贸易、服务贸易、投资等市场准入，也包括贸易便利化、知识产权、电子商务、竞争政策、政府采购等大量规则内容。可以说，协定涵盖了贸易投资自由化和便利化的方方面面。

（2）RCEP 是现代化的协定。它采用区域原产地累积规则，支持区域产业链供应链发展；采用新技术推动海关便利化，促进新型跨境物流发展；采用负面清单作出投资准入承诺，大大提升投资政策的透明度；协定还纳入高水平的知识产权、电子商务章节，适应数字经济时代的需要。

（3）RCEP 是高质量的协定。货物贸易零关税产品数整体上超过 90%。服务贸易和投资开放水平显著高于原有的"10+1"自贸协定。同时，RCEP 新增了中日、日韩两对重要国家间的自贸关系，使区域内自由贸易程度显著提升。

（4）RCEP 是互惠的协定。RCEP 成员有发达国家，有发展中国家，更有一些最不发达国家，成员间经济体制、发展水平、规模体量等差异巨大。RCEP 协定最大限度兼顾了各方诉求，在货物、服务和投资等市场准入和规则领域都实现了利益的平衡。协定还给予最不发达国家差别待遇，专门设置了中小企业和经济技术合作两个章节，来帮助发展中成员加强能力建设，促进本地区的包容均衡发展，共享 RCEP 成果。

（四）全面与进步跨太平洋伙伴关系协定

1. 协定的概括

《全面与进步跨太平洋伙伴关系协定》（Comprehensive and Progressive Agreement for Trans-Pacific Partnership，CPTPP）是当今世界最高标准的自由贸易区协定，是美国退出《跨太平洋伙伴关系协定》（TPP）后该协定的新名字。成员方涵盖日本、加拿大、澳大利亚、新西兰、智利、新加坡、文莱、马来西亚、越南、墨西哥、秘鲁和英国 12 国。

2018 年 3 月 8 日，参与"全面与进步跨太平洋伙伴关系协定"谈判的 11 国代表在智利首都圣地亚哥举行协定签字仪式。12 月 30 日，《全面与进步跨太平洋伙伴关系协定》正式生效。2023 年 7 月 16 日，英国加入该协定。随着英国的加入，成员国增至 12 国，而经济区也延伸至欧洲。

CPTPP 的价值理念包括"自由贸易""公平竞争""现代治理"和"可持续发展"。CPTPP 主要内容分为两大部分：一是与自由化有关，包括关税、市场准入、贸易便利化等方面；二是更高标准的制度型开放，覆盖国有企业、竞争中性、劳工标准、环境保护等"边境后规则"。CPTPP 的 30 章条款内容可以归纳为货物贸易关税减让、服务贸易、投资、合作与贸易便利化、知识产权、电子商务、环境、特定产品原产地规则、其他规则 9 个重点模块（图 11-1）。

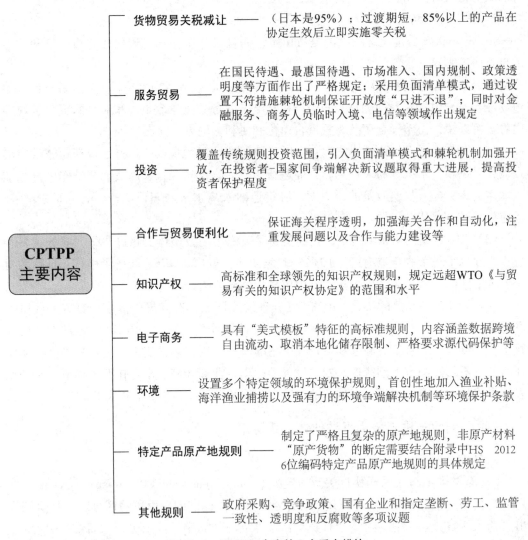

图 11-1　CPTPP 内容的 9 个重点模块

该协定对促进商品、服务、技术、人才、资金、数据等要素自由流动和经济共同发展具有重要意义。尤为重要的是，CPTPP 开放标准高、覆盖范围广、边境后议题多，充分体现了"自由、公平、包容"的开放原则，在贸易投资规则上体现高度自由化、便利化，在国内规制上体现高度市场化、法治化和国际化的公平竞争环境，在开放标准上体现对发展中经济体的包容性，在组织成员发展上体现多边开放原则。因此，CPTPP 是具有世界影响力、能够引领未来国际经贸规则创新变革趋势的高标准自由贸易协定。

截至 2022 年，CPTPP 各成员国的国内生产总值合计约为 11 万亿美元，在全球国内生产总值中占比13%。① 2021年9月，我国正式提交申请加入CPTPP。2023年5月12日，海南省探索先行先试CPTPP经贸规则，这不只是简单地打开国门，而且意味着我国将在更多领域加大改革开放和执行力度。

2. 协定的特点

（1）服务贸易规则。CPTPP对服务贸易领域在市场准入、国民待遇、政策透明度等方面作出了严格规定，主要体现在：服务贸易采用负面清单模式；通过设置"棘轮机制"保证各缔约方的开放度"只进不退"；赋予跨境服务提供者市场准入自由，允许缔约方企业在满足监管标准前提下自由进入市场和自主决定经营方式；取消对服务提供者进入的数量、配额、形式等限制；取消对外资企业持股比例、高管和董事会成员国籍等限制；取消在学历和职业资格互认、自然人流动、资金自由流动方面的限制；同时对各缔约方的国内批准程序、争端解决机制等提出更高要求。

（2）电子商务规则。CPTPP致力于消除发展电子商务的障碍，其规则与WTO及我国参与的FTA相比更加全面、标准更高，内容涵盖数字品贸易零关税和非歧视待遇，要求数据跨境自由流动、取消本地化储存限制，严格要求源代码保护、个人隐私保护、在线消费者权益保护，消除在电子认证和电子签名、无纸贸易、接入和使用互联网开展电子商务方面的障碍。如明确"任何缔约方给予在另一缔约方领土内创造、生产、出版、定约、代理或首次商业化提供的数字产品待遇，或给予作者、表演者、生产者、开发者或所有者为另一缔约方人的数字产品待遇，不得低于给予其他同类数字产品的待遇"。

（3）货物贸易规则。一是CPTPP货物贸易开放的首要表现为零关税。这一措施将有效降低各国贸易成本，反映了以中间品贸易为主体的全球价值链贸易的趋势和内在要求。货物贸易最终实施零关税的税目平均达99%，高于RCEP规定90%的水平；第一年零关税的税目平均超过86%。各国非零关税产品主要集中在农业，工业基本实现零关税，且实施零关税的过渡期普遍短于其他自贸协定。二是更开放的市场准入。取消对再制造货物的关税和限制性措施，不得对再制造货物的进口采取任何禁止或限制措施，不得对修理改制后再入境的货物征收任何关税，从而进一步降低了货物贸易成本。三是要求更高的原产地规则。CPTPP规定原产地区域价值成分为40%~55%，高于RCEP（40%）的标准。纺织服装"从纱认定"要求从纱线原料采购到加工制造必须满足原产地规则才能享受关税优惠。四是对通关速度提出更高要求。

（4）投资规则。CPTPP不仅包括传统自贸协定投资规则的全部领域，还在争端解决等新议题上有大幅进展。一是覆盖领域广。投资范围不仅包括传统的企业、股权、建设项目，还包括金融资产、特许权、租赁、抵押、知识产权等。二是自由化程度高。CPTPP采用投资与跨境服务贸易一张负面清单形式。"禁止业绩要求"条款由传统领域推广至服务、技术等新领域，强调东道国不得对外资施加或强制执行相关要求，也不得强制要求外资作出相关承诺保证。三是对投资者保护程度高。投资者-国家争端解决机制

---

① 政府工作报告提到的CPTPP，将对开放带来哪些变化[EB/OL]．（2023 - 03 - 05）．https：//baijiahao. baidu. com/s？id=1759537184945042052&wfr=spider&for=pc.

（ISDS）赋予投资者单项启动、直接对东道国提起仲裁的权力，是保护投资者利益的有力武器。投资者起诉后仍可申请国际投资仲裁，且仲裁机构和规则有多元选择，这对东道国司法权威构成重大挑战。

第二节　区域经济一体化理论与效应

一、关税同盟理论

（一）概念

关税同盟是美国经济学家 J. 维纳（J. Viner）在 1950 年出版的《关税同盟问题》一书中首次提出，它是指两个或两个以上国家缔结协定，建立统一的关境，在统一关境内缔约国之间相互减让或取消关税，对从关境以外的国家或地区的商品进口则实行共同的关税税率和外贸政策。

（二）静态效应

1. 贸易创造效应

贸易创造效应（trade creation effect）是指建立关税同盟后，某一成员国的一些国内生产品被同盟内其他生产成本更低的产品的进口所替代，从而使资源的使用效率提高，扩大了生产所带来的利益；同时，通过专业化分工，使本国该项产品的消费支出减少，而把资本用于其他产品的消费，扩大了社会需求，结果使贸易量增加。

以下举例说明（图 11-2）。假设在一定汇率条件下，X 商品的货币价格在甲国为 35 元，乙国为 26 元，丙国为 20 元，征收 100% 进口关税。现甲、乙两国建立关税同盟，相互之间取消关税，而对 C 国征收 100% 进口关税。

建立关税同盟后，甲国将不再生产 X 商品，而选择从乙国进口，因此出现了新的国际贸易和国际专业化分工。从整体来看，生产从高成本甲国转移至低成本乙国，提高了资源配置效率，提高了同盟国间的福利水平，即所谓"贸易创造效应"。对甲国来说，用较低价格购买获得 X 商品，减少了消费支出，提高了福利水平；对丙国来说，由于在关税同盟成立前也并未参与国际贸易，故建立同盟后也没有损失。

2. 贸易转移效应

贸易转移效应（trade diverting effect）是指缔结关税同盟之前，某一国家不生产某种商品而从世界上生产效率最高、成本最低的国家进口商品；建立关税同盟后，如果世界上生产效率最高的国家被排斥在关税同盟之外，则关税同盟内部的自由贸易和共同的对外关税使得该国该商品在同盟成员国内的税后价格高于同盟某成员国相同商品在关税同盟内的免税价格，这样同盟成员国原来从非成员国进口的成本较低的商品转从关税同盟

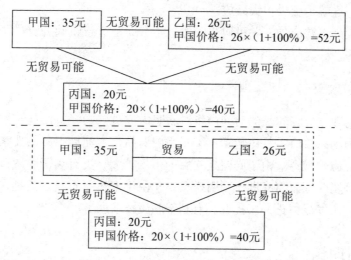

图 11-2 关税同盟的贸易创造效应

内部生产效率最高、生产成本最低的国家来进口。

以下举例说明（图 11-3）。假设在一定汇率条件下，X 商品的货币价格在甲国为 35 元，乙国为 26 元，丙国为 20 元，甲国、乙国分别征收 20% 和 40% 进口关税。现甲、乙两国建立关税同盟，相互之间取消关税，而对 C 国征收 40% 进口关税。

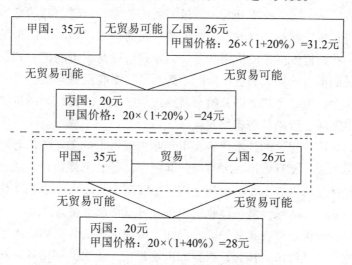

图 11-3 关税同盟的贸易转移效应

关税同盟建立后，甲国将 X 商品的进口，从丙国转向乙国，并且将进口成本从 24 元提高至 26 元，这就是"贸易转移效应"。从甲国、丙国来看，它们均遭到了损失，并且由于资源配置不合理致使整个世界的福利水平下降。

3. 贸易扩大效应

缔结关税同盟后，无论在贸易创造和贸易转移的情况下，进口国（上面两例中的甲国）X 商品的价格都比原来下降了。如果甲国 X 商品的需求价格弹性大于 1，则甲国对 X 商品需求数量的增加幅度要大于 X 商品价格的下降幅度，从而使 X 商品的销售额也就是进口额增加，这就是贸易扩大效应。

除上述三大静态效应外，关税同盟的建立还有助于节省行政开支、减少走私、增加集团谈判力量等。

（三）动态效应

关税同盟的建立，在较长的时间内将对联盟内成员国的经济结构产生较大影响，这些长期影响称为动态效应，具体包括：①同盟内商品自由流动引致的要素自由流动，可以进一步优化资源配置；②由于同盟建立后的市场扩大，更有利于获取规模经济；③市场扩大、投资环境改善，将有助于吸引投资；④由于上述要素自由流动、规模经济与投资增加等原因，研发能力进一步提升，有利于刺激技术进步。

二、大市场理论

大市场理论（Theory of Big Market）的代表人物为西托夫斯基和德纽。该理论认为：以前各国之间推行狭隘的、只顾本国利益的贸易保护政策，把市场分割得狭小而又缺乏适度的弹性，只能为本国生产厂商提供狭窄的市场，无法实现规模经济和大批量生产的利益。而大市场理论的核心则是：通过国内市场向统一的大市场延伸，扩大市场范围获取规模经济利益，从而实现技术利益；通过市场的扩大，创造激烈的竞争环境，进而达到实现规模经济和技术利益的目的。企业生产规模的扩大以及激烈的市场竞争必将降低商品生产的成本和销售价格，而价格的下降会导致市场购买力的扩大和居民实际生活水平的提高。市场购买力的扩大和居民实际生活水平的提高反过来又会进一步促进投资的增加和规模的扩大，最终会使经济开始滚雪球式地扩张。因此，大市场的形成会促进和刺激经济的良性循环，带动经济蓬勃发展。

由此可见，大市场理论的技术优势在于专业化规模生产，经济优势则更主要表现为规模经济。一般来说，能有效形成大市场的国家应具备的条件包括：成员国在地理位置上比较接近，并在经济发展水平、经济结构、经济制度、收入水平和文化背景等方面具有相当程度的一致性。区域经济一体化组织正好可以符合上述条件。

当然，大市场理论也存在某些缺陷。例如，该理论无法解释国内市场存量相当大的国家也在同样推行区域经济一体化；根据大市场理论，建立共同市场可以加强竞争，但是良好的国内经济政策同样可以克服行业垄断，并且可以提升市场竞争力。

三、协议性国际分工理论

协议性国际分工理论是由日本学者小岛清提出的，他认为：经济一体化组织内部如果仅仅依靠比较优势原理进行分工，不可能完全获得规模经济的好处，反而可能会导致各国企业的集中和垄断，影响经济一体化组织内部分工的发展和贸易的稳定。因此，必须实行协议性国际分工，使竞争性贸易的不稳定性尽可能减少，从而提升贸易的稳定性。

所谓协议性国际分工,是指一国放弃某种商品的生产并把国内市场提供给另一国,而另一国放弃另外一种商品的生产并把国内市场提供给对方,即两国达成相互提供市场的协议,实行协议性国际分工。协议性分工不能指望通过价格机制自动实现,而必须通过当事国的某种协议来加以实现,也就是通过经济一体化的制度把协议性分工组织化。参加协议性国际分工需要满足的条件包括:①参加协议的国家生产要素禀赋差异不大,工业化水平和经济发展水平相近;②分工的对象商品能够获得规模经济;③每个国家自己实行专业化生产的产业和让给对方的产业之间没有太多优劣之分。

显然,基于上述理论,建立区域经济一体化组织可以使协议分工的商品范围更广,利益更大。在生活水平、文化等方面类似或毗邻的国家或地区更容易达成协议,且更容易保证相互需求的均衡增长。这一理论在一定程度上可以解释拉丁美洲中部的国家间分工。

第三节 区域经济一体化对国际贸易的影响

区域经济一体化发展起因是联合一致抵御外部的强大压力,科学技术与社会生产力的发展又极大地推动了战后区域经济一体化发展。与此同时,区域经济一体化对国际贸易发展产生了积极与消极的双重影响。

一、区域经济一体化对国际贸易的积极影响

(一)促进贸易增长

一方面,区域经济一体化组织对贸易增长的促进作用体现在对组织内部成员间的贸易刺激作用。在各种不同类型、不同层次的区域经济一体化组织内部,通过关税减让或免除、取消数量限制,削减非关税壁垒等方式,加上组织内部国际分工的纵深发展,成员间经济相互依赖加深,彼此间贸易环境大大改善,从而使得组织内成员间贸易迅速增长。根据WTO数据测算,自欧共体成立后,区域内贸易额从30%上升到50%,并继续上升至60%。从2012年到2017年,欧盟区域内进出口额始终占据其总进出口额的60%左右。

另一方面,区域经济一体化组织也刺激了对外贸易的整体增长。1958年欧共体成立之初,出口额为227.4亿美元,到1972年,出口额已增长至1412.4亿美元,总计增长了5.2倍。而同时期,世界贸易额增长了2.5倍,美国出口额仅增长了1.7倍。

(二)促进国际合作

区域经济一体化组织促进内部成员间的国际分工和技术合作,加速了产业结构的优

化组合，并有助于成员国间科技领域的协调和合作。例如，在欧盟的推动和组织下，成员国在许多单纯依靠本国力量难以胜任的重大科研项目中，如原子能利用、航空、航天技术，大型电子计算机等高精尖技术领域进行合作。

经济一体化给区域内企业提供了重新组织和提高竞争能力的机会和客观条件。通过兼并或企业间的合作，促进了企业效率的提高，同时加速了产业结构调整，实现了产业结构的高级化和优化。特别是对于发展中国家而言，区域经济一体化帮助其与发达国家共同建立起规模较大、技术水平较高的联合企业，建立新兴的工业部门，逐步改变了单一经济结构等。例如，拉美地区国家中60%的机器和运输设备，35%的化工产品以及40%的钢材均来源于区域内国际合作。

（三）为多边谈判奠定基础

区域经济一体化组织的建立与运行需要经历复杂甚至艰难的谈判过程，这与多边贸易谈判非常类似。因此，区域经济一体化组织可以与多边谈判"协同共进"，为更为复杂的多边贸易谈判积累经验、奠定基础。

二、区域经济一体化对国际贸易的消极影响

（一）"内外有别"的贸易政策

区域经济一体化组织在组织内实行关税减让、削减非关税壁垒、要素自由流动等自由贸易政策，对外则实行贸易保护主义。这种"内外有别"的贸易政策背离了世界贸易组织的非歧视原则，形成了另一种形式的贸易保护主义。

这种贸易保护主义实际上对区域外国家造成了损害，往往会导致区域内与区域外贸易摩擦与冲突加剧。

（二）背离比较优势原则

由前述"贸易转移效应"可知，区域经济一体化可能会提高进口产品价格，从而因资源配置不合理致使整个世界的福利水平下降。这背离了比较优势原则，既损害本国消费者利益，又会对区域外国家造成损害，进而引发区域内外国家间出现贸易摩擦。

（三）削弱 WTO 作用

区域经济一体化组织增加了成员国在国际市场上的垄断力量，特别是如欧盟等在全球经济中占据重要份额的区域经济一体化组织，在很大程度上抑制了竞争。此外，区域经济一体化组织在某种程度上将多边贸易协定转向区域一体化组织安排，不利于 WTO 发展，削弱了 WTO 在国际贸易中的地位与作用。

1. 什么是区域经济一体化?
2. 区域经济一体化有哪些形式?
3. 自由贸易区与我国国内建立的自贸区有什么区别?
4. 关税同盟的贸易创造和贸易转移效应分别指什么?
5. 区域经济一体化对国际贸易有哪些影响?

阅 读 材 料

加快自由贸易区建设,构建开放经济新体制

我国自由贸易区建设起步于2002年,党的十七大提出"实施自由贸易区战略",把自由贸易区建设提升到了国家战略层面,党的十八大明确要求"加快实施自由贸易区战略",党的十八届三中、五中全会进一步要求"以周边为基础加快实施自由贸易区战略,形成面向全球的高标准自由贸易区网络"。经过20多年的努力,我国自由贸易区建设已初具规模。截至2023年,中国已经签署了19个自由贸易协定,在已签署的自贸协定中,零关税覆盖的产品范围基本超过90%,承诺开放的服务部门已从加入WTO时的100个增至近120个。这19个自由贸易协定可以说是立足周边、辐射"一带一路"、面向全球,既有我们周边国家包括东盟的成员,也有"一带一路"沿线如巴基斯坦、格鲁吉亚,还有与新西兰、新加坡、秘鲁、哥斯达黎加、冰岛、瑞士、韩国和澳大利亚的自贸协定,同时,包括内地与香港、澳门的《内地与香港关于建立更紧密经贸关系的安排》(CEPA),以及大陆与台湾的《海峡两岸经济合作框架协议》(ECFA)。

目前,我国正在谈判的自贸区协定有中国—海合会(指海湾阿拉伯国家合作委员会,包括沙特阿拉伯、科威特、阿联酋、阿曼、卡塔尔和巴林)、中日韩、中国—斯里兰卡、中国—马尔代夫、中国—以色列、中国—挪威,同时与尼泊尔、孟加拉国、摩尔多瓦等国家开展自贸协定的联合可行性研究。此外,在与巴基斯坦、新加坡等国已有自贸协定的基础上,现正开展新的自贸协定升级的谈判。

从我国已经签署的自贸协定看,我国自贸伙伴已遍及亚洲、大洋洲、拉丁美洲和欧洲,对提升我国对外贸易投资合作水平、促进国内经济发展起到了积极作用。从已签署自贸协定的内容上看,这些自贸协定总体达到了WTO的原则要求,且自由化水平不断提升,领域范围逐步扩大,并引入一些较高的标准规则,但与国际最高标准相比,我国的自贸协定在货物贸易、服务贸易、投资和规则等主要领域仍有进一步提升的空间。

资料来源:我国已与26个国家和地区签署19个自贸协定[EB/OL].(2020-12-31). http://fta.mofcom.gov.cn/article/fzdongtai/202012/44119_1.html.

问题：中国为什么积极推动与其他国家建立自由贸易区？现实中大量双边或者多边自由贸易区的建立是否有违 WTO 的相关原则？

即测即练

第十二章 世界贸易组织

学习目标

1. 了解关贸总协定的产生与发展；
2. 熟悉世界贸易组织的诞生，组织机构、基本原则与运行机制；
3. 理解多哈回合谈判的主要内容及其失败原因；
4. 熟悉中国加入世界贸易组织的过程。

重要概念

关贸总协定　多边贸易　世界贸易组织　最惠国待遇原则　国民待遇原则　多哈回合谈判

第一节 世界贸易组织概述

一、世界贸易组织的产生过程

世界贸易组织是当代最重要的国际经济组织之一，成员之间的贸易额占世界贸易额的绝大部分，因此被称为"经济联合国"。WTO 是一个独立于联合国的永久性国际组织，总部位于瑞士日内瓦。WTO 成员分四类：发达成员、发展中成员、转轨经济体成员和最不发达成员。任何国家或者贸易政策完全自治的关税地区均有资格加入 WTO，成为其成员。WTO 成立于 1995 年 1 月 1 日，前身为 1947 年成立的关贸总协定。截至 2023 年 7 月，WTO 有 164 个成员、25 个观察员。

（一）关贸总协定的产生与发展

第二次世界大战后，美国及其他国家的国际政治学家与经济学家认为 20 世纪 30 年代那种"以邻为壑"的政策给各国带来了政治和经济损失，贸易保护主义不仅导致了经济灾难，也成为引发世界大战的导火索之一。国家间必须进行国际合作与政策协调，建立一个开放的贸易体系。因此，美国向联合国经济和社会理事会提议成立"国际贸易组织"，使之成为与世界银行和国际货币基金组织并行左右世界经济的"货币、金融、贸易"三位一体的机构。从 1947 年 4 月开始，筹备委员会在瑞士日内瓦负责《国际贸易组织宪章》（即《哈瓦那宪章》）的起草工作，并达成了有关协议 123 项。由于《国际贸易组织宪章》一时未能生效，因此会议便将这些协议连同《国际贸易组织宪章》中有关贸易政策的内容，一并构成一项单独的协定，即《关税与贸易总协定》。关贸总协定于 1947 年 10 月 30 日由 23 个成员签署，并于 1948 年 1 月 1 日开始生效直至 1995 年 1 月 1 日世界贸易组织成立。截至 1994 年 12 月 31 日，关贸总协定共有缔约方 128 个。

关贸总协定致力于通过削减关税和其他贸易壁垒，消除国际贸易中的差别待遇，促进国际贸易自由化。关贸总协定自生效之日起，至世界贸易组织成立，总共主持了八轮多边贸易谈判（表 12-1），各缔约方之间的关税与非关税水平大幅下降。

表 12-1 关贸总协定框架下八轮多边贸易谈判一览表

回合	时间	地点	谈判重点	参加国数量/个
一	1947 年 4 月—10 月	瑞士日内瓦	关税减让 关贸总协定生效	23
二	1949 年 4 月—10 月	法国安纳西	关税减让	33
三	1950 年 9 月—1951 年 4 月	英国托基	关税减让	38
四	1956 年 1 月—5 月	瑞士日内瓦	关税减让	26
五	1960 年 9 月—1961 年 7 月	瑞士日内瓦	关税减让	26
六	1964 年 5 月—1967 年 6 月	瑞士日内瓦	关税减让	62
七	1973 年 9 月—1979 年 4 月	瑞士日内瓦	关税减让，非关税壁垒	102
八	1986 年 9 月—1993 年 12 月	乌拉圭埃斯特角城 瑞士日内瓦	关税减让，农产品、纺织品贸易、服务贸易，知识产权，世界贸易组织	123

（二）关贸总协定的局限性

关贸总协定八轮谈判的内容与范围逐渐扩大，很大程度上推进了第二次世界大战后国际贸易自由化，为各国（地区）提供了进行经济贸易关系谈判与对话的场所。但是，关贸总协定作为一个政府间临时性行政协议，而非正式生效的国际公约，未经成员方立法机关批准，因此权威性不强，存在不可避免的先天局限性。特别是在争端解决方面，关贸总协定机制不够健全，以所有缔约方"完全协商一致"的调解方法作为主要争端解决手段，容易致使争端久拖不决，也存在贸易大国（地区）操纵或控制争端解决结果的可能性。此外，关贸总协定涉及的贸易产品有限，农产品、纺织品、服务贸易等均不受其约束。

（三）世界贸易组织的诞生

关贸总协定的种种局限性使得第八轮多边贸易谈判在处理服务贸易、知识产权等新议题时力不从心，故亟须一个正式国际组织以协调、监督和执行多边贸易谈判成果。

1990 年年初，时任欧共体主席国的意大利首先提出建立一个多边贸易组织的倡议。1990 年 12 月，经反复磋商，布鲁塞尔贸易部长会议同意就建立多边贸易组织进行协商。1991 年 12 月，形成了一份关于建立多边贸易组织协定的草案，时任关贸总协定总干事阿瑟·邓克尔将该草案与其他议题相关内容汇总，形成"邓克尔案文"。1992年1月，乌拉圭回合贸易谈判委员会同意以"邓克尔案文"作为后续谈判基础，经过进一步修改、完善和磋商，最终于1993年11月形成最后文件草案。1993年12月，根据美国的提议，将"多边贸易组织"更名为"世界贸易组织"。1994年4月15日，在摩洛哥马拉喀什举行的部长级会议上，乌拉圭回合参加方政府代表通过并签署了《乌拉圭回合多边贸易谈判结果最后文件》，其中核心即为《马拉喀什建立世界贸易组织协定》。根据该协定，世界贸易组织于1995年1月1日正式成立并开始运作。在与关贸总协定并存一年后，世界贸易组织自1996年1月1日起完全担当起全球经济与贸易组织管理者的角色。

二、世界贸易组织的宗旨

（1）提高生活水平，保证充分就业和大幅度、稳步提高实际收入和有效需求。

（2）扩大货物和服务的生产与贸易。

（3）坚持走可持续发展之路，各成员方应促进对世界资源的最优利用、保护和维护环境，并以符合不同经济发展水平下各成员需要的方式，加强采取各种相应的措施。

（4）积极努力确保发展中国家（地区），尤其是最不发达国家（地区）在国际贸易增长中获得与其经济发展水平相适应的份额和利益。

（5）通过实质性削减关税等措施，建立一个完整的、更具活力的、持久的贸易体制。

（6）以开放、平等、互惠的原则，逐步调降各成员关税与非关税贸易障碍，并消除各成员在国际贸易上的歧视待遇。

三、世界贸易组织的职能

（一）负责世界贸易组织多边协议的实施、管理和运作

世界贸易组织的主要职能是负责协定和多边贸易协议的实施、管理和运作，并促进其目标的实现，同时为诸边贸易协议的实施、管理和运作提供框架。多边贸易协议是所有成员都需要承诺的，而诸边贸易协议虽然在世界贸易组织的框架内，但各成员方可有选择地参加。

（二）为谈判提供场所

世界贸易组织为其成员就多边贸易关系进行的谈判和部长会议提供场所，同时提供使谈判结果生效的框架。

（三）争端解决

当世界贸易组织成员发生纠纷时，通过该组织的贸易争端解决机制来解决成员间可

能产生的贸易争端，也是世界贸易组织最重要的职能之一。

（四）贸易政策审议

世界贸易组织依靠贸易政策审议机制，审议各成员的贸易政策，主要是对各成员的全部贸易政策和做法及其对多边贸易体制运行的影响进行定期共同评价和评审。其目的在于促进所有成员遵守多边贸易协议及诸边贸易协议的规则、纪律和承诺，以增加透明度。

（五）处理与其他国际经济组织的关系

世界贸易组织与负责货币和金融事务的国际组织如国际货币基金组织和世界银行及其附属机构进行合作，以增强全球经济决策的一致性，保证国际经济政策作为一个整体和谐地发挥作用。世界贸易组织分别于1996年12月和1997年4月与国际货币基金组织和世界银行签署了合作协议。

（六）对发展中成员和最不发达成员提供技术援助和培训

WTO对最不发达成员几乎不要求其承担任何义务，但可享受WTO成员的一切权利。WTO对发展中成员的优惠安排主要体现在五个方面。

（1）较低水平的义务。
（2）更灵活的实施时间表，即较长的过渡期安排。
（3）发达成员尽最大努力对发展中成员开放其货物和服务市场。
（4）对最不发达成员更优惠的待遇。
（5）提供技术援助和培训人力资本。这些差别待遇体现在世界贸易组织的各个协定中。

第二节　世界贸易组织机构框架

一、组织机构

（一）部长级会议

部长级会议（Ministerial Conference）是世界贸易组织的最高决策机构，通常每两年举行一次会议，它汇集了WTO的所有成员国家（地区）或海关联盟。部长级会议可以在多边贸易协定下对所有事项做出决定。

自1995年成立以来，WTO已经举行过12次部长级会议。特别值得一提的是，2001年11月9日—14日，在卡塔尔多哈举行的第四次部长级会议中，通过了《中国加入世贸易组织议定书》和关于中国加入 WTO 的决定。

（二）总理事会

总理事会（General Council）是世界贸易组织在日内瓦的常设权力机构。在部长级会议休会期间，其职能由总理事会执行。总理事会由各成员代表（通常为大使或同级代表）组成，根据情形召开会议。现任主席是日本大使井原俊一。

总理事可作为贸易政策审议机构（Trade Policy Review Body，TPRB）对成员进行贸易政策审议；可作为争端解决机构（Dispute Settlement Body，DSB）来处理 WTO 成员之间的贸易争端。争端解决机构有权设立专家组（Dispute Settlement Panels）裁决某一成员的违法行为，同时常设上诉机构（Appellate Body），负责处理争端各方对专家组报告的上诉。

（三）分理事会

为充分有效地履行《马拉喀什建立世界贸易组织协定》赋予的职能，总理事会下设三个分理事会（Council）：货物贸易理事会（Council for Trade in Goods）、服务贸易理事会（Council for Trade in Services）和与贸易有关的知识产权理事会（Council for Trade-Related Aspects of Intellectual Property Rights），分别负责多边货物贸易协定的执行情况，监督执行《服务贸易总协定》和《与贸易有关的知识产权协定》。

（四）专门委员会

总理事会下设立专门委员会（Committees）：贸易与环境委员会（Committee on Trade and Environment）、贸易与发展委员会（Committee on Trade and Development）、最不发达国家分委员会（Sub-Committee on Least-Developed Countries）、区域贸易协定委员会（Committee on Regional Trade Agreements）、国际收支限制委员会（Committee on Balance of Payments Restrictions）、预算、财务与行政管理委员会（Committee on Budget, Finance and Administration），等等。

除以上主要机构外，根据《多哈宣言》设立的贸易谈判委员会（Trade Negotiation Committee, TNC）在总理事会的授权下负责监督谈判工作的进行；若干诸边贸易协定委员会（Plurilateral）负责专项活动；另有相关工作组（Working Parties）、工作小组（Working Groups）在总理事会或各分理事会下开展相关工作（图 12-1）。

二、基本原则

（一）非歧视性贸易原则

非歧视性贸易原则（rule of non-discrimination）是世界贸易组织的一项首要基本原则，是各国（地区）间平等贸易的重要保证，也是避免贸易歧视、贸易摩擦的重要基

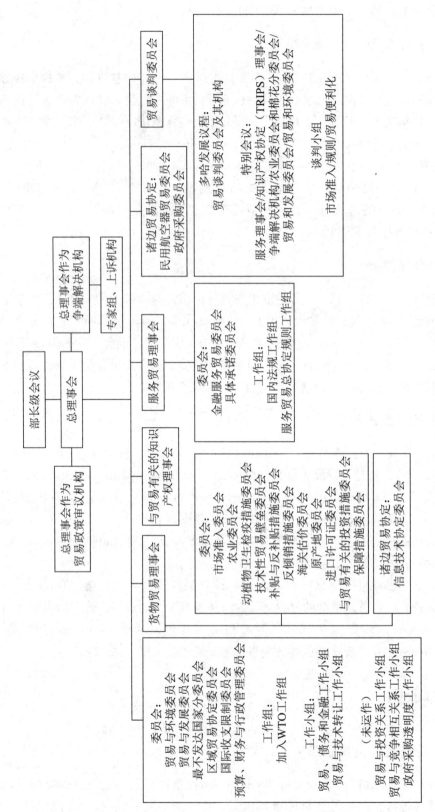

图 12-1 世界贸易组织机构框架

资料来源：世界贸易组织官方网站。

础。非歧视原则又可称为无差别待遇原则，具体表现为最惠国待遇原则（most-favored-nation treatment，MFN）与国民待遇原则（national treatment）。

1. 最惠国待遇原则

最惠国待遇原则，是指某一缔约方将在货物贸易、服务贸易和知识产权领域给予任何其他国家（地区）的优惠待遇，立即和无条件地给予其他缔约各成员方。任何国家（地区）不能给其他成员以特殊的贸易特权或对其进行歧视，所有成员都处于平等的基础上。举例来说，日本、韩国和欧盟都是 WTO 成员，其相同排量汽车出口到美国时，美国对这些国家（地区）的汽车进口需要一视同仁，不能存在歧视待遇。如果美国的汽车进口关税为 5%，则这几个国家（地区）的汽车在正常贸易条件下，美国均只能征收 5% 的关税。

但是，在特定情况下，尤其是发展中成员和少数成员为了特殊利益需要，可以对最惠国待遇提出例外请求，经世界贸易组织许可后，暂时背离最惠国待遇原则。这就形成了最惠国待遇的例外。

2. 国民待遇原则

国民待遇原则是指缔约方之间相互保证给予另一方的自然人（公民）、法人（企业）和商船在本国（地区）境内享有与本国（地区）自然人、法人和商船同等的待遇。事实上，这一原则的适用范围比较窄，只适用于从外国（地区）进口的商品，而不涉及外国（地区）商人在该进口国（地区）的开业、投资及知识产权的保护。换言之，国民待遇原则意味着，外国（地区）商品一旦进入一国（地区）境内，应享有同该国（地区）生产的同类产品在国（地区）内税收和法律法规方面的同等待遇。

类似地，国民待遇原则亦有例外，主要包括"一般例外""安全例外""发展中国家例外"以及"知识产权方面的例外"。

（二）透明度原则

透明度原则（rule of transparency），是指世界贸易组织所有缔约方所实施的与国家（地区）贸易有关的法令、条例、司法判决、行政决定，其必须被公布，并使各成员及贸易商熟悉。一成员与另一成员所缔结的影响国家（地区）贸易的协定，也必须进行公布，以防止成员之间不公平的贸易，从而造成对其他成员的歧视。

透明度原则使得各成员在国际贸易中保持有关贸易法规和政策的统一性、公正性和合理性，对公平贸易和公平竞争起到重要作用。那些可能会影响法令执行、违反公共利益或损害某一企业正当利益的机密资料，可以要求不公开。

（三）关税减让原则

关税减让原则（rule of concession of tariff），是指通过谈判削减关税尽可能消除关税壁垒，并且削减后的关税应得到约束，不得再进一步提高。关税减让原则是自关贸总协定以来一贯倡导和坚持的原则。关税减让原则是多边谈判的核心，旨在降低进出口关税的总体水平，尤其是降低阻碍商品进口的高关税，由此促进国际贸易的发展。

关税减让原则同样存在例外。在有选择逐项进行谈判的双边模式中，未纳入谈判范畴的产品不受关税减让原则约束；发展中成员方可以促进经济发展或国际收支平衡等需要为由修改或撤销已作出的关税减让，或采用进口数量限制等非关税措施来保护国（地区）内产业；乌拉圭回合谈判前，纺织品、农产品等敏感产品或部分成为关税减让原则的例外，乌拉圭回合后这些产品被纳入多边贸易体制，但关税减让原则的适用仍需要过渡期；成员方在某些特殊情况下，可撤回或修改已作出的关税减让；发展中国家（地区）可以根据自身情况，根据世界贸易组织规定，提出非对等的更优惠待遇，作为关税减让原则的例外。

（四）公平贸易原则

公平贸易原则（rule of fair trade），是世界贸易组织主要针对出口贸易而规定的一个基本原则，是指各成员和出口经营者均不得采取不公正的贸易手段进行国际贸易竞争或扭曲国际贸易市场竞争秩序。公平贸易原则是市场经济顺利进行的重要保障，而世界贸易组织正是建立在市场经济基础之上的多边贸易体制。

世界贸易组织中一些协议构成了公平贸易原则的例外。例如，《与贸易有关的知识产权协定》旨在改善涉及智力成果和发明的竞争条件，《服务贸易总协定》则规范与改善服务贸易的竞争条件，《政府采购协议》则对政府机构的采购活动予以约束。这些协议与货物贸易相比，其贯彻公平贸易原则的力度较小。

（五）互惠贸易原则

互惠贸易原则（rule of reciprocal trade），是指要求成员在互惠基础上通过多边谈判进行关税或非关税措施的削减，对等地向其他成员开放本国（地区）市场，以获得本国（地区）产品或服务进入其他成员市场的机会。互惠贸易原则是建立世界贸易组织共同行为规范、准则过程中的基本要求。

虽然互惠原则在国际贸易中已成为一项重要原则，但仍存在例外。在货物贸易方面，允许成员在某些特殊情况下援引"免责条款"（escape clause），撤销已作出的关税减让；发展中成员为保护其国（地区）内的工业和农业，如果经过谈判确定的固定关税对其国际收支平衡不利时，可在关税保护或进口数量限制方面暂时免除上述固定税则的使用；对发展中成员给予特殊与差别待遇不应得到对等互惠。在服务贸易方面，有关服务贸易补贴、服务贸易自由化等问题，发达成员在谈判时，应考虑发展中成员在这些问题上的灵活需要。

（六）市场准入原则

市场准入原则（rule of market access），是指一成员允许另一成员的货物、劳动与资本参与本国（地区）市场的程度。市场准入原则以要求各国（地区）开放市场为目的，有计划、有步骤、分阶段实现最大限度的贸易自由化。

需要注意的是，市场准入是一个渐进的过程。市场准入原则要求各成员通过削减关税、降低非关税壁垒、增加政策透明度等方式，实现各方产品及服务更多进入对方市场。

三、运行机制

（一）加入和退出机制

加入世界贸易组织可分为以下四个阶段：第一，提出申请和受理；第二，对外贸易制度审议和双边市场准入谈判；第三，多边谈判，起草加入文件；第四，表决和加入（需 2/3 多数通过）。经济体制因素、经济发展阶段水平和谈判成员水平是影响加入过程的主要因素。一般来说，计划经济类型国家（地区）或从计划经济向市场经济转型的申请国家（地区）较市场经济申请国家（地区）需承诺更多义务。发展中国家（地区）的加入条件一般低于发达国家（地区），而最不发达国家（地区）则更优于一般发展中国家（地区）。谈判成员对 WTO 规则的掌握程度，对本国（地区）产业竞争力、比较优势的准确认知，以及谈判技巧、人际关系等均影响加入过程。

任何成员都可以退出世界贸易组织。在 WTO 总干事收到书面通知之日的 6 个月期满后，退出生效。退出以后，与其他 WTO 成员的贸易关系从多边回到双边，不再享受 WTO 成员的权利，同时也解除作为 WTO 成员应尽的义务。

（二）决策机制

1. 协商一致的决策机制

一般情况下，世界贸易组织各项决定均应以协商一致方式作出。当就某事项作出决定时，如果出席成员代表并未提出反对意见，则视为经协商一致作出决定，这就是"协商一致的决策机制"。

协商一致的决策机制并不要求意见完全一致或各成员均表示支持，不出席会议或出席会议成员代表保持沉默、或弃权、或发言内容为一般评论，均可视为协商一致。也就是说，即使成员代表对某项议案并不完全同意，只要不正式反对，即可获得通过。换句话说，一旦有成员方明确表示不同意，则议案就不能通过。

2. 投票表决机制

在无法通过协商一致作出决策时，世界贸易组织采用投票表决机制，包括：简单多数规则、2/3 多数通过规则、3/4 多数通过规则、全体成员方一致接受规则。

《马拉喀什建立世界贸易组织协定》规定，若某一决定无法取得协商一致时，则由投票决定，以投票的简单多数作出。一般程序性或事务性事项需使用 2/3 多数通过规则，如新成员方加入 WTO、财务和年度预算决议等。对非常重大的事项，如成员方不能达成协商一致，则采用 3/4 多数通过规则，如关于条款解释、义务豁免等。在涉及修改 WTO 基本原则的决议上，只有成员方明确表示同意，决议才能通过。

3. 反向一致性决策机制

反向一致性决策机制是指以协商一致作出否定表示，否则决议通过。这种机制主要应用于 WTO 争端解决机制中。

在争端解决中,只有当所有成员方协商一致表示不通过专家小组的报告,该报告才能被否决,如果有一个成员方表示同意,该报告就算通过。

(三) 贸易政策审议机制

贸易政策审议机制为 WTO 成员的贸易政策审议提供了唯一场所,促进所有成员更好地遵守多边贸易协议和适用的诸边贸易协议项下的规则、纪律和承诺,并通过深入了解各成员的贸易政策和实践,实现其更大的透明度而使多边贸易体制更加平稳地运作。

《贸易政策审议机制》规定的审议频率为:在世界贸易市场份额中居前 4 名的成员每 2 年审议一次,居前 5~20 名的成员每 4 年审议一次,其他成员每 6 年审议一次,最不发达成员可以有更长的审议间隔时间。

(四) 争端解决机制

世界贸易组织建立争端解决机构来负责监督争端解决机制的有效顺利运行,是争端解决机制的基石。

争端解决机构的主席采用轮值制,由发达国家(地区)和发展中国家(地区)代表每年轮流担任。该机构负责谅解备忘录(DSU)和各有关协议关于争端解决规定的执行,它有权设立由 3 名或 5 名独立人员组成的专家组,通过专家组的报告和上诉机构的报告,检查被裁决的国家(地区)用多长时间和何种方式执行裁决和建议,以及授权暂停适用协议下的减让和其他义务(即实施报复)。

DSB 建立了常设的上诉机构,这是 WTO 争端解决机制的创新。常设上诉机构有 7 名成员,任期为 4 年,对某一案件由其中的 3 名进行审议。上诉机构的主要目的在于保证判例的和谐性,负责处理争端各方对专家组报告的上诉,但上诉仅限于专家组报告中有关法律问题和专家组详述的法律解释。上诉机构可以维持、修改或撤销专家组的法律调查结果和结论,而且上诉机构的报告一经 DSB 通过,争端各方就必须无条件接受。

四、多哈回合贸易谈判

世界贸易组织最新一轮贸易谈判即为"多哈回合贸易谈判"(Doha Round of World Trade Talks, or Doha Round Negotiations),又称"多哈发展议程"(Doha Development Agenda),是世界贸易组织于 2001 年 11 月在卡塔尔首都多哈举行的世界贸易组织第四次部长级会议中开始的新一轮多边贸易谈判。议程原定于 2005 年 1 月 1 日前全面结束谈判,然而由于各种原因,多哈回合被无限期终止,至今仍无法达成最终协议。

(一) 主要议题

随着知识经济、服务经济和信息技术时代的到来,世界贸易组织的谈判议题不断丰富。自 2002 年初全面启动的多哈回合谈判主要包括八大议题,分别为农业、非农产品市场准入、服务贸易、知识产权、规则谈判、争端解决、贸易与环境以及贸易与发展。

在农业方面，多哈回合主要在国（地区）内支持、市场准入和出口竞争方面作出详细规定，而各成员在农产品关税削减和出口补贴等方面存在分歧：美国因其农产品具有较强竞争力，因此试图推动农产品贸易自由化；欧盟、瑞士、挪威、日本、韩国等成员因其农业缺乏比较优势，因此想尽可能维持对农业的高度保护和支持；大部分发展中成员则希望获得切实有效的特殊差别待遇政策；东欧和新加入成员则要求获得经济转型成员和新加入成员特殊待遇政策。

在非农产品市场准入方面，多哈回合主要涉及关税和非关税壁垒，其中关税部分包括削减和取消关税高峰、高关税和关税升级的谈判。

在服务贸易方面，多哈回合涉及服务贸易评估、自主开放措施的奖励模式、《服务贸易总协定》规则、最不发达国家（地区）特殊待遇及市场准入等。

在知识产权方面，主要包括公共健康、与贸易有关的知识产权与生物多样性公约关系、传统知识和民俗保护及地理标识保护等问题。

在规则谈判方面，主要涉及反倾销、补贴与反补贴、区域贸易协定等有关现有条款的澄清与改善等。

在争端解决方面，主要涉及《关于争端解决规则与程序的谅解》的改进和澄清。

在贸易与环境方面，主要包括现有WTO规则与多边环境协定中特别贸易义务的关系、多边环境协定秘书处与WTO相关机构信息交流、减少并取消环境产品和服务的关税及非关税措施等。

在贸易与发展方面，主要包括对现有WTO协议特殊和差别待遇条款的审议和改进，以使其更加准确、有效和可操作。多哈回合谈判旨在通过削减贸易壁垒，通过贸易促进贫穷国家（地区）的经济发展。欧盟敦促美国率先在削减农业补贴方面做出更大让步；美国则要求欧盟进一步削减农产品关税；欧盟和美国又共同对发展中国家（地区）施压，要求其在开放非农产品（以工业品为主）市场方面作出更大让步；发展中国家（地区）却要求美欧等发达国家（地区）应该考虑发展中国家（地区）立场。

（二）多哈回合谈判失败的原因

多哈回合谈判失败的原因归根到底是发达国家（地区）与发展中国家（地区）长期矛盾积累的结果，且这一结果特别明显地体现在农产品特殊保障机制方面难以弥合的分歧。所谓农产品特殊保障机制，是指发展中国家（地区）可以在农产品进口激增的情况下，采取提高关税等特殊保障措施来保护本国（地区）农业免受冲击。以印度为代表的发展中国家（地区）希望能放宽运用特殊保障措施的底线，来充分保护本国（地区）相对脆弱的农业生产和农户生计，维护粮食安全。但是，美国却拒绝让步，其强硬态度直接导致谈判破裂。

此外，农产品特殊保障机制在发展中国家（地区）内部也出现分歧，并成为制约多哈回合谈判的又一影响因素。以乌拉圭和巴拉圭为代表的部分发展中国家（地区）由于出口农产品相对集中，担心放宽对发展中国家（地区）采取特殊保障措施的限制会妨碍其出口。以美国为代表的发达国家（地区）正是利用这一点，试图分化发展中成员阵营，使得谈判更为艰难。

随着2008年美国金融危机的爆发，全球经济滞胀风险加大，贸易保护主义在很多国家（地区），特别是在发达国家（地区）进一步抬头。因此，一方面美欧等发达国家（地区）限制发展中国家（地区）使用特殊保障措施，以继续保护本国（地区）农产品得以顺利进入发展中国家（地区）；另一方面又要求生产率相对低下的发展中国家（地区）全面开放市场，并以知识产权等相要挟。随着经济实力与国际地位的提升，发展中国家（地区）已经不愿意被动接受有失公允的贸易规则。

第三节　中国与世界贸易组织

一、中国和关贸总协定

中国是关贸总协定的创始缔约方。1947年4月至10月，当时的中华民国政府代表参加了联合国贸易与就业会议第二次筹委会。1948年4月21日，中华民国政府代表中国作为最后文件签字方之一，签署了《关税与贸易总协定临时适用议定书》，并从1948年5月21日起正式成为关贸总协定缔约方。1949年4月至8月，当时的中华民国政府还参与了在法国安纳西举行的第二轮多边关税减让谈判，并与新加入多边谈判的国家（地区）达成了关税减让协议。

1971年10月，联合国大会通过《恢复中华人民共和国在联合国合法权利》的第2758号决议，同年11月16日，关贸总协定第27届缔约方大会根据联合国大会第2758号决议，决定取消台湾当局缔约方大会观察员资格。

虽然中华人民共和国政府获得联合国合法席位后，有权代表台湾当局成为关贸总协定观察员，但由于受当时的认知所限，中国政府并未向该组织申请观察员地位。直至20世纪70年代末期，我国开始推行改革开放政策，认识到加强同包括关贸总协定在内的国际组织的联系，积极参与国际组织活动的重要性。

1986年7月10日，中国政府正式向关贸总协定提交关于恢复关贸总协定缔约方地位的申请，由此拉开了长达15年的"复关"进程。

二、中国复关进程

（一）复关三大原则

中国政府在尊重历史与自身经济发展水平的基础上提出了复关三大原则。

1. 复关而非入关

1949年10月1日，中华人民共和国成立后，国民党政府已无权代表中国。因此，

1950 年台湾当局宣布退出关贸总协定是无效的。中国申请的是"恢复"在关贸总协定中的缔约方地位,而非"加入"关贸总协定。

2. 以关税减让作为承诺条件

在市场经济体制国家(地区)中,关税是调节进口的有效手段,故市场经济国家(地区)主要承诺以关税减让为条件加入关贸总协定;在计划经济体制国家(地区)中,政府计划是控制进出口的主要手段,故计划经济体制国家(地区)主要承诺以进口增加为条件加入关贸总协定。中国提出以关税减让而非进口增加为条件恢复其在关贸总协定中的缔约方地位。

3. 发展中国家身份

中国作为发展中国家,承担与自身经济水平相适应的义务,享受作为发展中国家的待遇。

(二)复关进程

1987 年 10 月 22 日,关贸总协定中国工作组第一次会议在日内瓦举行,确定了工作日程。从实际谈判进展来看,中国的复关进程大致经历了三个阶段。

1. 第一阶段:审议顺利

从 1988 年 2 月至 1989 年 5 月,中国与关贸总协定主要缔约方进行了十多次磋商,中国工作组先后召开 7 次会议。各方就中国复关中的一些核心问题基本达成谅解和共识,中国复关议定书框架草案基本形成。

2. 第二阶段:谈判停滞

从 1989 年 6 月到 1992 年 1 月,以美国为首的西方国家对中国进行经济制裁,把暂时不让中国复关作为经济制裁的一项主要内容。在此期间,虽然象征性地召开了第 8 次和第 9 次中国工作组会议,但是中国复关谈判基本陷入停滞状态。

3. 第三阶段:谈判深化

从 1992 年 2 月到 1994 年 12 月,中国复关进入实质性谈判阶段。在 1992 年 2 月举行的第 10 次中国工作组会议上,中国复关谈判出现转机,进入权利和义务如何平衡的深化谈判中。经过多轮谈判,在 1994 年 3 月进行的第 16 次中国工作组会议期间,绝大多数代表明确表示希望尽早结束中国"复关"谈判。但由于与美国和欧盟的双边谈判未能完成,直至 1994 年 12 月,中国依然未能恢复在关贸总协定中的地位,没能成为 WTO 创始成员。

三、中国加入世界贸易组织

自 1995 年世界贸易组织成立并正式运行,中国的复关谈判才正式转为入世谈判。

(一)谈判焦点

1. 发展中国家地位问题

鉴于 WTO 中发展中国家(地区)广泛参与的原则,允许发展中国家(地区)在关税减让、国（地区）内支持、一体化政策的实施时间以及服务业市场开放等方面逐步开放市场或较少开放市场，因此，我国政府坚持中国应该以发展中国家的身份加入多边贸易体系。

然而，一些成员提出，鉴于中国东南沿海和整个东部地区的经济发展迅速，生活水平较高，部分产业具备较强国际竞争力，不应该被认定为发展中国家。此外，一些成员还担心，如果中国以发展中国家的身份加入多边贸易体系，将来中国将成为发展中国家的代表，在多边贸易体系中与发达国家（地区）进行对抗，抑制贸易自由化进程，影响发达国家（地区）的利益。因此，它们坚持中国不能以发展中国家的身份加入多边贸易体系。

中方经过不懈的努力，在加入世界贸易组织的优惠条款适用方面争取到实质性的利益。最终，在总体上，中国仍以发展中国家的身份进入WTO，只是在个别适用条款上，没有完全享受发展中国家的待遇。

2. 贸易政策透明度和公正透明原则问题

按照国际多边贸易体系的原则，成员的贸易政策必须公开透明，成员正在执行的与贸易相关的法律、规定和条例应该公正、公开和统一。然而，由于我国长期的计划经济体制，政府管理经济的主要手段并不公开，基本上都以"红头"文件的方式通过保密渠道下发。因此，贸易政策的公开透明有一定难度。

3. 国有企业待遇问题

国际多边贸易体系对于国有贸易公司的待遇作出过明确规定，为了遵循公平贸易的原则，任何成员不得因为国营贸易公司的特权，影响其他企业的经营和贸易自由化进程。然而，在计划经济时期，中国外贸业务基本上由国有大型贸易公司垄断，20世纪90年代中期以来，贸易经营权逐步放开，但对国有贸易公司仍有倾斜。

4. 服务贸易市场开放问题

按WTO规定，成员应全面开放货物贸易和服务贸易。但是，由于我国服务业极不发达。到21世纪初期，按世界银行统计口径计算的服务业产值在国内生产总值占比仅为32%，与发达国家（地区）70%的占比差距甚远，甚至比所有发展中国家（地区）的平均水平还低将近10个百分点。落后的服务业和拥有13亿人口的庞大消费市场，使外方认定我国的服务业市场潜力无穷，因此纷纷要求我国高水平地开放所有服务业部门，包括银行业、保险业、证券业、基础电信服务业、商业、旅游业、建筑业、教育业、交通运输业、广告和影视服务业以及律师服务、会计师服务等专业服务领域。在许多行业，外方要求建立独资公司，至少是外方控股的合资公司。

而我国政府认为，基础电信服务业、银行业、保险业、商业、航空和铁路运输业等，都是比较敏感的产业部门，甚至涉及国家稳定和安全，因此尚不具备全面开放的条件。

（二）加入WTO的原则

中国政府根据实际情况，多次重申加入WTO的基本原则。

(1) 根据权利和义务相平衡的原则，承担与本国经济发展水平相适应的义务。中国所承担的义务不能超过中国的承受能力，否则，对中国的经济发展不利，同时也有损WTO关于提高各成员方福利水平的宗旨。但是，少数西方大国要求中国承担的义务明显超过中国的经济发展水平，不符合中国的实际情况。

(2) 中国愿意以乌拉圭回合协议为基础与有关WTO成员方进行双边和多边谈判，公正合理地确定"入世"条件。早在1986年，中国就全面参加了乌拉圭回合谈判，并签署了乌拉圭回合谈判最后文件。WTO成立后，执行乌拉圭回合谈判协议成为它的一项重要任务，中国"入世"谈判范围大为增加，增加了农产品、服务业、知识产权以及与贸易相关的投资问题等，中国政府愿意以乌拉圭回合协议为基础进行谈判。

(3) 中国是一个低收入发展中国家，应享受发展中国家的待遇。为提高中国"复关"与"入世"的入门费，美国提出中国不能以发展中国家的身份，而应以发达国家资格加入WTO。尽管当时中国经济规模居世界第七，贸易规模进入世界前十，但中国有13亿人口，人均国民生产总值不足1 000美元。按WTO规定，人均不足1 000美元的国家视为发展中国家，且世界银行在1993年、1994年度世界发展报告中均把中国划为低收入国家。

（三）正式加入WTO

2001年11月10日，在卡塔尔多哈举行的世界贸易组织第四次部长级会议上，审议通过了《关于中华人民共和国加入WTO的决定》和《中华人民共和国加入WTO议定书》。第二天晚上，中国政府代表签署了《中国加入世界贸易组织议定书》，并向WTO秘书处递交了由国家主席签署的批准书。至此，中国完成加入世界贸易组织的所有法律程序。经过15年孜孜不倦的努力，2001年12月11日，中国正式加入世界贸易组织，成为第143个成员。

四、加入WTO中国经济发展取得的成就[①]

2021年是中国加入WTO 20周年。加入WTO不仅是中国对外开放的一个里程碑，也是世界经济全球化进程中的标志性事件。20年来，全面履行入世承诺，关税总水平由15.3%降至7.4%，低于9.8%的入世承诺，中国经济总量从世界第六位上升到第二位，货物贸易从世界第六位上升到第一位，服务贸易从世界第十一位上升到第二位，利用外资稳居发展中国家（地区）首位，对外直接投资从世界第二十六位上升到第一位，中国对全球经济增长的年均贡献率接近30%。

---

① 崔卫杰. 入世二十年 中国产业发展成就辉煌[EB/OL]. (2021-12-13). http://finance.sina.com.cn/roll/2021-12-13/doc-ikyamrmy8585364.shtml.

（一）产业规模稳步快速发展

入世 20 年，中国产业保持稳步快速增长。2001—2020 年，第一、二、三次产业稳步增长，按照不变价统计，第一、第二、第三产业增加值年均增长分别为 8.25%、10.99%、13.45%。其中，工业增加值从 2001 年的 4.38 万亿元增长到了 2020 年的 30.03 万亿元，年均增长 10.67%；制造业增加值从 3.5 万亿元增至 26.6 万亿元，增长了 7 倍，占世界的比重从 7.4% 增至近 30%，2010 年后长期稳居世界第一。同期，中国各服务业增加值也快速增长，从年均增速看，建筑业 13.08%，交通运输、仓储和邮政业 10.05%，批发和零售业 12.78%，住宿和餐饮业 9.96%，金融业 15.01%。当前，中国已经拥有 41 个工业大类、207 个工业中类、666 个工业小类，是全世界唯一拥有联合国产业分类中所列全部工业门类的国家，在世界 500 多种主要工业产品当中，有 220 多种工业产品中国产量居全球第一。

（二）经济发展质量稳步提升

入世 20 年，中国产业结构不断优化，第一、二、三次产业占比从 2001 年的 14∶45∶41 发展为 2020 年的 8∶38∶54。在我国整体产业结构不断优化的同时，高新技术产业发展迅速。2001—2019 年，中国高技术产业企业数由 1.05 万家增长到了 3.58 万家，增长 2.42 倍；高新技术产业从业人员平均数从 398.35 万人增长到了 1 288.04 万人，增长 2.23 倍；高新技术产业营业收入从 1.20 万亿元增长到了 15.88 万亿元，年均增速高达 15.42%；利润总额从 688 亿元增长到了 10 504 亿元，年均增速高达 16.35%，呈现出了蓬勃发展的良好势头。2020 年，面对新冠肺炎疫情冲击和错综复杂的国内外形势，中国高技术产业逆势增长，高技术产业投资增速比全部投资高 7.9 个百分点；全年科技类研发经费同比增长 10.3%，占 GDP 的比重已达到 2.4%，中国产业高质量发展态势明显。

（三）经济开放水平大幅提升

入世 20 年，中国经济开放水平大幅提升。一是关税水平大幅下降。入世前中国关税总水平为 15.3%，入世后降至 7.4%，低于 9.8% 的承诺关税，也明显低于发展中国家（地区）关税平均水平。二是农业等敏感产业开放水平走在了全球前列，中国已经成为世界上农产品市场开放程度最高的国家之一。入世后，中国在农业领域农产品平均关税降到 15.2%，大大低于发展中成员 56% 的进口平均关税，也大大低于发达成员 39% 的平均关税。三是重点领域外资准入水平大幅提升，2020 年全国版负面清单特别管理措施仅剩 33 项。四是服务业开放水平大幅提升。中国服务业开放承诺全部履行完毕，开放了 9 大类服务部门的 100 个分部门。在中国产业扩大开放的推动下，相关领域对外贸易与利用外资规模也大幅提升。例如，在农业领域高水平开放的推动下，中国农产品贸易规模快速增长，由 2001 年的 279 亿美元增至 2020 年的 2 468 亿美元，稳居全球第二大农产品贸易国、第一大进口国、第五大出口国。

（四）经济开放质量明显提高

入世 20 年，高技术产业在对外贸易、双向投资等领域的重要性越来越高，产业开放质量大幅提升。2001—2020 年，中国高新技术产品进出口保持快速增长趋势，高新技术产品出口由 2001 年的 463.31 亿美元增长到了 2020 年的 7 562.69 亿美元，年均增速 15.83%；高新技术产品进口由 2001 年的 640.77 亿美元增长到了 2020 年的 6 568.43 亿美元，年均增速 13.03%。随着中国高技术产业的不断发展，高新技术产品贸易也由逆差转向顺差。2020 年高新技术产品贸易顺差 994.26 亿美元，这在一定程度上体现了中国产业国际竞争力的明显提升。同时，利用外资方面，2020 年，我国高技术产业吸收外资增长 11.4%，比全国吸收外资增速高 5.2 个百分点；对外投资方面，信息传输、软件和信息技术服务业对外直接投资净额从 2003 年的 883 万美元增长到了 2020 年的 918 718 万美元，年均增速高达 50.48%，比全国对外直接投资增速高 24.06 个百分点。

（五）对世界的贡献越来越大

入世 20 年，中国已深度融入世界市场，对世界的贡献越来越大，成为世界经济增长的重要引擎。自 2002 年以来，中国对世界经济增长的平均贡献率接近 30%。2016 年以来，中国对世界经济增长的贡献率稳居第一位，成为世界经济增长的主要稳定器和动力源。具体来看：一是中国加入 WTO 为全球提供了巨大的市场空间。2001—2020 年，中国货物贸易进口增长了 6 倍，占世界比重从 3.8% 增至 11.5%，进口增量占全球 15.9%；二是为全球提供了大量物美价廉的商品，惠及世界各国（地区）人民。2001—2020 年，中国货物出口跨越式发展，出口额增长了 7 倍，占世界的比重从 4.3% 增至 14.7%，2009 年起货物出口额跃居世界第一。三是对外投资有效推动了东道国（地区）经济发展。2001—2020 年，中国对外直接投资从 570 亿元增至 1.1 万亿元，增长 18 倍，位居全球前列。中国对外直接投资增加了东道国（地区）当地就业机会，有效推动了东道国（地区）经济发展。

思考题

1. WTO 的宗旨与职能是什么？
2. WTO 的基本原则是什么？
3. WTO 如何解决成员之间的争端？
4. 中国加入 WTO 后要坚持哪些原则？
5. 多哈回合谈判主要的议题有哪些？

阅读材料

WTO正面临危机

　　WTO成立以来，充分展现了作为世界贸易稳定器的作用，但在进一步推进贸易自由化进程方面却是举步维艰。2001年发起的多哈回合谈判至今依然深陷僵局。目前，在WTO框架外兴起的区域或双边协定层出不穷，大有成为新一代国际贸易和投资规则制定者之势。自2018年3月以来，美国的一系列举动，更使这一危机急剧放大：美国政府明确指出国际贸易争端的解决优先使用国内法，且不受制于WTO的裁决；抵制WTO上诉机制启动法官候选人遴选程序；抱怨WTO没用，不任命常驻WTO代表……

　　究其原因，这是世界宏观经济、政治环境以及WTO自身体制、机制等诸多因素影响的结果。特别是WTO自身存在的制度性问题，使其无法很好地适应全球经贸格局的巨大转变和新的大国关系特点，阻碍了其在多边贸易谈判中的引领作用。

　　在多边贸易体制发展史中有两次重大变革：第一次是关贸总协定的建立，改变了英国的帝国特惠制，以及美国的双边互惠贸易协定网络；第二次是乌拉圭回合的结束和WTO的建立，在许多非关税政策、服务贸易和知识产权领域建立了多边规则。

　　纵观多边贸易体制的发展史，总体来说需要两个基本条件：一是有一个强有力的主导者，能够引领多边贸易谈判；二是参与多边贸易谈判的各方在贸易政策等方面具有基本共识，从而能够达成多边贸易谈判。但从目前来看，这两个基本条件都不具备。

　　长期以来，美国是这种国际机制具有绝对权力的领导者，无论是在GATT谈判的参与方、GATT协议的议题范围，还是在推动GATT争端解决机制法律化方面，美国都施加了重要影响。但进入21世纪以来，随着中国加入WTO之后经济的快速增长以及印度、巴西等新兴经济体的崛起，全球贸易格局迅速变动，削弱了美国的霸权地位。美国在WTO中领导力的显著下降使其已无法再左右多哈回合谈判进程，从而失去了主导多边贸易体制的意愿。

　　与此同时，各成员之间发展理念的巨大差异导致寻求共同价值取向的难度增加。随着发展中成员的不断加入，WTO成员间的利益诉求差异愈加明显。特别是新兴国家（地区）在贸易自由化和经济政策，尤其是在政府和市场的关系上和美国等发达国家（地区）存在巨大分歧。WTO改革的必要性是显而易见的。

　　资料来源：WTO遭遇停摆危机［EB/OL］.（2018-02-26）. http：//www.banyuetan.org/chcontent/sz/hqkd/2018226/246045.shtml.

　　问题：1. 当前WTO出了什么问题？

2. 有一种观点认为：WTO 要么改革，要么被放弃。对此观点你怎么看？

即测即练

第十三章 "一带一路"与国际贸易

学习目标

1. 了解"一带一路"倡议的诞生过程与性质;
2. 熟悉"一带一路"架构;
3. 了解丝绸之路的历史及其对"一带一路"的启示;
4. 了解"一带一路"建设的重要合作领域。

重要概念

"一带一路"倡议 "丝绸之路" "丝绸之路"经济带 21世纪海上丝绸之路 国际产能合作 互联互通 共建"一带一路"国家

第一节 "一带一路"概述

一、"一带一路"倡议的由来

"一带一路"源自"丝绸之路",是为进一步促进对外开放和稳定,深入发展国际经济政治关系,拓展国际经贸交流,由中国政府向全世界提出的一个国际合作平台。2013年9月7日,习近平主席在哈萨克斯坦纳扎尔巴耶夫大学演讲中首次提出共建"丝绸之路经济带"的倡议。2013年10月3日,习近平主席在印度尼西亚国会演讲首次提出共建"21世纪海上丝绸之路"的倡议。如此,将"丝绸之路经济带"和"21世纪海上丝绸之路"统称为"一带一路"。

"一带一路"最初规划包括65个国家,这些国家分布于东亚、东南亚、西亚、南亚、独联体和中东欧等地区(表13-1)。截至2023年6月底,中国与150多个国家、30多个国际组织签署了230多份共建"一带一路"合作文件。2013—2022年,中国与共建国家进出口总额累计达到19.1万亿美元,年均增长6.4%;与共建国家双向投资累计超过3 800亿美元,其中,中国对外直接投资超过2 400亿美元。[①] 相关合作理念和主张写入联合国、二十国集团、亚太经济合作组织、上海合作组织重要成果文件。"一带一路"还成为近年来国际学界研究的热词。

在正式的官方文件中,将"丝绸之路经济带和21世纪海上丝绸之路"的全称译为"the Silk Road Economic Belt and the 21st-Century Maritime Silk Road","一带一路"简称

---

① 徐刚. 通向共同现代化的"一带一路"[EB/OL]. (2023-10-18). http://www.chinatoday.com.cn/zw2018/rdzt/2023_ydyl/pl/202310/t20231018_800345502.html.

表 13-1 共建"一带一路"国家区域划分

区域划分	国家名称
东亚地区（1个）	蒙古国
东南亚地区（10个）	新加坡、马来西亚、印度尼西亚、缅甸、泰国、老挝、柬埔寨、越南、文莱、菲律宾
西亚地区（18个）	伊朗、伊拉克、土耳其、叙利亚、约旦、黎巴嫩、以色列、巴勒斯坦、沙特阿拉伯、也门、阿曼、阿联酋、卡塔尔、科威特、巴林、希腊、塞浦路斯、埃及
南亚地区（8个）	印度、巴基斯坦、孟加拉国、阿富汗、斯里兰卡、马尔代夫、尼泊尔、不丹
独联体地区（12个）	哈萨克斯坦、俄罗斯、乌兹别克斯坦、土库曼斯坦、塔吉克斯坦、吉尔吉斯斯坦、乌克兰、白俄罗斯、格鲁吉亚、阿塞拜疆、亚美尼亚、摩尔多瓦
中东欧地区（16个）	捷克、斯洛伐克、匈牙利、波兰、立陶宛、爱沙尼亚、拉脱维亚、斯洛文尼亚、克罗地亚、波斯尼亚和黑塞哥维那、黑山、塞尔维亚、阿尔巴尼亚、罗马尼亚、保加利亚、北马其顿

译为"the Belt and Road",英文缩写用"B&R"。"倡议"一词译为"initiative",且使用单数,不使用"strategy""project""program""agenda"等措辞。鉴于"一带一路"倡议一词出现频率较高,在非正式场合,除首次出现时使用英文全称译文外,其简称译法可视情况灵活处理,除可使用"the Belt and Road Initiative"外,也可视情况使用"the Land and Maritime Silk Road Initiative",其他译法不建议使用。

二、"一带一路"倡议的特征

"一带一路"倡议是中国 40 多年改革开放实践经验的总结提升,是区域经济一体化与全球化的全新方案,也是在当前全球化发展中区域主义趋势日渐明显的现实背景下,中国对世界发展的新贡献。"一带一路"倡议是促进人类共同发展的中国方案,旨在推进全球化向开放、包容、均衡、普惠、可持续不断发展。"一带一路"具有丰富的内涵。

(一)"一带一路"是开放性的区域合作倡议

当今世界是一个开放的世界,开放带来进步,封闭导致落后。"一带一路"倡议就是要把世界的机遇转变为中国的机遇,把中国的机遇转变为世界的机遇。正是基于这种认知与愿景,"一带一路"以开放为导向,冀望通过加强交通、能源和网络等基础设施的互联互通建设,促进经济要素有序地自由流动、资源高效配置和市场深度融合,开展更大范围、更高水平、更深层次的区域合作,建设高水平的区域经济合作架构,以此来解决经济增长和平衡问题。

（二）"一带一路"是务实合作平台

"和平合作、开放包容、互学互鉴、互利共赢"的"丝路精神"成为人类共有的历史财富，"一带一路"就是秉承这一精神与原则提出的重要倡议。通过加强相关国家间的全方位、多层面交流合作，充分发掘与发挥各国的发展潜力与比较优势，彼此形成互利共赢的区域利益共同体、命运共同体和责任共同体。在这一机制中，各国是平等的参与者、贡献者、受益者。因此，"一带一路"从一开始就具有平等包容的合作特征，这一特征为其推进减轻了阻力，提升了共建效率，有助于国际合作真正"落地生根"。同时，"一带一路"建设离不开和平安宁的国际环境和地区环境，"和平"是"一带一路"建设的本质属性，也是保障其顺利推进所不可或缺的重要因素。

（三）"一带一路"是共商、共建、共享的联动发展倡议

"一带一路"建设是在双边或多边联动基础上通过具体项目加以推进的，是在进行充分政策沟通、战略对接以及市场运作后形成的发展倡议与规划。2017年5月《"一带一路"国际合作高峰论坛圆桌峰会联合公报》中强调了建设"一带一路"的基本原则，其中就包括市场原则，即充分认识市场作用和企业主体地位，确保政府发挥适当作用，政府采购程序应开放、透明、非歧视。"一带一路"建设的核心主体与支撑力量并不在政府，而是在企业，根本方法是遵循市场规律，并通过市场化运作模式来实现参与各方的利益诉求，政府在其中发挥构建平台、创立机制、政策引导等指向性、服务性功能。

（四）"一带一路"是和现有机制的对接与互补

共建"一带一路"国家要素禀赋各异，比较优势差异明显，互补性很强，这就为中国与共建"一带一路"国家实现产业对接与优势互补提供了现实需要与重大机遇。因此，"一带一路"建设的核心内容就是促进基础设施建设和互联互通，对接各国政策和发展战略，以便深化务实合作，促进协调联动发展，实现共同繁荣。"一带一路"建设已经与俄罗斯欧亚经济联盟建设、印尼全球海洋支点发展规划、哈萨克斯坦光明之路经济发展战略、蒙古国草原之路倡议等实现了对接与合作，并形成了一批标志性项目，如中哈（连云港）物流合作基地建设。"一带一路"倡议有效推动了共建国家经济发展，为各国在经济、文化等领域的合作开辟了广阔空间，创造了更多机遇。

（五）"一带一路"是促进人文交流的桥梁

"一带一路"跨越了不同区域、不同文化、不同的宗教信仰，但它带来的却是各文明间的交流互鉴。通过弘扬"丝绸之路"精神，开展"智力丝绸之路""健康丝绸之路"等建设，在科学、教育、文化、卫生、民间交往等各领域广泛开展合作，"一带一路"建设民意基础更为坚实，社会根基更加牢固。"一带一路"建设就是要以文明交流超越文明隔阂、文明互鉴超越文明冲突、文明共存超越文明优越，为相关国家民众加强交流、增进理解搭起新的桥梁，为不同文化和文明加强对话、交流互鉴织就新的纽带，

推动各国相互理解、相互尊重、相互信任。

三、共建"一带一路"的理论逻辑

"一带一路"建设是以共建"一带一路"倡议的基本理念和高质量共建的实践经验为基础,以促进全球共同发展为主要目标的国际合作理论。其基本要义是:顺应经济全球化潮流,以尊重各国制度、文化多样性为前提,遵循互利共赢、以人为本两大价值坐标,通过对政府、资本、社会、生态四大发展要素定位和功能的再优化,实现发展资源更加有效、公平的配置,助力参与方获得更多进入市场、发展产业、改善民生的机会,推动全球发展,助力构建人类命运共同体。

以"联通"(connection)、"赋能"(enablement)、"协同"(coordination)为动力支撑的发展动力模型(CEC发展动力模型)是"一带一路"建设的核心内容。自20世纪70年代以来,新自由主义经济学家一直建议政策制定者减少对公共领域、实体经济和基础设施领域的干预,将发展私营部门和政府机构改革列为优先方向。这一发展模式并未在广大发展中国家取得预想成效。CEC发展动力模型对基础设施、产业发展以及政府作用的重视,与国际经济学界对新自由主义经济政策的反思形成了呼应。

(一)CEC发展动力模型

CEC发展动力模型致力于解决全球发展两大关键问题——增长动力不足与发展持续失衡。其中,"联通"是"牵引器",通过以基础设施互联互通为主的"联通",为更多国家拓宽进入世界市场的大门,在全球范围带动经济要素自由流通。"赋能"是"核心处理器",在"联通"基础上,通过以产业合作为主的"赋能",助力发展中国家重塑要素禀赋结构和比较优势,更好地参与国际分工,同时实现全球生产链价值链的优化与重塑。"协同"是"加速器",通过以政府间合作、规则标准对接为主的"协同",推动"联通"与"赋能"进程,提升合作效能,形成联动发展。

1. 联通:激活要素流通

基础设施建设及其互联互通,能为更多国家拓宽进入世界市场的大门,在全球范围促进经济要素和发展资源顺畅流通、高效配置,是推动增长、加快发展的重要引擎。基础设施既具有公共产品属性,又属于经济发展先导产业,外部溢出效应十分显著。联合国项目事务署和牛津大学的一项研究表明,基础设施状况影响了92%的可持续发展目标。[1]铁路、公路、港口、机场等交通基础设施,可直接降低全球运输成本、提高运输效率。电力等能源基础设施可为交通、产业等提供动能支持。同时,基础设施联通能够促进国际贸易与投资;在建设和运营时期为当地创造就业机会,激发新的消费需求。有研究显示,传统全球化中的关税减让,最多能推动世界经济增长5%,而新型全球化中

---

[1] "一带一路"发展学——全球共同发展的实践和理论探索 [EB/OL].(2023-10-19). https://www.yidaiyilu.gov.cn/p/07ORQQTH.html.

的互联互通,将推动世界经济增长 10%~15%。①

当前全球基础设施投资市场存在严重"期限错配",发展中国家基础设施建设及其联通普遍滞后。共建"一带一路"基础设施互联互通使众多"陆锁"地区通江达海,为其提供经济起飞的跑道。中老铁路让中国与老挝、泰国、柬埔寨等中南半岛国家拥有了便捷陆运新通道,内陆货运时间大幅缩短,货物通过铁铁、铁公联运,仅需一天即可抵达泰国曼谷等中南半岛主要城市。目前,以陆海空通道和信息高速路为骨架的共建"一带一路"基础设施网络正在形成,越来越多的共建国家与世界联通,共享经济全球化红利。"一带一路"完工的项目地理范围之广、社会经济价值之大让人叹为观止,这对中国乃至世界社会经济发展也具有举足轻重的意义,中国用实际行动推动落实了联合国 2030 年可持续发展议程。

2. 赋能:重塑比较优势

据统计,在第二次世界大战后约 200 个发展中经济体中,只有两个从低收入水平进入高收入水平。① 不少发展中国家长期陷入"资源诅咒"困境,只能依靠出口资源和初级产品维持低水平经济发展。基础设施建设能不能致富,取决于有没有产业发展。共建"一带一路"积极推动产业合作,通过"基础设施+产业合作"的系统工程,帮助发展中国家优化资金、技术、劳动力等要素禀赋,帮助其摆脱静态贸易模式,形成新的动态比较优势,以更有利地位参与国际分工,获得更强劲经济增长。亚吉铁路带动沿线产业园区快速发展,其中阿瓦萨工业园是非洲最大纺织服装工业园,被誉为"埃塞俄比亚工业化的里程碑项目"。

产业是经济之本。第二次世界大战后的数轮产业转移为承接国创造了实现工业化、现代化的机遇。世界银行前首席经济学家林毅夫认为,共建"一带一路"的产业转移和产业合作具有规模庞大的新特点,能够创造一个"让'一带一路'沿线 60 多个国家中收入水平在中国人均 GDP 一半以下的国家,再加上非洲国家,同时进入工业化、现代化的窗口机遇期"。"国际产能合作是推动全球经济、重塑全球价值链的创新方式。"①共建"一带一路"国家经济发展水平不同,存在一定的产业梯度,通过产业合作,可形成互补互促的分工体系。例如,钢铁、水泥、玻璃、纺织等产能合作,对一些共建国家基础设施建设、工业化起步至关重要。合作过程中,先发国家积累的工业技术、产业标准、管理经验加快向后发国家转移,实现互利共赢。

3. 协同:增进合作效能

经济全球化不断加深各国发展关联度和经济依存度。但各国发展目标、经济政策常难有效协同,国家之间发展落差的"势能"难以充分转化为共同发展的"动能"。各国相互协作、优势互补是生产力发展的客观要求,也代表着生产关系演变的前进方向。共建"一带一路"搭建双多边合作机制,推动各国深入开展政策沟通,通过发展目标、宏观政策相互协调,促进合作体系内政策配置优化,降低合作制度性成本;推进贸易、投

---

① "一带一路"发展学——全球共同发展的实践和理论探索[EB/OL]. (2023-10-19). https://www.yidaiyilu.gov.cn/p/07ORQQTH.html.

资、环保、数字、创新等领域的规则和标准对接、互认，缓解规则标准碎片化，减少市场合作壁垒，激活商品、资金、技术、人员跨区域流动；加强法律合作、文化交流，为各国经济协作提供法治保障和社会支持。

世界各国资源禀赋各异、发展阶段有别，具有各自比较优势，存在相互借力、协同增效的巨大潜力。共建"一带一路"推动各国协同规划基础设施、产业合作等重大项目，引导整合各方资金、技术、产能、资源，服务各自发展优先事项，产生"1+1>2"的合作效果。在哈萨克斯坦江布尔州，由中哈共同投资，中资企业承建的札纳塔斯100兆瓦风电项目，每年可生产3.5亿千瓦时清洁电能，极大缓解了哈萨克斯坦南部地区缺电状况。这正是共建"一带一路"倡议与哈萨克斯坦"光明之路"新经济政策对接合作的成果。

（二）四大发展要素再优化

确保CEC发展动力模型有效运行，需要对政府、资本、社会、生态四大发展要素进行定位和功能再优化，即让政府成为资源配置的协调者，让更多资本成为长远发展的利益攸关方，让更多社会成员成为现代化建设的生力军，让生态环境成为高质量发展的新潜能。四大发展要素再优化，有助于实现发展资源更加高效、合理的配置，有助于实现公平与效率、经济增长与生态治理的动态平衡，有助于实现全球共同发展。

1. 有为政府：资源配置的协调者

让市场在资源配置中起决定性作用的同时，应发挥政府积极协调者角色，这对市场配置资源机制尚不完备的国家尤为重要。在以下广泛领域，政府作用被认为是不可或缺的：建设基础设施、制定产业政策、提供出口激励、营造稳定的宏观环境、减少贫困和不平等现象。在瓜达尔港经济特区，巴基斯坦政府专门出台能源保障、税收减免、一站式服务等政策，鼓励投资。

有为政府既有助于改善国内治理，也有助于推进国际合作。相关国家政府积极对接发展战略、开展第三方市场合作，产生跨境、跨区域联动发展效应。与此同时，良好的政府间合作和稳定的双边关系能够为企业投资提供政策指引和环境保障，企业在当地可持续发展也会使项目投资国和所在国同时获益，形成政府与企业互惠型合作伙伴关系。

2. 耐心资本：长远发展的利益攸关方

资金是经济发展的血脉。共建"一带一路"通过创新收益共享、风险共担的投融资模式，充分撬动中国开发性和政策性银行、多边开发银行、机构投资者、私人投资者等各方资金，形成巨大的"资金聚合池"，为各国特别是发展中国家的基础设施建设和产业结构升级提供更具长远眼光、着眼后代福利的中长期资本。

有学者指出，与西方所理解的效率目标是为投资者带来最大回报不同，中国理解的效率目标是实现可持续发展。可持续发展也是共建"一带一路"投资的"效率目标"。这使其能够突破债务可持续框架（DSF）的局限，以辩证的眼光看待投资与债务。其中的理念是，发展可持续性有助于债务可持续性，用于消除发展瓶颈的投资虽在建设期间导致债务增加，但建成后帮助借贷国实现经济增长，还债能力随之增强。

3. 活力社会：现代化建设的生力军

突如其来的新冠疫情损害过去 10 年的全球减贫成果。联合国《2023 年可持续发展目标报告：特别版》显示，全球 30 年来减少极端贫困的稳步进展陷入停滞，极端贫困人口在一代人的时间里首次出现上升。庞大的贫困人群究竟是"人口的包袱"，还是现代化建设参与者？"一带一路"研究提供了一个看待这一问题的新视角。它将个人置于家庭、村庄、社区网络之中，通过水、电、路、网等领域的建设改善其生活环境。因为有了水塔，塞内加尔妇女可以用原来步行汲水的数小时时间编织手工制品。因为有了地铁，巴基斯坦年轻人扩展了选择工作的地理半径。人们从繁杂劳动中解放出来，有更多时间、以更经济的方式投入创造社会财富的劳动之中。

更重要的是，共建"一带一路"采用"授人以鱼不如授人以渔"的方法，通过发展鲁班工坊等职业教育，帮助贫困人口进行能力建设，提高人力资本水平。本地化是共建"一带一路"的鲜明特征。共建"一带一路"为不少来自乡村的农民和走出校门的学生提供了走进车间和办公室的机会，其进而成为全球化大市场和国家现代化建设中的一分子。贫困人口和新增人口发展能力建设，不但为全球经济壮大了生产者队伍，更壮大了消费者队伍。麦肯锡咨询公司报告预测，到 2050 年，共建"一带一路"有望新增中产阶层 30 亿人，这无疑是世界经济的发展新增量。

4. 永续生态：高质量发展的新潜能

自进入工业文明以来，如何处理经济增长和生态治理之间的关系始终是一道难题。广大发展中国家对资源依赖程度较高，经济发展方式较为粗放，在全球碳减排背景下，发展与环境之间的张力更加突出。大多数共建"一带一路"国家是发展中国家和新兴经济体，涵盖了大部分全球生物多样性热点地区，生态环境较为脆弱。共建"一带一路"以绿色为底色，在理念上推动从"先污染后治理"到"边保护边发展"的转换，在现实中提供科学技术、基础设施、资源配置等支持，助力发展中国家把生态环境这一"增长天花板"转化为可持续发展新潜能。

得益于绿色先进技术的推广和应用，一些共建"一带一路"国家开始探索"生态产业化、产业生态化"的绿色发展之路。在传统能源短缺但水、风、光资源富集的地区，大批可再生能源项目建成并投入使用，实现了经济效益与生态效益兼得。共建"一带一路"把节水梯田模式带到埃及，助力西奈半岛山区涵养水源；在非洲，中国技术支持绿色屏障建设，阻止撒哈拉沙漠南侵；在尼泊尔发展绿色化肥试验区，促成小麦等农作物增产。

四、共建"一带一路"的世界意义

共建"一带一路"顺应了全球治理体系变革的内在要求，彰显了同舟共济、权责共担的命运共同体意识，为完善全球治理体系变革提供了新思路、新方案。共建"一带一路"以跨越千年的大视野关照现实，以天下一家的大理想构想未来，为深化国际合作、完善全球治理、推动人类和平与发展事业提供了新的理念和行动方案，成为构建人类命运共同体的坚实实践平台。

(一) 发展导向，追寻广泛繁荣的梦想

共建"一带一路"致力的发展是更加均衡的发展。它拓展了广大发展中国家发展方案的选择范围，助力更多发展中国家实现现代化梦想。更多的资源和力量被注入基础设施和产业发展领域。在保持决策自主的同时，广大发展中国家实现了更多人口的减贫脱贫，汲取了更加强劲的发展动力。

(二) 开放合作，成为互利共赢的伙伴

共建"一带一路"既是中国扩大开放的重大举措，也是推动构建开放型世界经济的行动方案。"一带一路"建设跨越不同地域、不同发展阶段、不同文明，成为一个开放、包容的经济合作平台、载体和渠道。通过共建"一带一路"，中国进一步形成了全面开放新格局；世界经济也获得了更多的"开放动能"，资金流、技术流、产品流、人员流多重循环更加健康，也更具活力。

(三) 多边协商，塑造公正合理的秩序

共建"一带一路"秉持共商、共建、共享的原则，并在实践中积极践行。全球治理的本质是在没有世界政府的情况之下，全世界形成一种管理全球公共事务的机制。不同于冷战后"霸权主导下的治理"，共建"一带一路"高举多边主义旗帜，倡导多元主体协商合作，强调"大家的事由大家商量着办"，既顺应世界秩序迈向"深度多元主义"的发展大势，也有助于团结各方力量、更好推进国际合作。

(四) 和谐共生，建设包容互鉴的世界

每种文明都有其独特的光芒。承认制度、文化、发展道路的多样性，是共建"一带一路"合作的起点和基石。共建"一带一路"平等、互鉴、对话、包容的文明观，将共建国家人民"心联通"作为重要基础，追求文明交流超越文明隔阂、文明互鉴超越文明冲突、文明共存超越文明优越。英国剑桥大学教授彼得·诺兰（Peter Nolan）说，"一带一路"推动世界各国文化深入共存、双向交流，在千丝万缕的历史织锦中融汇交织。

第二节 丝绸之路

一、丝绸之路概述

丝绸之路是指起始于古代中国，连接亚洲、非洲和欧洲的古代商业贸易路线。
丝绸之路在世界史上有重大的意义，是东西方文化交流的桥梁。19 世纪 70 年代，

德国地理学家费迪南·冯·李希霍芬（Ferdinand von Richthofen）将源于西汉都城长安（东汉延伸至洛阳）、直达西方的这条东西大道誉为"丝绸之路"。后来，史学家把沟通中西方的商路统称丝绸之路，其上下跨越历史2 000多年，按线路有陆上丝路与海上丝路之分。

汉武帝时，张骞两次出使西域，开拓了丝路，此举被称为"凿空之旅"。自此以后，中国和中亚及欧洲的商业往来迅速增加。通过这条贯穿亚欧的大道，中国的丝、绸、绫、缎、绢等制品，源源不断地运向中亚和欧洲。通过丝绸之路，汉武帝派遣的使节最远到达了犁轩（今天埃及亚历山大港）。这是汉朝的正式官方使节到达的最远国家，直达欧非大陆，联通了西方和汉朝。

公元73年，东汉时的班超又重新打通与中原隔绝58年的西域。此时，罗马人征服叙利亚的塞琉西帝国和埃及的托勒密王朝，通过安息帝国、贵霜帝国和阿克苏姆帝国取得中国的丝绸。同时，罗马帝国也首次顺着丝路来到当时东汉的都城洛阳。隋唐时期（589—907）丝路空前繁荣，胡商云集京师长安，定居者数以万计。唐中期战乱频繁、丝路被阻，规模远不如前，海上丝路逐渐取而代之。

海上丝路起于秦汉，兴于隋唐，盛于宋元，明初达到顶峰，明朝中期因海禁而衰落。海上丝路的重要起点有泉州、番禺（今广州）、明州（今宁波）、扬州、登州（今蓬莱）等。同一朝代的海上丝路起点可能有两处乃至更多，规模最大的港口是广州和泉州。广州从秦汉直到唐宋一直是中国最大的商港。明清实行海禁，广州又成为中国唯一对外开放的港口。

正如"丝绸之路"的名称，在这条逾7 000千米的长路上，丝绸与同样原产中国的瓷器一样，成为当时东亚强盛文明的象征。各国元首及贵族曾一度以穿着用腓尼基红染过的中国丝绸、家中使用瓷器为富有、荣耀的象征。而运往中国的商品有皮货、药材、香料、珠宝首饰等。此外，葡萄、核桃、胡萝卜、胡椒、胡豆、菠菜、黄瓜（汉时称胡瓜）、石榴等的传播为东亚人的日常饮食增添了更多的选择。

丝绸之路的开辟是人类文明史上的一个伟大创举，也是古代东西方最长的国际交通路线，它是沿线多民族的共同创造，所以又称为"友谊之路"。

二、丝绸之路的历史价值

丝绸之路跨越埃及文明、巴比伦文明、印度文明和中华文明的发祥地，跨越不同国度和肤色人民的聚居地。不同文明求同存异、开放包容，共同绘就了人类文明繁荣的壮丽篇章。丝绸之路成为人类历史上文明交流、互鉴、共存的典范，具有重要的历史价值。

（一）首次构建起世界交通线路大网络

丝绸之路纵横交错、四通八达，堪称世界道路交通史上的奇迹。大大小小、难以胜数的中外交通线路，构成了丝绸之路的"血脉经络"，构筑了丝绸之路的基本格局，建构了古代东西方世界相互连通的交通网络,成为亚欧大陆之间最为便捷的通道。

(二) 率先实现了东西方经贸往来

丝绸之路是古代东西方商贸往来的生命线,通过丝绸之路,中国的丝绸、茶叶、瓷器、漆器等商品源源不断输出到沿线国家,来自中亚、西亚以及欧洲的珠宝、药材、香料及葡萄、胡麻、胡桃、胡萝卜、胡瓜等各类农作物络绎不绝进入我国。

(三) 推动了科学技术的交互传播

丝绸之路是中国与沿线各国科学技术交流的重要平台。在欧洲近代工业革命之前,中国古代的四大发明以及炼铁术等技术,通过丝绸之路相继传入西方,成为推动资本主义生产方式变革的重要因素。马克思指出:"火药、指南针、印刷术——这是预告资产阶级社会到来的三大发明。三大发明成为科学复兴的手段,变成对精神发展创造必要前提的最强大的杠杆。"① 中国四大发明的西传,为欧洲文艺复兴和资本主义的产生提供了重要条件。

(四) 助推了多样性文化交流

丝绸之路和海上丝绸之路是不同民族和不同文化相互交流、彼此融合的文明之路。丝绸之路横跨亚欧非数十国,把中华、印度、埃及、波斯、阿拉伯及希腊、罗马等各古老文明连接起来。东西方文化交流遍及音乐歌舞、天文历算、文学语言、服装服饰、生活习俗等社会生活的方方面面,这些交流和互动与丝绸之路的发展相伴始终,丝绸之路在把多种文化、多种文明紧紧连接起来的同时,形成了别具一格的丝路文化和文明,对世界文明的发展和人类的进步作出了不朽贡献。

三、丝绸之路对共建"一带一路"的历史启示

虽然丝绸之路在不同历史时期有起有伏,但通过贯穿东西方的陆海通道,最终实现人类文明史上商品物产大流通、科学技术大传播、多元文化大交融,这是不争的事实。丝绸之路的兴衰史,对于推进"一带一路"建设具有重要的启示作用。

(一) 经济社会的繁荣是基本动因

繁荣是国运昌盛的缩影,是丝绸之路形成发展的先决条件。从历史上看,丝绸之路兴盛之时大都是古代中国最强盛之时。从汉唐到宋元,从明代到清中叶,中国综合国力强盛,为丝绸之路的发展奠定了基础、提供了可能。经过改革开放,中国经济发展取得令世人瞩目的成就,成为世界第二大经济体。一个国家强盛才能充满信心,而开放又促进了一个国家的进一步强盛。在历史新起点上,"一带一路"倡议乘国家改革开放之势

---

① 何星亮. 深刻理解中华文明的创新性 [N]. 人民日报, 2023-07-24.

而上，顺中华民族伟大复兴之势而为，为中国更好、更持续地走向世界、融入世界，开辟了崭新路径。

（二）政府引导与主体参与有机统一是客观要求

丝绸之路贸易往来最活跃的元素主要来自民间，甚至民间贸易始终占据着丝绸之路最显著位置。往来于丝路的群体，几乎囊括了沿线各国、各地区、各民族，包括僧侣、学者、工匠、商队、贩客等，呈现出参与群体多元化、贸易行业多类型、贸易形式多样化的特征。历史表明，政府支持与多元主体参与的共同作用，是丝绸之路繁荣发展的基本保障，二者缺一不可。"一带一路"建设离不开政府引导和参与主体的有机结合、相互协调，只有两者形成合力，才能激发出持续推动"一带一路"建设的活力。作为政府，既要发挥把握方向、统筹协调的作用，又要发挥市场作用，同时要着力构建以市场为基础、以企业为主体的区域经济合作机制，广泛调动各类企业参与，引导更多社会力量投入"一带一路"建设。各类企业要进一步顺应"一带一路"建设大势，充分发挥市场主体的主观能动性，更好融入"一带一路"建设，更好把自身发展与共建国家的需求紧密结合起来。

（三）和平稳定是必要前提

丝绸之路之所以伟大，就在于基于和谐的政治氛围、融洽的民族关系、安定的沿线环境，实现了东西方跨国商贸活动和跨种族文化交流。历史表明，和平、稳定的政治局面和共同发展的共赢理念，是推动丝绸之路走向繁荣的关键因素，也是丝绸之路的本质属性。当中国和共建国家共有稳定安宁的良好政治氛围时，丝绸之路就会兴旺；当中国和沿线国家共享平等交往、共同发展的融洽关系时，丝绸之路就会昌盛。

（四）开放包容是重要支撑

"一带一路"沿线各国人民之所以能共同创造丝绸之路的辉煌，核心的理念就在于"开放包容"。沿线各国、各民族在交往交流中以开放的心态，尊重彼此文明形态；以包容的观念，善待各自文化差异，从而实现了商品互补、文化互鉴、文明互动。历史表明，没有哪一个民族的智慧能独立支撑整个人类的进步和发展，不同国家和民族只有相互尊重、彼此包容，才能创造出引领时代的文明成果。对外开放、合作共赢是国家强大、社会进步的重要前提；坚持开放包容、合作交流，是解决"一带一路"建设中可能出现的各种难题的重要途径。

（五）文明互鉴是动力源泉

丝绸之路是人类文明交流的重要通道，持续的跨文明交流对话，见证了沿线不同国家、众多民族的成长历程。丝绸之路沿线不同国度有各具特色的灿烂文化和文明因子在不断传播，对人们的思想意识、沿线各国的社会发展产生了直接而深远的影响。历史表明，多种文明汇聚而成的价值底蕴，是丝绸之路充满活力的动力源泉。文化的互学互鉴，是丝绸之路生生不息的精神支点，是丝绸之路魅力永恒的精髓所在。在"一带一路"建设中,只要坚持"丝路精神",不同种族、不同信仰、不同文化背景的国家完全可以共享和平、共同发展。

第三节 "一带一路"与中国

从亚欧大陆到非洲、美洲、大洋洲,共建"一带一路"为世界经济增长开辟了新空间,为国际贸易和投资搭建了新平台,为完善全球经济治理拓展了新实践,为增进各国民生福祉作出了新贡献,成为共同的机遇之路、繁荣之路。

一、中国与共建"一带一路"国家的交通基础设施合作

自人类开启工业化进程以来,铁路、公路、港口等基础设施便在经济社会发展中扮演重要角色。令人遗憾的是,无论是工业化先行者还是追赶者,如今都面临不同程度的"基建赤字",交通设施、电力能源、通信网络等基建供给严重不足在广大发展中国家尤为突出。共建"一带一路"将基础设施互联互通作为优先方向。"六廊六路多国多港"的互联互通架构基本成型,为世界经济增长注入新动力。

(一)填补交通设施缺口

作为共建"一带一路"帮助肯尼亚实现 2030 年国家发展愿景的"旗舰工程",480 千米的蒙内铁路解决了东非第一大港蒙巴萨至肯尼亚首都内罗毕区间运输"肠梗阻",并使乌干达、南苏丹、卢旺达等东非内陆国家经由肯尼亚的进出海货运更顺畅。蒙内铁路不仅盘活了沿线中小企业,还带动了相关就业,提升了地区经济活力。共建"一带一路"正在深刻拓展肯尼亚的发展空间。

专栏 13-1:蒙内铁路、亚吉铁路与"非洲之角和平发展构想"

作为东非地区另一条交通动脉,亚吉铁路同样成为当地经济社会发展的"开路先锋"。它使货物从埃塞俄比亚内地运至吉布提港的时间从 7 天缩短至 12 小时,在沿线"催生"了多个产业园区,形成了一条通达红海的经济走廊。2022 年 1 月,"非洲之角和平发展构想"应运而生。这一构想提出,以蒙内铁路和亚吉铁路为主轴,加快红海沿岸和东非沿岸开发,形成"两轴+两岸"发展框架,提高非洲之角自主发展能力和次区域一体化水平。该构想提出至今,首届非洲之角和平会议已经成功举办,广泛凝聚各方和平共识,积极推动地区热点问题降温。中非合作论坛"九项工程"顺利落地,开展了粮食和农业技术援助、打井供水、抗旱减灾等合作,地区、国家的粮食生产能力和经济发展韧性得到切实提高。

资料来源:"一带一路"发展学——全球共同发展的实践和理论探索[EB/OL].(2023-10-19). https://www.yidaiyilu.gov.cn/p/07ORQQTH.html.

非洲之角的发展故事是一个缩影。共建"一带一路"所带来的"交通之变"正重塑世界经济地理空间，带来强劲、均衡、联动发展的新希望。白沙瓦-卡拉奇高速公路打通巴基斯坦中部南北交通大动脉。中老铁路让老挝从"陆锁国"变成"陆联国"，并实现与中欧班列的联线贯通。佩列沙茨跨海大桥让克罗地亚分隔多年的南北领土实现连通。阿联酋阿布扎比哈利法港与中东地区产业园形成"园港互联"。匈塞铁路全线开通后，从布达佩斯到贝尔格莱德的旅行时间将缩短至3个小时，东海岸铁路将成为马来西亚东西海岸"陆上桥梁"。

"要想富，先修路""道路通，百业兴"。朴素的中国经验在共建"一带一路"实践中得到进一步验证。世界银行报告预测，至2030年，共建"一带一路"交通设施将使沿线经济体的贸易增加2.8%~9.7%，外国直接投资总额流入增加4.97%，国内生产总值增加1.2%~3.4%；并将使世界贸易增加1.7%~6.2%，国内生产总值增加0.7%~2.9%。

（二）构建陆海空大通道

共建"一带一路"致力于推动陆海联动发展，帮助内陆腹地打破发展外向型经济的区位束缚，摆脱"发展洼地"的宿命。一批内陆城市乘势成为开放新前沿、商贸新枢纽，重庆便是其中的代表。穿梭于亚欧大陆的中欧班列与连接中国西部腹地和东盟的西部陆海新通道在这里无缝衔接，将欧洲、中亚、东南亚、南亚次大陆紧密联系起来。通过中欧班列，全球最大笔记本电脑生产基地重庆以比海运节约20多天的时间将产品运抵欧洲市场。依托"西部陆海新通道+中欧班列"模式，东南亚生产的无纺布、打印机送达欧洲的物流周期缩短了一半以上。

专栏13-2：西部陆海新通道

西部陆海新通道原名中新互联互通南向通道，以中国西部相关省区市为关键节点，利用铁路、海运、公路等运输方式，向南通达新加坡等东盟国家，是中国西部地区实现与东盟及其他国家、区域联动合作、有机衔接共建"一带一路"的对外开放通道。西部陆海新通道铁海联运班列已通达全球100多个国家的300多个港口，为稳定区域产业链供应链发挥了积极作用。

资料来源："一带一路"发展学——全球共同发展的实践和理论探索［EB/OL］.（2023-10-19）. https://www.yidaiyilu.gov.cn/p/07ORQQTH.html.

共建"一带一路"陆海空立体交通网络为全球供应链稳定发挥了重要作用。通过以中国郑州为节点的"空中丝绸之路"，意大利服装、智利车厘子、菲律宾黄鳝分发至全国各地，中国制造的电子产品、生活用品、机械设备被运往世界各国。超过100个国内出发城市通达欧洲25个国家、200多个城市，中欧班列为世界经贸往来注入源源不断的活力。

（三）完善能源互联网络

"确保人人获得负担得起、可靠和可持续的现代能源"是联合国2030年可持续发展议程 17 项目标之一。目前，全球仍有 12 亿无电人口。共建"一带一路"能源工程为实现这一愿景提供助力。智利蓬塔谢拉风电场利用当地丰富的风能资源，投产后满足了 13 万户家庭的用电需求，每年还能减少 15.7 万吨碳排放。柬埔寨菩萨省格罗戈区光伏离网供电系统建设，结束了当地山区 100 多个村庄不通电的历史，明亮的灯光和散发米香的电饭煲，让挤在狭小铁皮房里的村民看到了新生活的希望。①

能源基础设施跨国、跨区域互联互通是共建"一带一路"能源合作的另一重要方面。中俄东线天然气管道、中国—中亚天然气管道 C 线、中缅原油管道等重大项目以及中国与周边 7 国的电力联网工程，为能源资源互补协作和互惠贸易创造了条件。

二、中国与共建"一带一路"国家的贸易投资合作

2008 年金融危机后，推动世界经济增长成为国际社会的紧迫任务。共建"一带一路"搭建新的贸易投资框架，推动贸易投资自由化、便利化，促进贸易和直接投资与产业合作的融合互动，为全球增长繁荣不断做增量。

（一）建设开放共享的市场

缔结贸易协定和扩大市场准入能够有效提振贸易。共建"一带一路"通过创新贸易方式、搭建贸易平台，打通贸易堵点，激活共建国家贸易潜能，为全球贸易大环流注入新动力。这些努力包括：打造以中国国际进口博览会为引领的矩阵式商品展会，同世界共享中国市场机遇；签署或升级自由贸易协定，共同建设自由贸易区网络；推动跨境电商发展，为拓展贸易增长空间提供新可能；深化海关贸易安全和通关便利化合作，提升贸易便利化水平。

专栏 13-3："丝路电商"扩大贸易增长空间

发展"丝路电商"是推进共建"一带一路"经贸合作的重要领域。构架"互联网+"平台、开展跨境电商，能够有效减少贸易投资壁垒，降低融入全球价值链条分工体系门槛，扩大贸易增长空间。面对新冠疫情下的人员、物资流动受限，"丝路电商"提供了一个拉近距离、降低成本、推动国与国之间贸易流动的新契机。截至 2023 年 9 月底，中国已与五大洲 30 个国家建立双边电子商务合作机制，同各方共享电子商务发展红利，为全球经济复苏增添新动能。

资料来源："一带一路"发展学——全球共同发展的实践和理论探索［EB/OL］.（2023-10-19）. https：//www.yidaiyilu.gov.cn/p/07ORQQTH.html.

2013 年至 2022 年，中国与共建"一带一路"国家货物贸易额从 1.04 万亿美元增长到 2.07 万亿美元，年均增长 8%。①未来共建"一带一路"通过降低关税，带动交易成

---

① "一带一路"发展学——全球共同发展的实践和理论探索［EB/OL］.（2023-10-19）. https：//www.yidaiyilu.gov.cn/p/07ORQQTH.html.

本、跨境物流成本以及制度成本的降低，加快共建"一带一路"国家标准、规则、法规对接，打造"大通关体制"，实现"软联通"。

（二）探索产业升级的新路

在共建"一带一路"区域贸易结构中，中间品贸易占比高达61%左右。① 这反映了生产网络和国际分工的新变化：广大发展中国家逐渐有机会走出依靠单一资源出口或锁定于低端产业的困境，通过建立自身工业基础，获得制造能力和产业水平的提升。

共建"一带一路"国家的产业合作，推动并强化了这一趋势。中泰新丝路塔吉克斯坦农业纺织产业园，帮助当地从棉花种植向棉纺织全产业链跨越。印度尼西亚摩洛哇丽县的青山工业园区，将曾经偏僻的小渔村变成了全球重要的镍矿开采冶炼和不锈钢产业基地，助力印尼"从卖30美元/吨镍原矿到卖2 300美元/吨不锈钢"。在埃及泰达苏伊士经贸合作区，巨石玻璃纤维公司建成年产20万吨玻璃纤维生产线，令埃及成为全球第四大玻纤生产和贸易国，吸引大量上下游企业赴埃及投资。

专栏13-4：中国的境外经贸合作区

产业园区是工业化的典型标志。经贸合作区、经济特区、工业园区、科技园区等各类产业园区成为生产要素集聚的空间载体、产业落地生根的公共平台、技术知识扩散的学习土壤。中国商务部数据显示，截至2022年底，中国企业在共建"一带一路"国家建设的境外经贸合作区累计投资达571.3亿美元，为当地创造了42.1万个就业岗位。这些境外经贸合作区包括马来西亚-中国关丹产业园、泰国泰中罗勇工业园、印度尼西亚青山工业园、柬埔寨西哈努克港经济特区、白俄罗斯中白工业园、埃及泰达苏伊士经贸合作区、埃塞俄比亚东方工业园等。

资料来源："一带一路"发展学——全球共同发展的实践和理论探索 [EB/OL]. （2023-10-19）. https://www.yidaiyilu.gov.cn/p/07ORQQTH.html.

（三）改善民生与履行社会责任

共建"一带一路"经贸合作项目不但帮助共建国家立业兴业，还改善民生，与当地社会建立更紧密的情感纽带。在斯里兰卡，中斯水中心肾病追因研究和卡塔纳供水项目助力当地居民摆脱肾病困扰，缓解饮水困难；在巴布亚新几内亚，中国-巴新友谊学校·布图卡学园为3 000多个孩童解决上学难题。

共建"一带一路"项目持续加强践行环境、社会、公司治理（ESG）理念，积极融入当地社会，实现自身可持续发展，与共建各方合作共赢。河钢集团塞尔维亚斯梅代雷沃钢厂制定了"用人本地化、利益本地化、文化本地化"原则，保留老厂5 000多个工作岗位，坚持设备、原材料以欧洲采购为主，投入上百万美元为当地捐资助学、修路供

---

① "一带一路"发展学——全球共同发展的实践和理论探索 [EB/OL]. （2023-10-19）. https://www.yidaiyilu.gov.cn/p/07ORQQTH.html.

水。紫金矿业刚果（金）科卢韦齐铜矿项目打造花园式矿山，定期邀请民众和媒体代表参观，倾听当地心声。

专栏13-5：共建"一带一路"上的民心相通

民心相通，就是通过不断搭建与共建国家的友好桥梁，让共建"一带一路"更好造福各国人民。如果没有民心相通，没有共建国家对"一带一路"倡议发自内心的认同，跨地域、跨时空的国际发展合作很难落地。随着共建"一带一路"的推进，在文化、教育、旅游、智库合作等多个领域，一系列贴近民众精神和物质需求的民心相通合作项目亮点纷呈，增进了相互理解和认同，为共建"一带一路"奠定了坚实的民意基础。中国与中东欧、东盟、俄罗斯、尼泊尔、希腊、埃及、南非等国家和地区共同举办文化年活动，形成了10余个文化交流品牌，打造了一批文化节会，成为推进民间友好合作的重要平台。

资料来源："一带一路"发展学——全球共同发展的实践和理论探索［EB/OL］.（2023-10-19）. https://www.yidaiyilu.gov.cn/p/07ORQQTH.html.

三、深化多元合作：形成聚合效应

"一带一路""不是中国一家的独奏，而是沿线国家的合唱"。① 从政府部门到国际组织，从私营部门到民间力量，从多边开发机构到机构投资者，共建"一带一路"参与方日益多元，合作方式更加丰富，合作网络不断拓展，聚合效应正在显现。

（一）双多边沟通机制

共建"一带一路"涵盖不同社会制度、发展水平、文化传统的国家和地区，政府之间加强政策沟通、开展紧密合作尤为重要。目前，共建"一带一路"政府间合作已形成以"一带一路"国际合作高峰论坛为引领、以多双边合作机制为支撑的复合型国际合作架构，共建国家在发展规划、机制平台、合作项目对接中，谋求共识，深化合作，共同发展。在沙特阿拉伯"2030愿景"与共建"一带一路"倡议对接框架下，红海新城储能项目、吉赞产业集聚区等项目助力沙特阿拉伯实现能源和经济多元化。在中老共同推进"一带一路"建设合作规划纲要指导下，中老铁路建成通车，磨憨-磨丁经济合作区建设稳步推进。

专栏13-6："一带一路"国际合作高峰论坛

"一带一路"国际合作高峰论坛是"一带一路"框架下层级最高、涵盖领域最全面、影响力最广泛的合作平台，各伙伴国政府及其他利益相关方在此平台上就高质量共建"一带一路"达成广泛共识，其成为共建"一带一路"国际合作的行动指南。首届高峰

---

① 2015年习近平主席博鳌论坛演讲。

论坛吸引了29个国家的元首和政府首脑以及140多个国家和80多个国际组织的1 600多名代表参加，达成76大项、279项具体成果。第二届高峰论坛吸引了38个国家的元首和政府首脑以及150多个国家和92个国际组织的6 000余名代表参加，达成6大类、283项具体成果，签署640多亿美元的合作协议。

2023年10月18日，第三届"一带一路"国际合作高峰论坛在北京举行，主题为"高质量共建'一带一路'，携手实现共同发展繁荣"。本次高峰论坛有来自151个国家和41个国际组织的代表参加，注册总人数超过1万。习近平主席发表主旨演讲，宣布中国支持高质量共建"一带一路"八项行动。这为"一带一路"明确了新方向，开辟了新愿景，注入了新动力。

资料来源："一带一路"发展学——全球共同发展的实践和理论探索［EB/OL］．（2023-10-19）．https：//www.yidaiyilu.gov.cn/p/07ORQQTH.html．

共建"一带一路"倡议积极对接各区域和全球层面的发展规划和倡议，其中包括联合国2030年可持续发展议程、《东盟互联互通总体规划2025》、非盟《2063年议程》等。特别在南南合作领域，共建"一带一路"与联合国各机构合作卓有成效，展开了"海陆丝绸之路城市联盟"、发展中国家青年领袖培养等对接项目。

（二）多层次投融资体系

国际货币基金组织数据显示，发展中国家在健康、教育、道路、电力等方面的资金缺口每年约为2.6万亿美元。共建"一带一路"积极开拓多元化、多层次融资渠道，为新兴经济体和发展中国家经济增长"输血"。亚投行、丝路基金、中国开发性和政策性银行及商业金融机构，与世界银行、欧洲复兴开发银行、亚洲开发银行等多边开发机构以及国际和本地金融机构积极合作，形成透明、高效、互利的共建"一带一路"投融资朋友圈。

专栏13-7：亚投行

2016年1月16日正式开业的亚投行，旨在促进亚洲区域的建设互联互通化和经济一体化的进程。截至2023年6月，亚投行成员已达106个，分布在六大洲，数量仅次于世界银行。为孟加拉国配电系统升级改造提供独立融资贷款，助力格鲁吉亚巴统修建绕城公路，为土耳其伊斯坦布尔地震风险缓解和应急准备项目提供主权贷款……亚投行累计批准了227个项目，融资总额超过436亿美元。国际三大评级机构皆给予亚投行3A级的最高信用评级，巴塞尔银行监管委员会也给予亚投行零风险权重。在印尼智库亚洲创新研究中心主席班邦·苏尔约诺看来，"没有政治色彩"是亚投行的一大魅力所在。"贷款无附加条件、资金来自各个成员，亚投行提高了资金使用效率，真正做到富帮穷、强助弱，降低地区内不同国家的发展差距。"

资料来源："一带一路"发展学——全球共同发展的实践和理论探索［EB/OL］．（2023-10-19）．https：//www.yidaiyilu.gov.cn/p/07ORQQTH.html．

专栏 13-8：丝路基金

丝路基金是服务于"一带一路"的中长期投资基金。截至 2022 年底，丝路基金累计签约项目 70 余个，承诺投资金额超过 200 亿美元，其中有 18 个项目纳入两届"一带一路"国际合作高峰论坛成果清单，现已全部落地。丝路基金还与欧洲投资基金等比例出资设立中欧共同投资基金，专项扶持对中欧合作具有促进作用、商业前景较好的中小企业。丝路基金成立后投资的首个项目——卡洛特水电站已投入运营，将解决巴基斯坦旁遮普省数百万人用电难题，是中巴经济走廊框架下的重要项目。该项目建设期和经营期长达 30 年，在传统国际融资体系内获得稳定融资难度很大，正是共建"一带一路"，让卡洛特水电站建设成为可能。

资料来源："一带一路"发展学——全球共同发展的实践和理论探索［EB/OL］.（2023-10-19）. https://www.yidaiyilu.gov.cn/p/07ORQQTH.html.

随着共建"一带一路"综合效益持续显现，越来越多的国际金融机构加入其中。汇丰银行、花旗银行、渣打银行专门设立"一带一路"工作组，并加入"一带一路"银行间常态化合作机制（BRBR）。英国伦敦国王学院中国研究院院长克里·布朗（Kerry Brown）认为，共建"一带一路"项目的运作方式没有固定模式，具有充分的灵活性。这一点在共建"一带一路"投融资合作中得到生动体现。

（三）第三方市场合作模式

共建"一带一路"首创第三方市场合作模式，为不同发展阶段国家搭建合作平台，致力于实现"1+1+1>3"的合作效果。中法第三方市场合作起步于 2015 年，喀麦隆克里比深水港项目是其中的代表案例。中国港湾、法国博洛雷集团、法国达飞海运集团和喀麦隆当地企业共同组建克里比集装箱码头运营公司，联合运营港口一期。截至 2022 年 3 月 31 日，喀麦隆 53% 的集装箱运输经由克里比集装箱码头。① 2022 年 2 月，中法达成第三方市场合作第四轮示范项目清单，包括基础设施、环保、新能源等领域 7 个项目，总金额超过 17 亿美元，合作区域涉及非洲、中东欧等地。①

第三方市场合作并不拘泥于"三方"。中缅天然气管道项目由中国石油、韩国浦项制铁大宇公司、印度石油海外公司、缅甸油气公司、韩国燃气公司、印度燃气公司"四国六方"共同出资建设，各方实现互补增益。截止到 2023 年底，我国已经与法国、日本、意大利、英国等 14 个国家签署第三方市场合作文件。

（四）开拓健康、绿色、数字、创新的新兴领域

面对越发严峻的环境压力、日益澎湃的新工业革命浪潮，共建"一带一路"不断调整丰富合作内容，将建设"健康丝绸之路""绿色丝绸之路""数字丝绸之路""创新丝

---

① "一带一路"发展学——全球共同发展的实践和理论探索［EB/OL］.（2023-10-19）. https://www.yidaiyilu.gov.cn/p/07ORQQTH.html.

绸之路"作为重点开拓的新领域。

1. 健康合作，守护生命安全

中国积极推动"健康丝绸之路"建设。60年来，中国向全球76个国家和地区累计派出了3万人次中国医疗队队员，诊治患者超过2.9亿人次。[①] 同时，共建"一带一路"国家积极推动中医药中心建设，开展草药种植及加工合作，守护人民"健康"成为共建"一带一路"的重要目标。在全球抗击新冠疫情的关键时刻，中国多次呼吁打造"健康丝绸之路"，提出"人类卫生健康共同体"理念，同31个国家一道发起"一带一路"疫苗合作伙伴关系倡议。危机面前，共建"一带一路"呈现出强大韧性与澎湃活力，为各国抗击疫情、恢复经济、改善民生注入宝贵力量。

2. 绿色转型，迈向"碳中和"

共建"一带一路"将生态因素纳入贸易和投资战略，加强绿色基建、绿色能源、绿色金融等领域合作，助力实现更加强劲、绿色、健康的全球发展。绿色丝绸之路建设，一方面聚焦可再生能源项目，助力共建国家能源供应向高效、清洁、多样化方向转型；另一方面推动基础设施建设和产能合作绿色化，在项目建设运营过程中注重环境和生物多样性保护。肯尼亚内马铁路专门建设6.5千米大桥穿越内罗毕国家公园，保护野生动物迁徙通道。阿联酋迪拜哈斯彦清洁燃煤电站项目聘请专业珊瑚移植团队将施工区近2.9万株珊瑚移植至邻近水域，据阿联酋海洋环境组织主席阿里·萨格尔介绍，珊瑚目前"很安全"，海滩上鹰嘴海龟数量也在增长。

3. 数字赋能，拥抱新工业革命

数字丝绸之路在世界不断延展，为广大发展中国家创造了推进工业化和信息化协同发展的新机遇。中非合作建设的无线站点及高速移动宽带网络帮助非洲600万家庭实现宽带上网，从巴基斯坦的港口运营到缅甸的土地规划再到文莱的智慧旅游，北斗卫星系统为共建"一带一路"国家产业赋能。从数字基建到数字产业化，再到产业数字化，"数字丝绸之路"推动共建国家搭上互联网和数字经济发展新快车。截至2022年底，中国已与17个国家签署数字丝绸之路建设合作谅解备忘录，与18个国家和地区签署《关于加强数字经济领域投资合作的谅解备忘录》。

专栏13-9："中非数字创新伙伴计划"

"中非数字创新伙伴计划"涵盖数字基建、数字经济、数字教育、数字包容性、数字安全、搭建数字合作平台六个方面。中国企业参建多条连接非洲和欧、亚、美洲的海缆工程；与非洲主流运营商合作基本实现非洲电信服务全覆盖；建设了非洲一半以上无线站点及高速移动宽带网络，累计铺设光纤超过20万千米，帮助600万家庭实现宽带上网，服务超过9亿非洲人民。肯尼亚国际问题学者卡文斯·阿德希尔表示："中非携手打造'数字非洲'、共同制定并实施'中非数字创新伙伴计划'等，将帮助非洲在网络

---

① "一带一路"发展学——全球共同发展的实践和理论探索 [EB/OL].（2023-10-19）. https://www.yidaiyilu.gov.cn/p/07ORQQTH.html.

信息领域实现跨越式发展。"

资料来源："一带一路"发展学——全球共同发展的实践和理论探索［EB/OL］.（2023-10-19）. https://www.yidaiyilu.gov.cn/p/07ORQQTH.html.

4. 创新驱动，加强科技交流合作

创新是发展的重要驱动力，不但孕育着健康、绿色、数字等新兴经济，也贯穿传统产业的转型升级。2017年共建"一带一路"科技创新行动计划启动，中国与共建国家在科技人文交流、共建联合实验室、科技园区合作、技术转移等方面开展合作，共同迎接新一轮科技革命和产业变革；近年来更加强在大数据、云计算、智慧城市建设、数字经济、知识产权保护等领域合作，促进科技与产业、科技与金融的深度融合，推动更广泛地共享科技创新带来的发展新机遇。共建"创新丝绸之路"正驶入快车道。

思考题

1. "一带一路"倡议是怎么形成的？
2. "丝绸之路"主要的贸易商品有哪些？
3. "丝绸之路"对"一带一路"建设有什么启示？
4. 当前中国投资共建"一带一路"国家的主要特点有哪些？
5. 今后"一带一路"建设的重点合作领域有哪些？

阅读材料

"义新欧"铁路货运专列：义乌小商品通亚欧新通途

2014年10月16日下午6时，随着浙江省义乌海关完成验放，伴着一声长长的汽笛，满载53个集装箱小商品的"义新欧"专列从义乌出发，踏上了前往中亚的新历程。这是义乌2014年发出的第31趟"义新欧"铁路货运专列。截至当日，已累计有2 900余个集装箱标箱的义乌小商品通过"义新欧"这个新通途远销中亚和欧洲。

近年来，随着高层领导的频繁互访，中欧关系进入"政热经也热"的蜜月期。义乌拥有全球最为庞大和齐全的小商品市场，也拥有着与国家战略一致的发展脉络。

据义乌海关统计，2014年1月至9月，义乌小商品出口中亚五国2.4亿元人民币，同比大幅增长3.2倍。同期，义乌出口欧盟131.4亿元，同比增长24.4%，高于平均增速近5.3个百分点。这些爆发式增长与一条"小商品新丝绸之路"——"义新欧"直接相关。

这条从义乌出发、经新疆后通往欧洲的铁路，是义乌小商品出口至中亚、俄罗斯乃至欧盟各国的大动脉，从2014年1月20日首发，已实现班列化运行。以往，义乌发往中亚、远东地区的货物只能通过汽运或海运。"义新欧"开通后，海关配套推出的绿色转关通道服务不仅大大缩短了物流时间，而且降低了运输成本。

"绿色转关通道服务"是指杭州海关专门为其开通的"铁路转关"模式。通过该模式，专列从义乌出发后，直奔位于新疆的边境口岸，转关后开往哈萨克斯坦的阿拉木图，再分拨至哈萨克斯坦、乌兹别克斯坦、吉尔吉斯斯坦、土库曼斯坦和塔吉克斯坦等国。

为打通这条小商品出口的"新丝绸之路"，杭州海关隶属义乌海关先后与阿拉山口、霍尔果斯等口岸海关建立小商品便利转关联系合作机制，并为"义新欧"国际集装箱专列提供优先查验及快速进场等差异化服务。

因为"义新欧"，越来越多的外国商人开始选择直接到义乌进行采购。来自哈萨克斯坦的采购商赞尔江以往都到乌鲁木齐采买日用品，然后通过当地的报关公司经铁路从乌鲁木齐发到哈萨克斯坦。自从偶然得知了"义新欧"铁路专列，了解到出口商可在义乌海关直接进行申报后，赞尔江就开始在义乌采购"一手货"了。"在义乌采买、装货，然后通过铁路运输经阿拉山口直抵中亚，这不仅让我们买到了更实惠的商品，而且运输也方便。"赞尔江说。

出口欧盟的义乌小商品已超过义乌总出口额的1/10，欧盟已经成为义乌小商品继中东、非洲以外的主要出口目的地之一。"习总书记在会见西班牙首相拉霍伊时说'义新欧'计划抵达终点马德里，并欢迎西班牙积极参与建设和运营，这表明专列将大有发展，也预示了义乌小商品必将更好地走向全球。"义乌海关关长林江表示。

从义乌到阿拉山口，到霍尔果斯，到满洲里，再穿越漫漫边境到达西域，甚至直抵遥远的西欧，一条更具活力的"新丝绸之路"已经轮廓渐起，而起点则在义乌。

资料来源：义新欧铁路货运专列：义乌小商品通亚欧新通途［EB/OL］．（2014-10-16）．http://chinanews.com/cj/2014/10-16/6687399.shtml.

问题：浙江为什么选择义乌作为浙江省中欧班列的起点？当前"一带一路"这个国际公共平台有哪些问题需要迫切地解决？

即测即练

第十四章 跨境电商与国际贸易

学习目标
1. 了解跨境电商的分类和特点；
2. 掌握跨境电商企业跨平台经营风险；
3. 了解中国跨境电商现状以及存在的不足；
4. 熟悉各种跨境电商平台的主要特征。

重要概念
跨境电商　电商平台　B2B　B2C　跨境电商物流模式　海外仓模式　跨平台经营　亚马逊　速卖通　eBay　Wish

第一节　跨境电商概述

全球化程度的不断加深以及数字技术的广泛应用，使跨境电商作为一种新型贸易业态近年在世界范围内得到了迅猛发展。跨境电商的发展正悄然地为国际贸易带来一场颠覆性的变革，企业参与全球贸易的门槛大幅降低，个人也可以直接参与到全球贸易中来，全球化红利的受益范围进一步扩展。在这种贸易多渠道、订单碎片化的背景下，国际贸易中的市场格局、贸易规则、产业分工等也会发生重大变化。可以说，跨境电商的快速发展正在重塑全球贸易体系。

一、跨境电商的概念和特点

跨境电商是指分属于不同关境的企业或个人，利用互联网平台完成贸易交易，继而进行资金支付、结算，并通过跨境国际物流完成商品交割的一种国际贸易方式。这是一种依托现代信息技术与网络渠道，突破传统贸易空间约束的数字化交易方式。

跨境电商是基于网络发展起来的。网络空间相对于物理空间来说是一个新空间，是一个由网址和密码组成的虚拟但客观存在的世界。网络空间独特的价值标准和行为模式深刻地影响着跨境电商，使其不同于传统的交易方式而呈现出自己的特点。

（一）全球性

网络是一种没有边界的媒介体，具有全球性和非中心化的特征。依附于网络发生的跨境电商也因此具有全球性和非中心化的特性。跨境电商与传统的交易方式相比，一个重要的特点在于其是一种无边界交易，丧失了传统交易所具有的地理因素。

（二）无形性

网络的发展使数字化产品和服务的传输盛行，而数字化传输是通过不同类型的媒介，如数据、声音和图像在全球化网络环境中集中而进行的，这些媒介在网络中是以计算机数据代码的形式出现的，因此是无形的。

（三）匿名性

由于跨境电商的非中心化和全球性的特性，因此很难识别电子商务用户的身份和其所处的地理位置。在线交易的消费者往往不显示自己的真实身份和地理位置，重要的是这丝毫不会影响交易的进行，网络的匿名性也允许消费者这样做。

（四）即时性

对于网络而言，传输的速度和地理距离无关。传统交易模式，信息交流方式如信函、电报、传真等，在信息的发送与接收间，存在着长短不同的时间差。而电子商务中的信息交流，无论实际距离多远，一方发送信息与另一方接收信息几乎是同时的，就如同生活中面对面地交谈。某些数字化产品（如音像制品、软件等）的交易，还可以即时结清，订货、付款、交货都可以在瞬间完成。

（五）无纸化

跨境电商主要采取无纸化操作的方式，这是以电子商务形式进行交易的主要特征。在电子商务中，电子计算机通信记录取代了一系列的纸面交易文件，用户发送或接收电子信息。由于电子信息以比特的形式存在和传送，整个信息发送和接收过程实现了无纸化。

二、跨境电商的分类

（一）跨境出口贸易与跨境进口贸易

1. 跨境出口贸易

跨境出口贸易是指境内卖家利用互联网平台将商品销售给境外买家。一般来说，境外买家通过访问境内卖家开设的网店，在线磋商实现交易并完成支付后，由境内卖家通过国际物流将商品寄送至境外买家。

对中国卖家而言，除亚马逊、全球速卖通（AliExpress，以下简称"速卖通"）、eBay 和 Wish 等超级大平台可供选择外，新兴、区域性平台正在不断涌现。如中东地区最大的移动电商平台——执御（Jollychic）、拉丁美洲最大的电子商务平台——Mercado Libre、印度最大的移动支付和商务平台——Paytm、俄语地区最大的中国商品在线购物网站之一——UMKA、非洲本土电子商务交易平台——Kilimall、东南亚地区主流在线购物网站——Shopee 和 Lazada 等。

2. 跨境进口贸易

与跨境出口贸易正好相反，跨境进口贸易是指境外卖家利用互联网平台将商品销售给境内买家。与之类似，中国买家通过访问境外卖家开设的网店下单购买、支付，随后境外卖家通过国际物流将商品寄送给中国买家。

天猫国际、苏宁全球购、京东海囤全球、考拉海购等是较为知名的国内跨境进口贸易电商平台。此外，针对中国消费者日益兴盛的跨境进口需求，越来越多的境外电商平台支持直邮中国与支付宝付款，甚至开通中文网站、中文客服，如英国零售业巨头 The Hut Group、美国著名奢侈品精品百货商店尼曼（Neiman Marcus）、日本最大的电子商务网站乐天国际市场、韩国最大的综合购物网站 Gmarket 等。

（二）B2B 模式和 B2C 模式

1. B2B 模式

B2B 模式即企业对企业电子商务贸易模式。该模式下，企业运用电子商务以广告和信息发布为主，成交和通关流程基本在线下完成，本质上仍属传统贸易，已纳入海关一般贸易统计。

2. B2C 模式

B2C 模式即企业对消费者电子商务贸易模式。企业直接面对境外消费者，以销售个人消费品为主，物流方面主要采用航空小包、邮寄、快递等方式，其报关主体是邮政或快递公司，目前大多未纳入海关登记。

三、跨境电商物流模式

（一）国际邮政小包

国际邮政小包，是指通过万国邮政体系实现商品的进出口，运用个人邮包形式进行发货的物流模式。在国际邮政小包中，使用较多的有中国邮政、新加坡邮政、比利时邮政、瑞士邮政和德国邮政等。

其优势包括：①资费低，相对于其他运输方式来说，邮政一般为国营，因此有国家税收补贴，国际邮政小包服务有绝对的价格优势。采用这种发货方式可最大限度降低成本，提升价格竞争力。②全球化，国际邮政小包可以将产品送达全球几乎任何一个国家或地区的客户手中，只要有邮局的地方都可以到达，大大扩展了外贸卖家的市场空间。③通关效率高，由于邮政可各国互邮，所以通关率高。

其劣势包括：①通常都是以私人包裹出境，海关的统计上面非常不便，同时也无法享受正常的出口退税；②速度慢，小包的递送周期几乎 80% 以上都是超过 30 天；③丢包率高，只有挂号件才能进行跟踪，但卖家不愿增加挂号费等成本。

（二）国际快递

国际快递主要指 UPS（美国联合包裹运送服务公司）、FedEx（联邦快递）、DHL（敦豪航空货运公司）、TNT（TNT 国际快递）等。

其优势包括：速度快、服务好、丢包率低，尤其是发往欧美发达国家和地区非常方便。使用 UPS 从中国寄包裹送到美国，最快可在 48 小时内到达，TNT 发包裹到欧洲一般 3 个工作日可到达。

其劣势包括：价格高昂，且价格资费变化较大。一般跨境电商卖家只有在客户强烈要求时效性的情况下才会使用，且会向客户收取运费。

（三）国际物流专线

国际物流专线是指物流公司用自己的货车、专车或者航空资源，运送货物至其专线目的地的物流模式。

其优势包括：运输成本低。

其劣势包括：要建立在货量充足的前提下，否则很容易亏本，所以专线公司一般走的时间不确定，货满车才走。

（四）海外仓

海外仓是指在本国（地区）以外的其他国家（地区）建立的海外仓库。

其优势包括：物流成本更低，送货的时效更快，订单处理更加方便，库存管理及盘点更加方便，远程遥控更方便快捷，充分满足当地消费者无条件退货的要求。

其劣势包括：看不见、摸不着的货物，在一定程度上，对海外仓的信任程度是关键因素；仓储成本较高，如果货物正处于淡季则不建议使用海外仓。

（五）边境仓

边境仓是指在跨境电商目的国（地区）的邻国（地区）边境内租赁或建设仓库，通过物流将商品预先运达仓库，通过互联网接受顾客订单后，从该仓库进行发货，是依托边境口岸和跨境物流通道，针对跨境电商建立的具有多种服务功能的仓储配送系统，它是跨境电商的升级版。

其优势包括：客户接到订单后，货物从边境出关，用邮政清关，保证了清关效率，也保证了货物的安全。

其劣势包括：并不是所有的地区都适合边境仓。

（六）保税区与自贸区物流

保税区与自贸区物流，是指先将商品运送到保税区或自贸区仓库，通过互联网获得顾客订单后，通过保税区或自贸区仓库进行分拣、打包等，集中运输，并进行物流配送的物流模式。这种方式具有集货物流和规模化物流的特点，有利于缩短物流时间和降低物流成本。

其优势包括：跨境电商企业可以先把商品放在自贸区，当顾客下单后，将商品从自贸区发出，有效缩短配送时间。通过自贸区与保税区仓储，可以有效利用自贸区与保税区的各类政策、综合优势与优惠措施，简化跨境电商的业务操作。

其劣势包括：可能会造成货物积压，增加成本。

（七）集货物流

集货物流是指先将商品运输到本地或当地的仓储中心，达到一定数量或形成一定规模后，通过与国际物流公司合作，将商品运到境外买家手中，或者将各地发来的商品先进行聚集，然后再批量配送，或者一些商品类似的跨境电商企业建立战略联盟，成立共同的跨境物流运营中心，利用规模优势或优势互补的理念，达到降低跨境物流费用的目的的物流模式。

（八）第三方物流

第三方物流是指由买方、卖方以外的第三方专业物流企业，以合同委托的模式承担企业的物流服务的物流模式。

在跨境电商中，由于其复杂性，且对物流投入要求很高，基于资金、跨境物流的复杂性和各种物流障碍，大多数跨境电商选择第三方物流模式。通过发挥专业化分工与规模经营优势，可降低物流企业的经营成本，但同时也降低了客户企业对物流的控制能力，客户企业的公司战略信息可能外泄，第三方物流企业可能不能提供一些满足客户企业个性化需求的物流服务。

（九）第四方物流

第四方物流是指专为交易双方、第三方提供物流规划、咨询、物流信息系统、供应链管理等活动，通过调配与管理自身及具有互补性的服务提供商的资源、能力和技术，提供综合、全面的供应链解决方案的物流模式。

其优势包括：有效降低企业物流成本，企业同样可以享受第三方物流的服务，通过第三方平台的时效性有保证。

其劣势包括：第四方物流无成本运作，因此难以取得客户信任且物流环节增多，运输风险增大。

四、应对跨境电商企业跨平台经营风险

跨境电商企业为了拓展销售渠道倾向于选择跨平台的经营方式，而不同平台之间存在的异质性以及信息不互通让企业在产品管理、销售等方面面临更大的风险，承担更高的成本。中国跨境电商企业跨平台经营风险防范形势十分严峻，企业需要抓好平台选择关，加强运营管理，多方面、多角度了解企业跨平台经营风险并做好风险防范。

（一）谨慎选择入驻平台

跨境电商企业，特别是中小企业在选择第三方跨境电商平台时，往往对自身定位不准，对企业入驻第三方跨境电商平台的目的缺乏认识，因而盲目选择平台，造成企业资源的浪费。企业在各平台之间应该有所侧重地进行经营，毕竟企业的资源是有限的，在跨平台经营时不可能做到面面俱到，如何确定自己的主战场以及辅助战场是跨境电商跨平台经营企业需要关注的核心问题。选择入驻平台涉及两方面的考核：一方面需要从单个平台入手；另一方面应该注意各平台之间的配合，即多平台的整体效果。此外，目前各类跨境电商平台的收费模式各不相同，因此还需要考虑平台入驻成本。

（二）制定运营策略

跨境电商企业在跨平台经营过程中需要思考如何构建管理团队以实现最高效率，并根据企业各自的发展需求以及定位，采取相应的措施降低管理成本及人工成本。在决定了入驻平台后，企业需要为通关、商检、报税退税、收汇结汇、保税仓储物流、风险监控管理等环节制定详细周密的运营策略。从产品销售的流程来看，物流在跨境电商企业成本中占比20%~40%，因此物流和库存在经营过程中至关重要。在跨境电商运营中，物流是企业最难协调的一项工作，而在跨平台经营中，企业需要适应各平台不同的物流模式。保税模式尽管确保了配送速度与用户体验，却忽略了消费者跨境消费时更多元化的商品需求，而这一点恰恰是海外直邮模式的优势。企业可根据自身企业产品特征、产品国际市场行情、人民币波动趋势等因素合理在保税仓与海外直邮这两种模式中进行取舍，选择对应不同平台的经营模式，确保自身经营安全。如何高效、灵活地在不同物流渠道之间进行协调、统筹，成为影响跨平台经营效率的一个关键步骤。

（三）把握政策和规则

在跨平台经营过程中，企业可能会同时面临来自多个国家（地区）的交易。事先做好功课是必不可少的，了解目标市场国家（地区）会更有利于企业分析消费者偏好，进而制定相应的营销策略，规避潜在经营风险。对于主要的目标市场，需要充分了解相关国家（地区）的知识产权、关税、外汇等政策，以及有关平台的一些执行惯例，如亚马逊在美国站点退货只支持美国地址等。同时，企业在开展跨平台经营前，应先用一段时间分别熟悉各个平台的后台操作与基本守则，摸透各平台之间的异同点以及特殊之处。跨境电商平台的规则有可能一周一变甚至一日一变，企业需要安排专门团队跟进规则变更，从注册、发布、交易、放款、评价、售后等方面分别入手，吃透相关平台的规则，明确各平台的活动区域和禁区。在清楚不同平台给企业划定的业务范围后，企业再进行系统性的思考总结，建立起自身的跨境思维框架，进行战略扩张。

（四）实现战略合作互助

面对知识产权纠纷时，境内大多数卖家并不会选择积极应诉，从而有可能对企业在其他平台的经营与我国企业的整体形象产生影响。特别是中小企业资金少,组织结构也不够完善,在应对知识产权侵权等问题时,往往缺乏法律支持和线下应对机制,可能导致企业在多个平台上同时遭遇危机,心有余而力不足。在这种情况下,战略联盟或行业协会可以给中小企业提供必要的法律援助,同时,在中小企业遭遇法律纠纷引发产品滞留时,大企业可以协助中小企业实施货物转移等紧急应对措施。一个可行的建议是,在政府职能部门指导下成立应对跨境知识产权诉讼的专门组织,实现跨境诉讼的信息共享、"抱团"应诉。如今,上海跨境电子商务行业协会等类似组织已陆续成立,在贸易配对、贸易融资、物流服务、海关通关报检、政策共享、法律援助等方面为中小企业提供了信息服务。建立战略联盟是共同规避跨平台经营中知识产权侵权等风险的重要举措。

第二节 中国跨境电商发展历程、现状和趋势

中国是全球最大的电商市场,跨境出口电商在中国迅速崛起,同时,越来越多的消费者选择跨境电商平台购物。作为外贸新业态、新模式,跨境电商推动制造业向全球化发展,有力保障全球产业链供应链稳定,其仍保持快速发展态势,成为我国稳外贸、促创新的重要力量。同时,一些新兴的外国(地区)市场变得越来越有吸引力,"丝路电商"合作先行区加快创建,不断拓展国际经贸合作空间。

一、中国跨境电商行业发展历程

经历近 20 年快速发展,我国跨境电商行业经历了从构建信息平台、发展交易服务、完善生态链条到追求立体化发展的演变进程。随着合规与标准化体系的建立,行业也正式迈入高质量发展阶段,通过前期在品牌、渠道、供应链、营销等方面的经验积累,各大平台与服务商加强资源整合,为品牌商提供更全面的一站式服务,提升跨境业务便利度,促进行业健康有序发展。跨境电商在"买全球、卖全球"方面的优势和潜力继续释放,保持了好的发展势头,有效助力了我国外贸稳规模、优结构。

(一)发展初期阶段(2004—2011 年)

这一阶段,我国跨境电商出口从"黄页时代"进入线上交易时代,开始发展交易服务。中国外贸人发现,除了广交会参展,还可以通过 B2B 电子商务平台开拓国际市场。我国跨境电商 B2B 出口企业的盈利模式从信息撮合发展为以交易佣金为主,并提供一些增值服务,如阿里巴巴国际站、中国制造网、敦煌网、易唐网、环球资源等。同时,我国跨境电商 B2C 出口企业持续涌现,大幅缩减了出口贸易中间环节,盈利模式是收取佣金和服务费,如易宝(DealExtreme)、兰亭集势、米兰网、速卖通等。

兰亭集势的成功上市让中国的中小外贸企业和政府开始关注 B2C 模式下的小额外贸,也在这个阶段,中国的小额外贸逐渐完成向跨境电商的转变。小额外贸是中国的外

贸人找到的一条逆袭突围之路，经历了很长一段时间的野蛮生长。B2C 模式下的小额外贸在发展初期，存在许多发展瓶颈。随着跨境电商的发展越来越迅猛，国家和政府开始慢慢重视这个外贸蓝海，跨境电商的发展越来越规范。

该阶段，国内相关政策以营造良好环境为原则，促进跨境电商发展。如 2005 年 1 月 8 日，我国出台了第一个专门指导电子商务发展的政策性文件——《国务院办公厅关于加快电子商务发展的若干意见》（国办发〔2005〕2 号）。该文件从法律法规、政策、财税、投融资、信用、认证、标准、支付、物流、企业信息化、技术与服务体系、宣传教育培训、国际交流与合作等多个层面明确了国家推动电子商务发展的具体措施。作为我国电子商务领域第一个全面的政策文件，该意见的颁布结束了我国长期以来缺乏对电子商务发展明确指引的状况，对推动我国跨境电商发展具有重要的意义。

（二）快速成长阶段（2012—2018 年）

2012—2018 年，我国跨境电商出口进入快速扩张期，行业生态持续完善，并且已经拥有了很多发展成熟的平台型跨境电商企业；我国政府坚持发展与规范并重原则，密集出台扶持政策；国际层面则以合规政策作为重要切入口，推动跨境电商发展，市场规模持续扩大，渠道、平台与品类快速扩张，实现全链路线上化。

在基础建设方面，中国的跨境电商经过几年的发展已经形成了包括支付、物流、在线信用融资、第三方培训服务等一整套的产业生态链。跨境电商为全球更大范围提供多地区、多语种的外贸在线零售。随着对营销、交易、支付、通关、结算、物流、金融等功能深耕，涌现出大量外贸综合服务企业，进一步助力我国品牌出海。商家入驻的跨境电商平台主要包括阿里巴巴国际站、亚马逊、速卖通、eBay、Wish、中国制造网、敦煌网、兰亭集势等。

该阶段，我国坚持"在发展中规范、在规范中发展"的原则，密集出台系列政策措施，持续推动跨境电商出口合规发展。在区域发展方面，设立了 35 个跨境电商综合试验区，新创建 30 个国家电子商务示范城市（第二批）；在监管方式上，增设了"9610""1210""1239"海关监管代码；在流程管理上，对信息接入、快递物流、跨境支付、主体注册、纳税、结汇等环节出台了相关规范；在促进健康发展方面，对反洗钱、知识产权、便利化、信息统计、食品安全等领域出台了相应政策。

（三）全面发展阶段（2019 年至今）

从 2019 年开始，我国跨境电商出口进入高质量发展新阶段，生态体系韧性持续增强；我国加强跨境电商法律体系建设，进一步细化流程环节上的指引，国际合规政策范畴持续扩展。跨境电商加速构建品牌、渠道、供应链、营销等方面的优势，进入全方位、立体化发展的新阶段。各大跨境电商出口平台更加注重品牌培育，积极为商家提供全方位一站式外贸供应链服务；同时社交、直播、独立站成为跨境电商出口的重要方式。

该阶段，国内加快了法律法规、行业标准体系建设。自 2019 年 1 月 1 日起施行《中华人民共和国电子商务法》，明确要求建立健全适应跨境电商特点的海关、税收、进出境检验检疫、支付结算等管理制度，推动建立与不同国家、地区之间跨境电商的交流合作、争议解决机制。在区域发展方面，新增130个跨境电商综试区，跨境电商综试区覆盖全国，形成了陆海内外联动、东西双向互济的发展格局。在行业标准方面，截至2023年3月，我国现行的国家标准、团体标准、地方标准和企业标准达到100个，涵盖跨境电商交易、运单、产业园、争议解决单证、产品溯源、物流信息交换、出口经营主体、报关、产品质量、信用评价等领域。合规成为跨境电商出口高质量发展的必然要求，各国（地区）将绿色环保纳入合规范畴。

在扶持政策方面，聚焦跨境结售汇、税收、退货监管、海外仓、退税服务、信用培育、出口信用保险、知识产权等领域，提高政府服务效率并降低收费标准，提升跨境贸易便利化水平。在监管方式上，2020年增设了"9710""9810"海关监管代码，并在部分海关开展试点，2021年在全国海关复制推广跨境电商B2B出口监管试点。

二、中国跨境电商发展的现状

（一）跨境电商出口加速"品牌出海"

品牌战略已经成为各大跨境电商平台发展、帮助中国中小企业提升竞争力的重要条件。一是在B2C领域，国内跨境电商平台依托自身优势协助企业打造品牌。如2021年速卖通推出"G100出海计划"，旨在帮助中国企业和中国品牌充分发挥供应链优势，在境外市场建立品牌，拓展新市场、新用户。2022年，速卖通继续推出"国货出海"，这是针对品牌商家打造的一个全新赛道，目的是帮助中国优质商品以更高的品牌形象走向世界。二是在B2B领域，在全球贸易新形势下，境外采购需求发生新变化，品牌孵化成为B2B跨境电商发展的焦点。如2021年阿里巴巴国际站发布数字化出海4.0计划，旨在孵化初创品牌和优势品牌，打通品牌数字化出海之路。2022年底，阿里巴巴国际站首次发布中国B2B品牌出海方法论，将整合全站资源，重点扶持一批有竞争力的优质商品，量身定制一整套品牌出海解决方案。

（二）跨境电商进口持续优化全球供应链

随着线上购物的快速渗透，中国跨境电商进口加快优化全球供应链，进一步满足居民对美好生活的向往。一是通过中国国际进口博览会搭建的大舞台，以天猫国际为代表的进口跨境电商平台为全球品牌、中小企业进入中国市场、服务中国消费者搭建"快车道"，积极引进全球新品牌，丰富跨境电商进口商品，境外品牌一边参展，一边在天猫"双11"获得增长。2022年11月1日至3日，天猫国际上有750个境外品牌销售额同比增长超100%。① 二是eWTP（世界电子商务贸易平台）与全球节点国家（地区）合作注

---

① 阿里巴巴张勇：11月1日至3日天猫国际上有750个海外品牌销售额同比增长超100%[EB/OL].(2022-11-05). https://www.cls.cn/detail/1176143.

重贸易均衡和可持续发展，通过政策创新为中国消费者引入更丰富的境外商品。如马来西亚猫山王榴莲在 eWTP 和中、马两国政府的推动下，实现了以整颗形式出口到中国。

（三）跨境电商合规化进程加快

在标准体系和平台规则共同作用下，中国跨境电商合规化进程不断提速。一是中国政府高度重视，跨境电商标准体系初步形成。中国积极推进跨境电商标准化建设，截至 2021 年 9 月，跨境电商领域国家、行业、地方、团体和企业标准共计 41 项。二是数字平台企业积极作为，通过数字技术为中小外贸企业搭建一站式数字化合规解决方案。如 eWTP 帮助跨境出口商家解决贸易政策解读问题、提供全球 175 个地区 HS 编码（海关编码）查询及转换、原产地判定、智能计税、目的国（地区）市场分析、检验检测和认证咨询机构、标准化技术机构等第三方服务机构集成等服务，帮助中小企业降低合规成本，引导中小企业通过跨境电商合规出海。

（四）跨境电商新模式快速发展

2022 年，跨境电商新模式快速发展。一是"直播+跨境电商"模式持续加速。在出口方面，2021 年 8 月，快手国际化事业部将 Kwai 中东、Kwai 拉美与主打东南亚市场的 SnackVideo 合并成了 Kwai 一款产品，并开启了境外直播电商的商业化尝试。二是境外独立站蓬勃发展。据商务部统计，中国企业在境外建立的独立站约有 20 万个，独立站在跨境电商的市场份额持续增大。如独立站 SHEIN 已经成为跨境电商快时尚的品牌标杆。eMarketer 公布数据显示，2021 年美国电商 App 下载排行榜，主营女装的跨境电商平台 SHEIN，下载榜排名从 2020 年的第 7 跃升至 2021 年的第 2，下载量达 3 200 万次。

（五）关注社会责任和可持续发展

在数字经济时代，数字科技企业是履行社会责任的重要载体，有责任将社会责任融入商业设计，汇聚技术之力，推动整个社会的可持续发展。阿里巴巴 2022 年 ESG 报告指出，节能减碳已经成为许多中小企业真实的需求。阿里云推出的"能耗宝"通过算法优化用电，在为环境减排同时，也可为企业平均节能 10%，目前已有近 1 700 多家企业使用。

三、中国跨境电商的发展趋势

（一）向精细化、数字化发展

大数据时代，多渠道精细化经营将是未来跨境电商发展的主旋律。随着全球线上消费规模的不断扩大，跨境电商将通过用户行为数据寻找目标客群、分析用户旅程、定位业务痛点，深度挖掘用户数据价值。营销方式将从传统的规模化逐步转变为精细化，完成从追求规模到追求质量的转变。渠道方面，将从单一的广告投放转变为社交购物、直播购物、VR（虚拟现实）购物等多渠道数字化投放。未来，打通多渠道并实现全流程数字化将成为中国跨境电商发展的立足点。

（二）跨境服务市场扩大

随着数字贸易的快速发展，中国跨境电商服务类产品交易规模增大。一方面，服务贸易领域深化改革为跨境电商服务类产品发展注入了新动力。2021年，全面深化服务贸易创新发展试点稳步推进，122项具体举措中110项已落地实施，落地率超过90%；支持服务外包和特色服务出口基地高质量发展的政策措施陆续推出；服务业外资准入持续放宽，营商环境继续改善。另一方面，数字技术快速发展催生了大量数字化服务需求。全球视听、医疗、教育、网络零售等在线服务大幅增长。据商务部统计，2021年中国知识密集型服务贸易保持两位数增长，其中，出口增长较快的领域是个人文化和娱乐服务，知识产权使用费，电信计算机和信息服务，分别增长35%、26.9%、22.3%。当前，国际经贸形势复杂多变，数字贸易仍面临诸多不确定性。

（三）跨境电商生态链持续优化升级

数字技术的发展为跨境电商行业带来革新。如区块链的可追溯性、不可篡改性、点对点传输技术、智能合约技术，将帮助解决跨境物流监测难题、跨境支付难题和跨境电商产品质量追溯难题；大数据技术、云计算技术将使营销更精准化、个性化，并提高供应链运转速度。2022年，数字人民币已经开始应用到跨境电商支付场景。随着数字技术与跨境电商场景的深度融合，未来将形成智能、绿色的跨境电商数字生态链。

（四）电子商务国际合作加速推进

"丝路电商"朋友圈持续扩大，推动双边合作扩围，金砖国家、上海合作组织、中国—中东欧、中国—中亚五国等多边机制建设持续推进。中国积极推进世界贸易组织电子商务谈判，正式申请加入《全面与进步跨太平洋伙伴关系协定》、《数字经济伙伴关系协定》（DEPA），积极探索和推动同欧洲、非洲、拉丁美洲等地区的贸易投资自由化和便利化合作。多双边电子商务合作布局不断扩大，合作层次不断丰富，合作水平不断提升。

第三节 主要跨境电商平台

目前，主要的跨境电商平台为亚马逊、速卖通、eBay、Wish等。随着跨境电商政策的利好，各种各样的跨境电商平台正如雨后春笋般不断涌现，不同跨境电商平台的业务形态、经营模式、覆盖区域等均可能存在差异。

一、主要跨境电商出口平台

（一）全球性传统平台

1. 亚马逊

亚马逊公司成立于 1994 年，位于华盛顿州的西雅图，是网络上最早开始经营电子商务的公司之一。2022 年，亚马逊位列《财富》世界 500 强第 2，2023 年位列第 4，是世界最大公司之一。

目前，亚马逊在中国跨境进口零售市场中尚未显现其明显的竞争优势。但是，从中国商家的跨境出口方面来说，亚马逊却具有相当实力。2016 年 9 月，亚马逊全球开店平台"Amazon Business"上线"制造+"项目，助力超过千家制造企业开拓境外业务；该平台为中国制造商提供本地化服务，开放更多线上销售功能；2017 年 10 月，在杭州成立"杭州跨境电商园"，为中国卖家利用亚马逊平台做线上出口提供一站式服务；2018 年，"下一代贸易链"方案提升中国企业价值，并继续推动包括物流、金融、运营、技术支持与人才培养在内的跨境电商生态圈。仅在 2017 年，共有 1 001 210 名新卖家入驻亚马逊平台，其中有近 1/3 来自中国。截至 2024 年 5 月，亚马逊全球开店已向中国卖家开放全球 19 个境外站点，包括美国、加拿大、墨西哥、英国、法国、德国、意大利、西班牙、荷兰、瑞典、比利时、日本、新加坡、澳大利亚、印度、阿联酋、沙特阿拉伯、波兰和巴西，直接触达全球 200 余个国家和地区超 3 亿消费者。

对中国商家而言，亚马逊入驻门槛最高，以欧洲国家（地区）为主要目标市场。特别值得一提的是，亚马逊以产品为驱动，主打精品模式与品牌效应，"产品为王"是其重要特征。

2. 速卖通

速卖通于 2010 年 4 月正式上线，是阿里巴巴旗下唯一面向全球市场打造的在线交易平台，有"国际版淘宝"之称，目前是全球第三大英文在线购物网站，也是中国最大的 B2C 出口电商平台。

为帮助中国商家以小批量、多批次的快速销售方式实现线上出口，速卖通大学为中国商家提供丰富的线上、线下培训。同时，速卖通平台依托阿里巴巴，不断为中国卖家提升服务品质，以充分体现中国制造业的集聚优势。2018 年，速卖通升级国家策略，在全球五个地区重点投入：一是以俄罗斯为核心辐射的俄语国家，覆盖用户超 1 个亿；二是以西班牙和法国为核心，辐射意大利、比利时的西欧国家；三是以波兰为核心辐射的东欧国家；四是以沙特阿拉伯、阿联酋为核心辐射的中东地区；五是以美国和巴西为核心辐射的美洲市场。截至 2022 年底，速卖通已经覆盖全球 230 个国家和地区，支持世界 18 种语言站点，境外成交买家数量突破 1.5 亿，AliExpress App 境外装机量超过 6 亿，入围全球应用榜单前十位。

对中国商家而言，速卖通平台大多数订单金额相对较小，以俄罗斯、巴西等新兴市场为主，从某种程度上来说，速卖通是中国商品"价廉物美"的代名词，因此不可避免地存在相关业务卖家数目众多、同类产品价格竞争激烈的弊端。

3. eBay

eBay 创立于 1995 年 9 月，是一家主要针对欧美发达国家（地区）的个人消费者，以在线二手拍卖起家的零售及拍卖网站，在线拍卖是其最大特色。2023 年，eBay 位列《财富》美国 500 强第 393。

与亚马逊类似，作为一家老牌电商网站，eBay 在全球做站点布局。但是，近年来，eBay 的访问量持续下降，业绩下滑，因此，eBay 正在从拍卖网站向固定价格零售网站转型。由于 eBay 不提供任何自营商品，仅专注于电商平台建设，这可能更有利于其全心全意为卖家服务。为帮助中国卖家实现跨境出口，eBay 从 ERP（企业资源计划）工具、融资贷款、出口保险和境外仓储四大领域提供系统工具服务。

相较亚马逊对品牌的较高要求，对中国商家而言，eBay 更有利于中端品牌的发展经营，即在对产品质量提出较高要求的同时，还需要具备一定价格优势。需要注意的是，eBay 在以汽车配件、极客改装以及工具工作台为代表的产品品类上遥遥领先于亚马逊。此外，eBay 经营规则更偏向买家。

4. Wish

Wish 于 2011 年成立于美国，2012 年 6 月推出 App，是一款根据用户喜好，通过精确的算法推荐技术，将商品信息推送给感兴趣用户的移动优先购物 App，它是美国最大的移动电商平台。

与上述三种跨境电商平台不同的是，Wish 从一开始就明确了以技术为导向的发展理念，通过分析用户的注册信息以及过往行为，借助 Facebook 了解用户需求，推测用户喜好，在不影响用户购物体验的情况下，展示他们期待看到的商品。移动端购物、私人定制式推送是 Wish 的最大特色。Wish 长期以来以低价为卖点，为"价廉物美"的中国商品提供了较为广阔的发展空间。2017 年，Wish 公司围绕提升平台流量、加强品类支撑、深化库存管理、推进物流改善等方面完善平台规划，通过发布"Wish 华南星工厂认证中心"向广大中国卖家提供更加直接并且符合平台导向的供应链服务，同时推出 Wish Express 配送方案，将特定产品的配送时间缩短至 6 天。Wish 是拥有数十万卖家的平台，中国卖家占比最高，其他国际卖家所销售的商品，也有很多是中国制造的。

Wish 平台上的欧美买家以购买服装、饰品、手机和礼品类产品为主，因此，对于中国商家而言，如何通过社交网络调研欧美消费者的消费习惯和产品偏好就显得尤为重要。

（二）区域性新兴平台

大多数中国卖家选择以亚马逊、速卖通、eBay 和 Wish 作为跨境电商出口平台。这四大平台成熟度相对较高，但不可避免的是市场竞争也比较激烈。一方面，中国品牌、中国卖家纷纷出海寻求更多商机；另一方面，越来越多的境外电子商务平台也开始向中国卖家招商，以开拓更为广泛的市场。因此，一些新兴区域性平台可能是除上述四大全球性平台外的良好选择。

1. Jollychic

Jollychic 是中国本土企业浙江执御信息技术有限公司旗下的购物类 App，已经成为中东地区知名度最高、最大的移动电商平台，覆盖了中东近 80% 的网民，注册用户已超过 2 000 万人。

2. Mercado Libre

Mercado Libre 隶属于 ESG 集团，ESG 集团旨在提供跨境电商外贸一站式解决方案。Mercodolibrie 有拉丁美洲版 eBay 之称，注册用户 166 万，其中 7.8% 为卖家。

3. Paytm

Paytm 是印度最大的移动支付和商务平台，其发展路径与支付宝截然相反，走先有支付工具、后发展电商之路。2014 年，Paytm 推出电商平台；2015 年 9 月，阿里巴巴及其旗下金融子公司蚂蚁金服向 Paytm 注资；2016 年其成立跨境业务；2017 年其在杭州设立中国总部。平台致力于让更多中国制造企业与中小卖家更方便地将产品卖到印度。

4. UMKA

UMKA 是俄语地区最大的中国商品在线购物网站之一，是俄语区成长最快的电商公司，为中国卖家提供专业化俄语服务。俄罗斯轻工业发展滞后，因此中国轻工业产品以价格优势与质量可靠在俄罗斯拥有较为广泛的市场。

5. Kilimall

Kilimall 于 2014 年诞生于肯尼亚首都内罗毕，致力于在非洲本土运营，是非洲本土电商交易平台，为非洲本地卖家和中国企业资质卖家提供电商 B2C 业务。Kilimall 在深圳设有"中国商家支持中心"，提供官方招商、代运营、培训、客服等综合服务，为中国跨境卖家开通了进入非洲的"新丝绸之路"。

6. Shopee

Shopee 隶属于东南亚互联网领导企业 Sea，扎根于拥有 6 亿人口的东南亚与中国台湾市场，是东南亚与台湾领航电商平台。Shopee 已在深圳、上海和香港设立办公室，为中国卖家提供自建物流、小语种客户与支付保障。

7. Lazada

Lazada 是东南亚地区最大的在线购物网站之一。2017 年，阿里巴巴以 10 亿美元获得了 Lazada 的控股权；2018 年 3 月，又追加 20 亿美元的投资，使其成为阿里巴巴集团全球化生态的重要组成部分。Lazada 加速融合阿里巴巴，以帮助中国卖家进一步开拓印度尼西亚、马来西亚、菲律宾、新加坡、泰国及越南这六大潜力市场。

二、主要跨境电商进口平台

在跨境电商进口盛行以前，中国消费者对进口商品的需求多借助境外旅游采购、海淘代购等方式满足，前者局限性较大，后者则存在"灰色清关"问题。在经历"48

新政"的紧急刹车①,又经过新政不断延缓搁置的政策利好②,加之中国首届进口博览会的成功举办,跨境电商进口平台的发展不断深入持续。

(一) 考拉海购

考拉海购是网易旗下以跨境业务为主的电商平台,于2015年1月上线,采用"自营直采+第三方B2C"模式,主打自营直采模式。

考拉海购主打自营直采模式和精品化运作理念,在美国、德国、意大利、日本、韩国、澳大利亚、中国香港、中国台湾设有分公司或办事处,深入产品原产地直采高品质、受中国内地(大陆)市场欢迎的商品,与全球数百个优质供应商和一线品牌达成战略合作。作为"杭州跨境电商综试区首批试点企业",考拉海购在经营模式、营销方式、诚信自律等方面取得了不少建树,获得由中国质量认证中心认证的"B2C商品类电子商务交易服务认证证书",认证级别为四颗星,是境内首家获此认证的跨境电商,也是境内首家获得最高级别认证的跨境电商平台之一。

考拉海购采用保税仓发货与海外仓发货两种形式。考拉海购在杭州、郑州、宁波、重庆四个保税区拥有超过15万平方米的保税仓储面积,初步在美国、中国香港建成两大国际物流仓储中心。虽然网易没有自建物流体系,但依托中外运、顺丰等主要合作伙伴,给消费者带来快速便捷的物流服务。

(二) 天猫国际

2014年2月19日,阿里巴巴宣布天猫国际正式上线,采用"自营B2C+第三方B2C"模式。依托于天猫平台,天猫国际在流量方面具有先天优势。此外,阿里巴巴与日俱增的国际影响力使天猫国际可以通过品牌邀约、联合境内外政府与中检集团等,不断引入适应消费者需求的国际品牌入驻,提高消费者对跨境商品的信任度。天猫国际通过与自贸区合作,在各地保税物流中心建立跨境商品物流仓,在规避基本法律风险的同时获得法律保障,缩短了消费者从下单到收货的时间,海外直邮14个工作日到货,保税直邮仅需5个工作日到货。天猫国际不断升级物流技术,甚至已经实现可追溯新西兰

---

① 2016年3月24日,财政部、海关总署、国家税务总局联合发布《财政部 海关总署 国家税务总局关于跨境电子商务零售进口税收政策的通知》,明确跨境电商零售进口税收政策有关事项,其核心为调整关税、正面清单和通关单三项内容,即在税收层面,实施跨境电商零售进口税收政策;在通关层面,参照进口商品正面清单,需按货物验核通关单,并对化妆品、婴幼儿配方奶粉等商品提出了首次进口许可批件等要求。该政策于当年4月8日起正式执行,故被称为"48新政"。其中,针对海关试点城市实施的跨境电商保税备货零售进口模式,采取了新税制,并对保税备货零售进口模式采取的监管方式参照一般贸易监管方式。由于大多数跨境电商企业和平台无法满足一般贸易监管要求的通关单制度,跨境电商保税备货零售进口业务出现了类似熔断情况。

② 2016年5月25日,财政部宣布对《跨境电子商务零售进口商品清单》中规定的有关监管要求给予一年过渡期。随后,海关总署在一年期限将至时,又将过渡期延长至2017年12月31日。2018年11月21日,李克强总理主持召开的国务院常务会议上决定,从2019年1月1日起,延续实施跨境电商零售进口现行监管政策,对跨境电商零售进口商品不执行首次进口许可批件、注册或备案要求,而按个人自用进境物品监管。

鲜奶 72 小时直达。

（三）京东海囤全球

京东全球购是京东在 2015 年开启的跨境电商新业务，采用"自营 B2C+平台海外招商"模式。2018 年 11 月，京东全球购升级更名为"海囤全球"，平台直接与境外海囤全球商家签约，未来旨在对全球重点上游资源进行布局，通过合作或自营等方式建设京东全球化的仓储与物流体系。京东海囤全球中自营商品与京东仓配一体的入驻商家商品多以保税仓发货。目前，其在重庆、郑州、天津、宁波、广州等地设立保税仓，商品经保税仓发货后，享受京东高效配送服务，超过 90% 的境外商品可以在 72 小时内送到，境内一、二线城市实现当日达或次日达，甚至最快履约仅需 1.5 小时。其他入驻商家商品除保税仓清关发货外，还有海外直邮模式。

（四）唯品国际

唯品国际是唯品会向跨境业务的延伸，于 2015 年上线，采用自营 B2C 模式。唯品国际延续唯品会自营模式，形成"全球采买+完备海外仓"供应链体系。唯品国际已经拥有一支 1 700 余人的资深买手团队，通过对国际市场流行趋势的判断，挑选优质境外商品，确立了"专业时尚买手+全球精选好货"的品牌定位。唯品国际兼备海外直邮和保税备货两种形式。唯品国际已在全球布局了 11 个境外办公室、19 个国际货品仓，境外自营仓储面积超 60 000 平方米。在境内配送环节，唯品国际可以利用唯品会自建物流体系——唯品会品骏快递，以求为消费者提供高效配送服务。

（五）小红书

与其他电商平台不同，成立于 2013 年的小红书从社区起家。2014 年 10 月，小红书福利社上线，基于社区累积的境外购物数据，以自营 B2C 模式，通过品牌授权和品牌直营两种方式，提供跨境电商服务。截至 2023 年底，小红书拥有超过 1 亿注册用户，覆盖各个年龄段和地区。其用户主要集中在一二线城市，女性用户占据了绝大多数。小红书用户通常是年轻、时尚、注重品质生活的人群。此外，小红书的内容营销以及基于内容的数据支撑是其经营决断的依据。就目前阶段而言，小红书依然以"生活分享社区"为主，而非提高内容到购物的转化率。特别是小红书在接受阿里领投的 D 轮融资后，社区运营越来越"微博化"。小红书在寻找一种非入侵方式，找到社区在用户体验和电商平台间的平衡。小红书为其跨境电商业务配备了 29 个海外仓，深圳、郑州保税仓，REDelivery 国际物流系统，通过海外直邮和保税直邮两种方式创造良好的用户购物体验。

（六）蜜芽

蜜芽的前身蜜芽宝贝，诞生于 2011 年，是我国首家进口母婴品牌限时特卖商城，以自营 B2C 模式为主。蜜芽主要销售纸尿裤、奶粉等母婴商品，采用从品牌方/总代理或原产国（地区）直接采购，通过保税仓发货模式配送商品。但是，从目前情况来看，自有品牌和线下业务似乎是蜜芽面对庞大母婴市场的发展与经营重点。

（七）苏宁海外购

2014年12月，苏宁海外购正式上线，采用"自营B2C+平台海外招商"模式。苏宁作为中国内地首个拿到国际快递牌照的跨境电商平台，依托其在日本、美国、中国香港等地的境外分公司，有丰富的采购与供应链相关资源，通过在当地建立采购中心，以自营模式与品牌方直接建立供货往来关系。同时，苏宁通过全球招商不断扩大国际资源。在物流服务方面，苏宁海外购通过海外直邮与保税仓发货相结合的形式，保障了商品以最快的速度送至消费者手中。

（八）亚马逊海外购

亚马逊海外购是为方便中国消费者而特别推出的中文海外购物服务，为中国消费者提供亚马逊海外网站的在售商品。依托于亚马逊遍布全球的经营站点与中国消费者的需求偏好，亚马逊海外购为中国消费者提供了海外购·美国、海外购·英国、海外购·日本、海外购·德国和海外自营几种类型。所有商品均由中国境外的亚马逊网站销售。亚马逊海外购商品由境外站点直接发货，在标准配送方式下，平均7~12个工作日送达，加速配送则平均需要5~9个工作日。

1. 跨境电商有哪些不同的物流方式？
2. 跨境电商有哪些特点？
3. 如何应对跨境电商企业跨平台经营的风险？
4. 亚马逊、速卖通、eBay和Wish平台各有哪些特色？
5. 简述中国电商发展面临的问题。

阅 读 材 料

丝路电商——"一带一路"经贸合作新平台

丝路电商是按照共建"一带一路"倡议，充分发挥中国电子商务技术应用、模式创新和市场规模等优势，积极推进电子商务国际合作的重要举措。丝路电商合作拓展了经贸合作新空间，探索构建数字经济国际规则体系，推动构建新发展格局，为古丝绸之路注入了新的时代内涵。

2023年11月23日，《"丝路电商"合作发展报告2016—2023》在浙江杭州发布。关于支持建设开放型世界经济，习近平主席提出，中方将创建"丝路电商"合作先行区，同更多国家商签自由贸易协定、投资保护协定。自2016年以来，中国已与多个国家签署电子商务合作备忘录并建立双边电子商务合作机制，合作伙伴遍及五大洲，"丝路电商"成为经贸合作新渠道和新亮点。截至2023年10月，与中国建立电子商务合作的国家包括印度尼西亚、菲律宾、老挝、泰国、巴基斯坦、新加坡、白俄罗斯、塞内加尔、乌兹别克斯坦、瓦努阿图、萨摩亚、哥伦比亚、意大利、巴拿马、阿根廷、冰岛、卢旺达、阿联酋、科威特、俄罗斯、哈萨克斯坦、奥地利、匈牙利、爱沙尼亚、柬埔寨、澳大利亚、巴西、越南、新西兰和智利。

近年来，我国的跨境电商高速发展，依托世界最大的零售市场和全球供应链枢纽优势，2022年我国跨境电商进出口总额达2.11万亿元，同比增长9.8%，而且保持高速增长势头。同时，市场呈现多元化，从过去以欧美市场为主向多点开花转变，尤其是东南亚、拉丁美洲、中东甚至非洲等地区跨境电商也纷纷兴起，成为开发的新蓝海。据有关方面测算，东南亚和拉丁美洲是仅有的电商增速超过20%的地区，其中，东南亚增速达到26.2%，拉丁美洲为20.4%。商品结构也呈现持续优化趋势，在跨境电商出口热门产品中，数码3C、家居家具和服装鞋帽分别占到28%、26%、20%，尤其机电产品、消费类电子产品占比越来越高。

对于如何高质量发展"丝路电商"，商务部原副部长蒋耀平提出三点建议：第一，发展"跨境电商+产业带"。我国已经设立了165个跨境电商综试区，各地要根据产业禀赋和区位优势，培养一批优质企业，提供一条龙综合服务，推动企业通过跨境电商扬帆出海。第二，培育自主品牌。要树立品牌意识，加快优质国货出海，提升中国跨境电商的竞争力。同时也要注重保护知识产权，规范发展，让电商平台成为优质产品大本营。第三，深化与各国（地区）的合作，通过开展合作对话促进企业对接。

得益于"一带一路"基础设施建设，"丝路电商"加速发展。国务院批准了《关于在上海市创建"丝路电商"合作先行区的方案》试点，商务部会同有关部门按照职责分工，加强对"丝路电商"合作先行区创建工作的统筹协调和督促指导。通过"丝路电商"，中国企业能够更好地拓展共建"一带一路"国家市场，让产品更方便地触达共建国家消费者，也让更多中国企业和当地合作伙伴展开更深入的合作。这样的合作能够激发创新，推动技术发展，孕育出更多满足市场需求的产品。

资料来源：丝路新时代，电商新未来——2023"丝路电商"国际合作论坛在杭州举行［EB/OL］．（2023-11-26）．http：//gdte.org.cn/content/content_ 8649236.html．

问题：什么是"丝路电商"？在已有跨境电商的背景下，建设"丝路电商"有什么意义？

即测即练

参考文献

[1] 金泽虎. 国际贸易学 [M]. 2版. 北京：中国人民大学出版社，2015.
[2] 潘素昆，白小伟，邓炜，等. 国际贸易理论与政策 [M]. 北京：清华大学出版社，2013.
[3] 范爱军. 国际贸易 [M]. 3版. 北京：科学出版社，2009.
[4] 段丽娜，马坤. 国际贸易理论与政策 [M]. 北京：北京理工大学出版社，2017.
[5] 蔡春林. 国际贸易 [M]. 北京：对外经济贸易大学出版社，2011.
[6] 张礼卿. 国际贸易理论与政策 [M]. 北京：高等教育出版社，2012.
[7] 孙莉莉. 国际贸易理论与政策 [M]. 北京：北京理工大学出版社，2017.
[8] 吴汉嵩，周成名. 国际贸易学 [M]. 长沙：国防科技大学出版社，2008.
[9] 陈洁民，于岚. 国际贸易 [M]. 北京：化学工业出版社，2008.
[10] 胡昭玲. 国际贸易：理论与政策 [M]. 北京：清华大学出版社，2010.
[11] 薛岱，任丽萍. 国际贸易 [M]. 北京：北京大学出版社，2006.
[12] 姜文学. 国际贸易理论与政策 [M]. 北京：科学出版社，2010.
[13] 李宏，赵晓晨. 国际贸易理论与政策 [M]. 北京：清华大学出版社，2009.
[14] 李朝民. 国际贸易理论 [M]. 上海：立信会计出版社，2012.
[15] 黄静波. 国际贸易理论与政策 [M]. 北京：清华大学出版社，2007.
[16] 赵忠秀. 国际贸易理论与政策 [M]. 北京：北京大学出版社，2010.
[17] 赵春明. 国际贸易 [M]. 2版. 北京：高等教育出版社，2007.
[18] 克鲁格曼，奥伯斯法尔德. 国际经济学：理论与政策 [M]. 6版. 北京：中国人民大学出版社，2006.
[19] 胡俊文. 国际贸易 [M]. 北京：清华大学出版社，2006.
[20] 佟家栋，周申. 国际贸易学——理论与政策 [M]. 北京：高等教育出版社，2007.
[21] 朱钟棣，郭羽诞，兰宜生. 国际贸易学 [M]. 上海：上海财经大学出版社，2005.
[22] 尹翔硕. 国际贸易教程 [M]. 上海：复旦大学出版社，2005.
[23] 梁坚. 国际贸易理论与政策 [M]. 北京：中国人民大学出版社，2015.
[24] 陈百助，宴维龙. 国际贸易：理论、政策与应用 [M]. 北京：高等教育出版社，2006.
[25] 王亚星. 国际贸易理论与政策 [M]. 2版. 北京：中国人民大学出版社，2018.
[26] 黄卫平. 国际贸易教程 [M]. 3版. 北京：中国人民大学出版社，2007.
[27] 薛荣久. 国际贸易 [M]. 北京：对外经济贸易大学出版社，2008.
[28] 张海波，李汉君，陈忠. 国际贸易理论与政策 [M]. 北京：清华大学出版社，2017.
[29] 尹翔硕. 国际贸易：理论与政策 [M]. 北京：机械工业出版社，2017.

[30] 张二震, 马野青. 国际贸易学 [M]. 南京：南京大学出版社, 2009.

[31] 陈宪, 韦金鸾, 应诚敏, 等. 国际贸易——原理·政策·实务 [M]. 上海：立信会计出版社, 2004.

[32] 吴国新. 国际贸易理论与政策 [M]. 北京：清华大学出版社, 2016.

[33] 普格尔. 国际贸易 [M]. 赵曙东, 沈艳枝, 译. 15版. 北京：中国人民大学出版社, 2014.

[34] 赵春明, 王春晖, 文磊, 等. 国际贸易理论与政策案例解析 [M]. 北京：北京师范大学出版社, 2015.

[35] 赵春明, 等. 国际贸易理论的传承与发展 [M]. 北京：经济科学出版社, 2017.

[36] 陈丽燕. 国际贸易理论与政策 [M]. 北京：清华大学出版社, 2014.

[37] 庞弗雷特. 国际贸易理论与政策讲义 [M]. 上海：格致出版社, 2019.

[38] 常广庶. 跨境电子商务理论与实务 [M]. 北京：机械工业出版社, 2017.

[39] 井然哲. 跨境电子商务导论：理论与实践 [M]. 上海：格致出版社, 2019.

[40] 叶潇红, 柴宇曦, 马述忠. 防范跨境电商企业跨平台经营风险 [J]. 浙江经济, 2017 (11)：48-49.

[41] 马述忠, 郭继文, 张洪胜. 跨境电商的贸易成本降低效应：机理与实证 [J]. 国际经贸探索, 2019 (5)：69-83.

[42] 李国强. 古代丝绸之路的历史价值及对共建"一带一路"的启示 [J]. 全球商业经典, 2019 (2)：64-71.

[43] 习近平. 携手推进"一带一路"建设 [N]. 人民日报, 2017-05-15.

[44] 胡必亮. 推动共建"一带一路"高质量发展——习近平关于高质量共建"一带一路"的系统论述 [J]. 学习与探索, 2020 (10)：2, 102-119, 192.

[45] 蔡昉, 雅克, 王灵桂. "一带一路"手册 2020 [M]. 北京：中国社会科学出版社, 2021.

[46] 赵磊. "一带一路"："硬联通""软联通""心联通"齐头并进 [N]. 光明日报, 2022-03-18.

[47] 皮凯蒂. 21世纪资本论 [M]. 巴曙松, 等译. 北京：中信出版社, 2014.

[48] 刘卫东, DUNFORD M, 高菠阳. "一带一路"倡议的理论建构——从新自由主义全球化到包容性全球化 [J]. 地理科学进展, 2017, 36 (11)：1321-1331.

[49] 王义桅, 陈超. "一带一路"研究十周年：构建自主知识体系的历史性飞跃 [J]. 拉丁美洲研究, 2023, 45 (3)：26-46, 154-155.

[50] 林毅夫. 中华民族伟大复兴和"一带一路"倡议 [J]. 上海对外经贸大学学报, 2018, 25 (6)：5-9.

教师服务

感谢您选用清华大学出版社的教材！为了更好地服务教学，我们为授课教师提供本书的教学辅助资源，以及本学科重点教材信息。请您扫码获取。

>> 教辅获取

本书教辅资源，授课教师扫码获取

>> 样书赠送

国际经济与贸易类重点教材，教师扫码获取样书

清华大学出版社

E-mail: tupfuwu@163.com
电话：010-83470332 / 83470142
地址：北京市海淀区双清路学研大厦 B 座 509

网址：http://www.tup.com.cn/
传真：8610-83470107
邮编：100084